這一次
我們不再逃避煩惱

哲學家與心理師帶你開箱163道人生難題

Life: A User's Manual

Philosophy For Every and Any Eventuality

朱立安・巴吉尼（Julian Baggini）、
安東尼雅・麥卡洛（Antonia Macaro）———著
盧思綸———譯

目次

前言　人生沒有使用說明書　008

A字首

成就（Achievement）014
死後的生命（Afterlife）017
老化（Ageing）019
利他主義（Altruism）022
自我矛盾（Ambivalence）026
憤怒（Anger）028
焦慮（Anxiety）031
爭執（Argument）033
禁慾主義（Asceticism）036
協助死亡（Assisted Dying）039
真我（Authenticity）042
權威（Authority）045

B字首

平衡（Balance）048
喪慟（Bereavement）051
背叛（Betrayal）054
身體（the Body）056
無聊（Boredom）059
忙碌（Busyness）061

C字首

平靜（Calm）064
職業（Career）067
及時行樂（Carpe Diem）070
改變（Change）073
品格（Character）076
慈善（Charity）078
選擇（Choice）080
承諾（Commitment）083
社群（Community）085
競爭（Competition）087

同意（Consent） 089
消費主義（Consumerism） 092
知足（Contentment） 095
控制（Control） 097
宇宙塵埃（Cosmic Insignificance） 099
勇氣（Courage） 101

D字首

約會（Dating） 104
死亡（Death） 106
欲望（Desires） 109
兩難（Dilemmas） 112
義務（Duty） 115

E字首

教育（Education） 120
尷尬（Embarrassment） 123
情緒（Emotions） 125
同理心（Empathy） 128
羨慕（Envy） 130
證據（Evidence） 132
邪惡（Evil） 136

F字首

失敗（Failure） 140
信仰（Faith） 142
家庭（Family） 145
命運（Fate） 147
恐懼（Fear） 149
飲食（Food and Drink） 152
寬恕（Forgiveness） 154
自由（Freedom） 156
自由意志（Free Will） 158
友誼（Friendship） 161
無力感（Frustration） 164

G字首

八卦（Gossip） 168

H字首

感謝（Gratitude） 171
愧疚與羞恥（Guilt and Shame） 174
習慣（Habits） 178
幸福（Happiness） 180
健康與病痛（Health and Illness） 183
家（Home） 185
希望（Hope） 188
人性（Human Nature） 190

I字首

自我認同（Identity） 194
冒名頂替症候群（Impostor Syndrome） 197
猶豫不決（Indecision） 199
精神生活（Inner Life） 201
沒有安全感（Insecurity） 203
言行一致（Integrity） 205
直覺（Intuition） 207

J字首

嫉妒（Jealousy） 212
正義（Justice） 214

K字首

知識（Knowledge） 218

L字首

休閒（Leisure） 222
失去（Loss） 225
愛（Love） 227
熱愛生命（Love of Life） 230
忠誠（Loyalty） 232
運氣（Luck） 235
說謊（Lying） 239

M字首

意義（Meaning） 244

憂愁（Melancholy） 246
回憶（Memory） 248
心理健康（Mental Health） 251
中年危機（Midlife Crisis） 254
正念（Mindfulness） 256
犯錯（Mistakes） 258
單一伴侶制（Monogamy） 260
心情（Moods） 262
終將一死（Mortality） 264
動力（Motivation） 267

N字首

自然（Nature） 270
需求（Needs） 273
噪音（Noise） 276

O字首

物化（Objectification） 280
辦公室政治（Office Politics） 283
樂觀主義（Optimism） 285
他人（Other People） 288

P字首

痛苦（Pain） 292
為人父母（Parenthood） 294
愛國主義（Patriotism） 297
完美主義（Perfectionism） 300
毅力（Perseverance） 303
悲觀主義（Pessimism） 305
寵物（Pets） 308
樂趣（Pleasure） 310
政治（Politics） 313
色情媒體（Pornography） 317
自豪（Pride） 320
問題（Problems） 322
抗議（Protest） 324
目的（Purpose） 326

R字首

理性（Rationality）330
後悔（Regret）332
戀愛（Relationships）335
宗教（Religion）337
名聲（Reputation）340
韌性（Resilience）342
責任（Responsibility）343
退休（Retirement）346
對與錯（Right and Wrong）349
冒險（Risk）352
慣例（Routine）355

S字首

專注自我（Self-Absorption）358
自我實現（Self-Actualisation）359
照顧自己（Self-Care）361
自信（Self-Confidence）363
自制（Self-Control）365
自欺（Self-Deception）368
自知（Self-Knowledge）370
自愛（Self-Love）372
自私（Selfishness）375
性（Sex）378
沉默（Silence）382
簡約（Simplicity）384
睡眠（Sleep）387
慢活（Slowing Down）388
獨處（Solitude）390
壓力（Stress）392
苦難（Suffering）394
自殺（Suicide）396
迷信（Superstition）399

T字首

包容（Tolerance）404
旅行（Travel）407
信任（Trust）410
真相（Truth）412

U字首

不確定性（Uncertainty） 416
潛意識（Unconscious） 419
失業（Unemployment） 422

V字首

價值觀（Values） 426
素食主義（Vegetarianism） 428
虛擬網路（Virtual Life） 431
美德（Virtue） 433
脆弱（Vulnerability） 436

W字首

戰爭（War） 440
財富（Wealth） 442
如果（What If……） 445
智慧（Wisdom） 447
工作（Work） 449
煩惱（Worrying） 452

附錄　哲學入門參考書 454

前言 人生沒有使用說明書

西方俗諺有云：「人生沒有使用說明書。」此話確實不無道理。舉凡手機、桌椅、舒芙蕾……各行各業的製造者對物品的本質、用途、製作方法或使用方式都了然於胸，並憑藉這份知識為使用者提供操作說明。

但生而為人卻不是這麼一回事，我們被創造出來，但不帶有沒有任何預定目的。用德國哲學家海德格（Martin Heidegger）那引人入勝的名言來說，我們一誕生就「被拋到這個世界來」，而照存在主義哲學家沙特（Jean-Paul Sartre）的說法，人類是「存在先於本質」，也就是先存在，然後才知道自己存在的本質與規範，也就是說，存在的本質並非與生俱來，我們必須自己賦予其目的。

其實，我們也可以參考人生的使用說明書，它是由過來人寫給後世人的歸納與分析。古希臘、古印度至中國古代的哲人，千年來無不絞盡腦汁在探究人生百態，而他們除了是作者更是使用者。

儘管哲人已逝，哲言卻歷久不衰，穿越數世紀與我們對話。前人與後人有許多共同之處，既有普遍的人類需求，更遭遇相同的生活景況。縱然每個人都如雪花般獨一無二，種種遭遇和各個社會的狀況也都大不相同，不過我們還是能探討人性，進而闡明個別的生活狀況。

許多教徒深信，人類是上帝的傑作，萬能的造物主早已賦予我們存在的目的，而神聖的宗教典籍就是人類的使用說明書。儘管如此，教徒也能欣然接受其他思想傳統，汲取古今中外偉大哲人的深厚底蘊。

這本使用者說明書彙集各門各派的智慧於一身，有別於以往的哲學參考書，並非以人名、學派或抽象概念分門別類，而是就各式各樣的生活處境展開討論。畢竟，我們在生活中遭遇困難時，不會去翻找義務論

（Deontology）或先驗（A Priori）的定義，或確認實體（Substance）與屬性（Attribute）的差別。這些學說或許通通能派上用場，但我們只想知道哲學家如何看待人際關係、工作、疾病與失望等生命的必然境遇。

哲學與生活中各種難題的關聯隨時代改變。古代哲學流派視「如何生活」為核心議題，啟蒙時代之後的哲學家卻鮮少關注生活的藝術。過去數十年來，哲學在大眾心目中的形象也從晦澀難解的經院哲學轉變為平易近人的生活哲思。特別是斯多葛學派（Stoicism）在近年來的人氣更是直線飆升。它提供豐富又實用的生活練習與建議，因此不難理解，大眾為何趨之若鶩。斯多葛學派的思想深刻又清晰，接下來，我們還會引用許多它的智慧語錄。

哲學之所以轉趨貼近大眾，實則有賴許多學者的努力。他們認為，斯多葛學派的復甦，象徵哲學回歸其原初的任務：古典哲學（Ancient philosophy）本來是一種心理治療。一九五五年，美國臨床心理學家艾里斯（Albert Ellis）發展出理性情緒行為治療（Rational-Emotive Behaviour Therapy），五〇年代末，美國精神科醫師艾倫・貝克（Aaron Beck）博士創立認知行為治療法（Cognitive Behavioural Therapy），均是受到斯多葛學派的啟發。他們都特別歸功於古羅馬學者愛比克泰德（Epictetus）那醍醐灌頂的哲言，他曾說：「人們的困擾並非來自事情本身，而是對事情的看法。」也就是說，思考會影響感受，倘若能轉變思維，就能改變情緒。

研究古希臘哲學的名家索拉比爵士（Sir Richard Sorabji）認為，哲學療法最早可回溯至西元前五世紀，當時古希臘哲人德謨克利特（Democritus of Aberdera）說道：「藥物可治療身體的疾病，而智慧能釋放情緒的靈魂。」這個觀點也延續至後期的斯多葛學派、懷疑主義與伊比鳩魯學派。「無法治癒任何人類痛苦的哲人之言一無是處」，古希臘哲人伊比鳩魯（Epicurus）如是道：「無法驅逐身體病痛的藥物，徒勞無益。同樣地，倘若哲學無法療癒人心的苦痛，那也是枉然。」斯多葛學派更明白道出，哲學猶如「治癒靈魂的醫術」。

不過，哲學與心理治療的關聯並不像表面上那般一清二楚。有些哲學思想的確比較貼近生活。但有些哲學涵義會隨時代演進而流失，也會因翻譯而有所改變。古代哲人所說的「治療」（therapy）不完全與現代人的理解相同。他們認為，鑽研哲學不能使人神清氣爽，但確實會讓我們更清楚理解每件事，而且更接近真理。哲學的「療效」在於，讓我們從錯誤的信念與價值觀中脫身，不再因依附世間萬物而備受折磨。哲學能讓我們感覺好一點，但這並非唯一的目的。

以斯多葛派為例，他們主張，接近真理就是了解到，許多生活中所追求的事物，像是財富、名望與成功，價值都有其上限。這一點大家都能同意。不過，要接受這個學派的特定觀點，擁抱其信念與價值，則沒那麼簡單。要達到他們理想中的冷靜與沉著，我們就必須接受，美德是唯一通往至善的道路，所有的情緒、衝動、欲望和依戀都是歧途。當你準備好投入此學派的懷抱，就要「治好」自身的謬見。你得下苦功訓練：閱讀經典、時時默念、反覆練習並自我反省。

這種哲學觀與現今的學術精神相差甚遠，也有別於一般對心理治療的理解。普遍來說，心理治療主要的目的是減輕如焦慮或憂鬱等症狀，並改善生活功能。現今的心理治療範疇甚廣，有些療法著重在促進自我探索與發展。不過一般來說，心理治療不包括把人們的信仰體系砍掉重練。

儘管哲學探討意不在治療，但即使是當代哲學中較為超然的流派，也有療癒人心的作用。說到底，生活中大多的煩惱都是自找的，看事情的角度有偏差，就很容易誤入歧途。而哲學能幫助我們理清思緒，看透困境的前因後果。藉由哲學之力，人們就能找到面對生活的最佳利器，以更開闊、清晰的角度理解大大小小的難題。探討倫理學，我們就能更清楚地處理道德兩難的問題；辨析自由意志的命題，我們就能理解身為人的責任。即便是看似枯燥乏味的邏輯推論，也有助於我們揪出謬論，導正錯誤的信念。透過哲學討論，我們試著探究「幸福人生」所代表的價值、前提與概念。哲學不一定能安撫我們的情緒，不過就像奧地利哲學家維根斯坦（Ludwig Wittgenstein）所言，它能「引領瓶中蒼蠅逃出生天」。

書中羅列各式各樣的觀點，而大多仍著重在對日常生活多有論述的哲學家身上，特別是古希臘哲學巨擘亞里斯多德和蘇格蘭哲學家休謨（David Hume）。不過，我們當然也沒有對書中提及的哲人及其哲思照單全收，而是挑選與現今世界息息相關的面向進行討論。

至於書中的哲思是不是值得仿效，則操之在你。吃到飽餐廳有琳瑯滿目的菜色，但所有菜餚都各夾一份，不一定能相得益彰。哲學也是如此，相近的概念互相搭配，才能清楚呈現出一致的整體架構。你也能從書中反覆出現的概念了解到我們偏愛的哲學派別。我們沒有隱藏自己的想法，也沒有試圖將某些學派包裝成唯一的真理。我們的偏好在書中展露無遺，自可受讀者公評。

這本人生說明書並非一套操作指示，不像家電的說明書會告訴你物品如何運作，故障時如何修理，後者是一組演算法，讓你透過線性的思考方式，依照規則程序去解決生活中的難題。但人生的演算法亙古未有，要是過去曾出現，老早就有人會提出來分享，而我們早就過上大好人生了。

這本哲學手冊不包含規則與指示，而是提供許多實用的思維，以幫助你活得更好。在哲學思途上，問對問題跟找到答案一樣重要。前人的智慧不是用來一步步指引生活，而是作為思考與推論的基礎。唯有以此了解自我與世界，才能踏出屬於自己的人生路。

—延伸閱讀—

Pierre Hadot, *Philosophy as a Way of Life* (Wiley-Blackwell, 1995)

A 字首

今天很糟，明天會更糟，

接著一天比一天還悲慘，最後跌到谷底。

——叔本華——

成就（Achievement）

「你不是活得好好的嗎？這就是你最基本也最神聖的工作了啊！」——蒙田

功成名就無疑是你我的頭號煩惱。我們整天擔心，自己的職業生涯是否夠出色。是否佔到買房金字塔的高位？擁有的待遇是否充分反映自己的能力？許多人認為，人生到了某個階段，就「應該」達成某個目標。這種想法著實令人苦不堪言。

成就一直是人類需求與動機理論的熱門主題。有些哲學家認為，它是構成美好人生的必要條件。英國哲學家卡丁漢（John Cottingham）寫道：「一定程度的成就對每個人而言都是必要的。」整天渾渾噩噩過日子非生活之道，所以必須發展自己的天賦。卡丁漢說得很實際，雖然每個人都有不同的才能，但不是人人都能當頂尖的音樂家或運動員：「真正快樂的人生是盡力而為、盡己所能。」

換個角度看，斯多葛學派以射箭來比喻：倘若要射中箭靶，只有竭盡所能地練習，一旦箭矢離開了弓弦，也就脫離了我們能掌控的範圍；此時，任何一陣風都會使箭偏離目標。解鎖人生成就也跟射箭沒兩樣，要想命中靶心，還需要一點運氣加持。因此，最好的辦法就是專注在能掌控的事上，也就是自己的心態和行動，至於最終的結果則不是我們說了算。

再說，世間的萬事萬物有朝一日都將歸於塵土，這難免令人對成就心生懷疑，有人稱之為「阿西曼帝亞斯的觀點」。這個名詞出自十八世紀抒情詩人雪萊（Percy Shelley）的同名詩〈阿西曼帝亞斯〉

（*Ozymandias*），詩文描述道，沙漠中有一座雕像破舊斑駁，其石座上的碑文卻強調永恆的霸業：「我是萬王之王，阿西曼帝亞斯；看我功業蓋世，折服萬眾強者！」這首詩一語道破世人的浮華與愚昧；眾人總為了直上青雲或流芳百世，而汲汲營營地追求成就。

所以說，成就真的是出人頭地的必要條件嗎？若它出於錯誤的價值觀以及虛榮心，那我們是否該奮力反抗？雪萊和斯多葛學者的觀點說服力十足，要是我們將大把心力放在追求成就，那肯定作用不大。卡丁漢說得也有道理，發展能力所帶來的成就感，的確可以為人生增添意義。

要維持成就感的方法，就是讓它變得再自然不過。法國哲學家蒙田就質疑幹大事的必要性：「我們都是大傻瓜，老是把『這輩子一事無成』或『整天無所事事』掛在嘴邊。那些話一點意義也沒有，你不是活得好好的嗎？這就是你最基本也最神聖的工作了啊！」從這個角度思考，你就會發現，原來是自己無視了日常的小成就：有時候光是活著就很了不起了。

要保持成就的另個方法是專注在過程而非結果。美國學者賽帝亞（Kieran Setiya）建議，我們應該在有界活動（telic activity）和無界活動（atelic activity）間取得平衡。有界活動具有明確的終點，一旦達到目標，其意義或價值也就消失殆盡了，像是組裝模型船或徒步走完西班牙的聖雅各朝聖之路。賽帝亞援用叔本華的著作並主張，過度著眼於有界活動，我們就會不斷失去賦予生命意義的事物（見無聊）。

無界活動則沒有終結的一天，雖然每次散步、蹓躂都有終點，每一張專輯都會迎來最終的音符，但這不代表你不能再去散步或聽音樂。重新審視生活，找到有界與無界活動的平衡點，對我們的人生應該大有益處。賽帝亞說：「多從事無界活動，便能獲得無窮無盡的意義與價值。」

禪宗亦力倡，行動時專注於過程而非結果，並學會欣賞微小的成就。古德有云：「得道前，砍柴時惦記著挑水，挑水時惦記著砍柴；得道後，砍柴即砍柴，挑水即挑水。」哪怕悟道是一種成就，那也沒什麼大不了的，真正超凡卓絕的大師，是能將不平凡的功績化為平凡的事務。

所以，用盡全力為自己設定目標吧，像是寫一本書，不過應專注在創作的過程，而非出版後帶來的報酬。完成後，無疑就是一項成就了！

—延伸閱讀—

John Cottingham, *On the Meaning of Life* (Routledge, 2002)

死後的生命（Afterlife）

此生如此寶貴，未必得籠罩在來生的陰影下。

對人類而言，死亡是無從抵賴又難以置信的事實。你很難相信，過去那個與你同歡笑共淚水的人，曾經如此活蹦亂跳，就這麼長眠不醒了。人們在歷經生死瞬間、重病難癒或是得知某人死亡的當下，也許會接收到死亡的預告。但一般情況下，我們很難想像自己有天也會永遠停止呼吸，而相信來生是一種辦法，以消弭認知與事實的落差。

許多哲學家都深信人類有來生，最明顯的就是柏拉圖筆下的蘇格拉底，他在受刑前向追隨者喊話：「死亡來臨之際，人的凡性會消失，但不朽的靈魂堅不可摧，在瀕死之際會毫髮無傷地逃脫。千真萬確……靈魂不朽不滅，將持續存在，直至下個世界。」

近兩千年後的法國哲學家笛卡兒也表達了幾乎一致的看法，他主張：「心靈和肉體彼此分離，兩者均能獨立存在。」

他們主張靈魂不朽不滅有其道理：思想與意識是人類的基本原件，而它們不是實體物質，那麼人類的本質必然不是實體物質。這個推論在現代大概難以服眾，因為我們一面倒地認為，思想是大腦運作的產物，而心靈也依賴大腦而存在。所有證據都顯示，大腦死亡後，心智也會消逝，人類的自我也將不復存在。

印度哲學也對來生抱有希望，幾乎所有流派都認為人類死後能轉世重生。不過這不是什麼令人慰藉的事，因為他們認為，只要人類不斷重生，就註定得面對生命的試驗與折磨，佛教稱為苦諦，也就是不滿足（見折磨）。轉世的我們不會記得上輩子的人生，也不會知道自己曾經活過。而人類真正重生的部分是幽微且單純的精神意識。

倘若你在尋找關於幸福來生的論述，那麼現代哲學恐怕要讓你失望了。現代哲學家大多在說服我們，人類極力追求的天堂或許只是異想天開，也沒有想像中美好。在《死後四十種生活》中，美國神經科學家伊葛門（David Eagleman）以四十則精彩的短篇故事說明，關於死後的生命，眾說紛紜，有些靈界一點也不吸引人，反而像是詛咒。好比說，你在那裡遇見的人都是生前就認識的，所以註定要過著永恆又無趣的生活。還有人說，死後的世界裡有各個年齡的自己，彼此會覺得對方太幼稚或太老，所以這裡不再有人問：「你幾歲過世的？」你還會遇見做出不同抉擇的自己，並且對那個更成功的自己心生嫉妒。

與其渴望死後的生命，不如將其視為不切實際的狂想。許多人無法不去思考這問題。但是，像中國如此淵遠流長的古老文明，其哲學思想就不包含來生的概念。孔子與孟子就鮮少談論死後的事，儒家有「天」的概念，不過是指宇宙運行的規則秩序，而非靈魂的去處。儒家關注此時此刻的世界，著眼於人與相處的道義，由此可見，此生如此寶貴，未必得籠罩在來生的陰影下。

我們不應該把死亡當做戛然而止的句號，而是將其轉化為擁有無限可能的刪節號。只要多思考自己在他人心裡與生命中所扮演的角色，應該就不會再貪圖長生不老，而是期待自己對社會有所貢獻，因而流芳百世。

—延伸閱讀—

伊葛門，《死後四十種生活》（2009）

老化（Ageing）

「毋庸置疑的是，年邁後不僅能保持深刻的平靜，還能從各式各樣的激情中解脫。」

——蘇格拉底

許多人都害怕變老，才二十出頭剛成年沒多久，就哀嚎著自己「好老」。真正「骨灰級」的人看在眼裡，反而別有趣味。還有不少人一想到即將邁入三十、四十大關，就傷心欲絕。

「年紀大」給人的印象大多不太正面，我們怕成這樣，自然也就不意外。美國詩人艾略特（T. S. Eliot）最早出版的詩作為《皮阿飛的情歌》（*The Love Song of J. Alfred Prufrock*）。主人翁皮阿飛年老後眼界大幅縮水。「該不該把頭髮往後梳？」、「敢不敢吃桃子？」這些生活瑣事都成了不得了的決定。在喜劇《皆大歡喜》中，莎士比亞借賈奎斯之口描繪「人生七幕」。主角在人生這齣大戲的第六幕裡成了「一雙小腿皺癟又穿著拖鞋的瘦弱老叟」。等到最終的第七幕，他引頸期盼能「返老還童，忘懷一切」。否則他現在沒了牙、沒了眼、沒了興趣，一切都枉然。連叔本華也難得與尋常人所見略同，他寫到：「今天很糟，明天會更糟，接著一天比一天還悲慘，最後跌到谷底。」

除此之外，肉體的「熵」不斷在增加，意味著我們一天比一天更靠近棺材。但是振作點，這也不見得全是壞事！舉例來說，當我們「飢渴難耐」的時候，總沒來由地認為，在荷爾蒙驅動下充滿欲望，是再自然不過的好事，人人心嚮往之，希望這種狀態維持越久越好。不過蘇格拉底倒覺得變老的好處之一，就是性欲會趨緩下來。

在《理想國》一書中，蘇格拉底問賽伐洛斯步入晚年的感覺如何，後者以古希臘戲劇家索福克里斯（Sophocles）的話道：「好比逃離了癲狂野蠻的主人。」不只是性，蘇格拉底說：「毋庸置疑的是，年邁後不僅能保持深刻的平靜，還能從各式各樣的激情中解脫。」放慢腳步的好處不計其數，不少年事已高的人都感覺不再為功名利祿所縛，而能細細品嚐當下的滋味。

在儒家傳統中，長者更是備受尊崇而非可憐兮兮，箇中緣由不勝枚舉。孔子並不崇尚新奇的事物，並且深信，所有博大精深的智慧均來自古人的思想，而長者便是絕佳的智慧寶庫。其次，孔子也與其他中國思想家一樣，認為人生閱歷至關重要，有它們才能累積智慧。他說過一段名言：「吾十有五而志於學，三十而立，四十而不惑，五十而知天命，六十而耳順，七十而從心所欲，不踰矩。」年輕時能夠多方學習知識，但智慧的積累卻急不得。況且，在儒家思想中，倫理階級層次分明，長者通常具有一定的權威。所以說縱觀古今中外的思想，大多還是對年老抱持正面的態度。

有些哲學家本身就是活教材，以身教來證明，衰老沒什麼好怕的。休謨在死前三個月寫道：「我苦於足以致命且無藥可醫的腸道失調症狀，但若要我選擇人生的某個階段再活一次，我應該會選晚年的這個階段。」休謨之所以如此樂觀開朗，除了生性使然，一部分也是因為看透生死。他體悟到，生命中的美好簡單易得，不必非得年輕力壯才能享受。他寫道：「別想太多，安坐於自宅的火爐邊，擁有自己的時間，不開心就不開心，但也可以因為任何事而感到加倍快樂。」

休謨的健康狀況不佳，他或許會支持古羅馬哲學家塞內卡（Seneca）的看法。有次塞內卡回信給友人魯西里烏斯，要他不要再抱怨生命中無可避免的事，像是生病、收入減少或房屋變得老舊，他說：「難道你還不懂嗎？你祈求長命百歲不就是在求這些嗎？」由此可見，長壽確實也會衍生很多問題。話雖如此，活得長久也好過當個短命鬼。

—延伸閱讀—

David Hume, *My Own Life* (1777)

Seneca, 'Letter 96'

利他主義（Altruism）

想要活出美好的人生，就需要與他人建立獨有的關係，對彼此的責任與義務也會依據交情深淺而有所不同。

如果你住在規模不小的市鎮，那麼隨便逛條大街都能帶回滿滿的罪惡感。沿路的街友不是在行乞就是在叫賣雜誌，還有不少窮困潦倒的人就睡倒在通道出入口。最糟的是遇到手拿夾紙板的「募款劫匪」，他們會帶著燦爛的笑容，和藹可親地問：「能不能佔用你一點時間？」但你滿腦子只想他們滾遠點。打開電視或是翻開報紙，還會看到更多需要幫助的窮苦人家故事和公益廣告。極少數人天生就有捨己為人的情懷，也有一些人樂於當個自私鬼，除此之外，大部分人一看到這些悲慘的消息，實在很難無動於衷，尤其是想到自己應該去救人於水火之中。

面臨這種天人交戰的掙扎時，我們總會給自己一些心理建設，讓內心好過一點。要減輕罪惡感的方法之一是說服自己：「沒有人能做出完全無私的行為，所有的善舉裡面都包藏著自身的利益。」行善的人不過是想確保，包括自己在內的每個人，都認為自己很偉大。

如此說來，利他主義顯然是帶有自私的動機，也不怎麼令人敬佩。「有些人陪在臥病在床的朋友身邊，就會得到眾人的表彰，」塞內卡寫到：「不過如果是為了獲得遺贈，那便與等著啃食屍肉的禿鷹沒有兩樣。」不過，就算我們時常因為無私的舉動獲得好處，也不代表我們只會為了個人利益而行動。我們稱讚某人做了好事，通常是因為欣賞對方的良善動機，而不是那個行為。

事實上，沒有人是徹頭徹尾的自我主義者。大部分的人都懂得設身處地為他人著想，不像小孩子需要大人再三告誡。所以，善舉不能強求，否則我們就會忽略最難解的問題：要為他人著想到什麼地步？不傷害他人就夠了嗎？還是該以他人的最佳利益為依歸，積極奉獻捨己為人？

有些哲學家倒是放了我們一馬。他們建議，人類該做的就是追求自身的利益，因為這樣對其他人來說才是最好的。這個觀念由十八世紀英國哲學家曼德維爾（Bernard Mandeville）在《蜜蜂的寓言》中首次提出。他將社會比喻為蜂巢，只要每隻工蜂做好生來該做的事，就是在為蜂群的利益而努力。雖說蜜蜂不會相互著想，但是其行為還是會幫助到彼此。人類也是一樣，要讓所有人都獲得照顧的上上之策，就是每個人都照顧好自己。

十八世紀的蘇格蘭經濟學家亞當・斯密（Adam Smith）也寫道：「依靠肉販、酒商或烘焙師的仁慈可吃不到晚餐，要靠他們追求自身利益的行動才行。」斯密在《國富論》中提到，市場中有隻「看不見的手」在引導一切。在自由經濟市場中，每個人都為自身的利益盡最大努力，對整個社會最有益。反觀，政府刻意增進人民福祉的措施，反倒沒什麼效果。學界認為這個觀念與曼德維爾的想法頗為類似。不過斯密的論述主要是為了反對政府過度干預市場，而不是要我們自掃門前雪、無視他人瓦上霜。

事實上，斯密相信人類具備「道德上的同情共感」（moral sympathy），能對別人的困苦感同身受，並驅使自己做出相應的行動，以緩解他人痛苦。對斯密這一派的思想家來說，曼德維爾太過樂觀，還以為人與人絕不會有利益上的衝突。

效益主義（Utilitarianism）學派則與曼德維爾的見解截然不同。他們認為，我們應該對所有人的福祉一視同仁，而不是把自己或家人的利益擺第一。假使你一年花費幾百萬元在毫無意義的享樂，對自己的整體福祉只有一點點幫助，卻不把那些錢拿來改變窘迫之人的生活，那麼你就是沒有盡到道德義務。

美國普林斯頓大學生命倫理學教授辛格（Peter Singer）為現代效益主義代表人物。辛格認為，人類有義務在滿足舒適生活後，把所有多餘物品都捐出去。他表示：「倘若我們有能力預防壞事發生，還有能力維護有道德價值的事物，那麼我們就有義務去做。」這個標準無可爭辯，但現實中難以企及。

辛格的哲學思想表現出極為高尚的道德情操，但很少人能達到如此嚴苛的標準，就連訓練有素的效益主義者也不例外。話雖如此，對許多效益主義者來說，這仍舊是他們極力追求的目標。要反駁他們的論點，除了無視它，還能試著指出，每個人的價值分量都不一樣，所以我們沒有義務毫無偏頗地去考慮所有人的利益。但我們該如何證成這個說法呢？

英國倫理學家伯納德．威廉斯（Bernard Williams）便提出了「人際分野」（separateness of persons）來強調，既然親疏有別，我們的道德實踐也會跟著調整。威廉斯認為，人類不是承載福祉的物件，所以不能任意替換。想要活出美好的人生，就需要與他人建立獨有的關係，對彼此的責任與義務也會依據交情深淺而有所不同。雖然從上帝的觀點來說，你的兄長和千里之外的陌生人理應一樣重要，但我們並非俯瞰世間全局的神，只是芸芸眾生中的一分子。

儒家的思想體系也強調角色倫理（role ethics）的重要性。孔子認為，每個人的道德義務都取決於其社會階級：君臣、父子、師徒對彼此的義務皆有所不同，因此孔子言明「己所不欲，勿施於人」（見義務）。根據這條道德金律，我們不需要幫助他人要如同善待自家人一樣，只要不干涉對方事務就好。耶穌說：「你們願意人怎樣待你們，你們也要怎樣待人。」這比儒家的道德金律更加嚴格。耶穌與晚期的效益主義者一樣，主張對世人要一視同仁，所以他才會告訴門徒，如果要追隨主，就得離開家人。

但就算我們無法對大家一視同仁，還是能發揮利他的精神，哪怕達不到捨己為人的聖人境界，也毋需自責。順從與生俱來的同理心，發掘內心的善意，多多幫助他人，就已足夠。

—延伸閱讀—

曼德維爾，《蜜蜂的寓言》（1714）

J.J.C. Smart and Bernard Williams, *Utilitarianism: For and Against* (Cambridge University Press, 1973)

Adam Smith, *The Theory of Moral Sentiments* (1759)

自我矛盾（Ambivalence）

「我們註定要有所取捨，畢竟每個選項都可能帶來難以彌補的缺憾。」——以撒・柏林

回想一下，當你面臨兩難抉擇時，是多麼痛苦、掙扎與無能為力。大至換工作、結婚、賣房，小至去哪度假、買哪件大衣，每種選擇都附帶許多潛在的後果，可說是牽一髮而動全身。這個滋味不好受對吧？

就算你不常陷入難以抉擇的窘況，也應能體會這種生而為人必然會產生的矛盾心理。人一生中有許多值得珍惜的事物，也希望它們留在身邊，可是我們卻常常面臨這樣的情況：想買昂貴的大衣又想把辛苦賺來的錢存下來；想維持單身或做個自偏者好享受自由，卻又捨不得談戀愛或當員工時獲得的安全感與保障。無奈的是，真實生活條件有限，魚與熊掌難以兼得，我們不得不做出取捨。或許我們可以試著不做選擇，不過這也是另一種選擇罷了，就好比當你猶豫太久，反倒落得什麼都沒得選的下場一樣。

十四世紀法國哲學家布里丹（Jean Buridan）提出一項悖論。有隻理性的驢子，牠總是選擇吃離自己最近的草堆，但如果牠身邊有兩綑等量等質的乾草，牠就會因為猶豫不決而活活餓死。這隻大名鼎鼎的驢子被稱為布里丹之驢，用來形容人卡在不相上下的選項中，陷入難以抉擇的窘境。但布里丹並非率先提出此悖論的人，亞里斯多德與十二世紀的波斯裔思想家安薩里（al-Ghazali）早在過去就提出過相關論述。

讓古代哲人絞盡腦汁的主要問題是，人類是否能靠著自由意志來打破這個僵局。布里丹認為，我們很難用意志力擺脫僵局，頂多只能「在情況有所改變以及方向明確後再行判斷」。安薩里則較為正面，他認為人

類能運用自由意志走出困境。

除此之外，我們也能參考英國哲學家以撒・柏林（Isaiah Berlin）的看法。柏林認為，人類所重視的價值既多元且往往互不協調。他寫道：「每個人內心都擁抱了許多價值觀，而且很容易相互牴觸。但這不代表當中有些是對的、有些是錯的。」舉例來說，自由和安全都是必要的價值，不過我們時常受環境所迫，只能選擇一項。因此柏林說：「我們註定要有所取捨，畢竟每個選項都可能帶來難以彌補的缺憾。」存在主義之父齊克果也諷刺地說：「結婚，你後悔；不結婚，你也後悔。」

最起碼我們能夠安慰自己，這種矛盾的心理是面對複雜世界的自然反應，我們也許能從中找出線索以克服困局。柏林也說：「我們必須建立優先順序。」如果你發現自己有些價值觀相牴觸，但都很重要，那就必須深切反思當下自己的狀態與外在處境，找出最值得追求的選項。要是經過一番天人交戰還是不知如何是好，真的就只能靠擲骰子來決定了。說到底，隨便選一個也比什麼都不選來得強。

不管我們做了哪項選擇、如何打破僵局，都必須明白，有得必有失，有捨才有得。可見，自我矛盾是生而為人不得不體會的滋味。

—延伸閱讀—

Isaiah Berlin, *The Crooked Timber of Humanity* (Princeton University Press, 2013)

憤怒（Anger）

應該將憤怒轉化為建設性的思考，想想可以怎麼做，而非對無法挽回的事滿肚子火。

憤怒過頭或情緒表達不當會造成許多可怕的後果，甚至會導致難以挽回的局面，像是暴力衝突與人際失和，結果讓你感情事業兩頭空、身傷心也傷。生氣帶來的問題很多，不過難道就一無是處嗎？

在古希臘的哲學體系中，亞里斯多德的門徒與斯多葛學派對於憤怒的看法長久分歧。前者認為，若能適當處理情緒，那麼憤怒也能發揮效果；後者則秉持零容忍的態度，面對憤怒絕不退讓。

亞里斯多德寫道，正如同恐懼、自信、渴求、憐憫、快樂與痛苦等情緒，有時我們會暴怒，卻也會過度壓抑。因此，關鍵在於「在合適的時間與情況下，為了合理的目的，針對當事人，以適當的方式表達情緒」（見平衡）。這無疑是亞里斯多德的名言，不過也是極為嚴苛的標準。

亞里斯多德認為，以理性馴服憤怒，是一種管用的生活技能。如果你接受他的建議，就永遠不會對無辜的店員大小聲，或是把工作一天累積的壓力發洩在孩子身上。你不再動不動就大呼小叫，而能以適當的態度回應各種狀況。

塞內卡對憤怒的看法則較為強硬。他認為，那是不可接受的情緒，因為它會產生一股難以控制的動能。人若受制於憤怒的情緒，就跟自己跳下懸崖沒兩樣。他說：「生氣的人會失去獨立的判斷能力，整個人像是自由落體一樣，既不能阻止自己墜落，也無法放慢往下掉的速度。」因此塞內卡建議：「斷然拒絕的憤怒挑撥，踩熄它初閃的火花。怒火攻心時，奮力掙扎，絕不舉手投降。」

那又該如何與之抗衡呢？這就要靠平常的思維訓練了。塞內卡說，我們應該提醒自己，每個人都有缺點，正所謂人之常情，不妨承認並接受它們的存在。他說：「人心混沌又陰鬱，勢必會犯錯。想要不對別人發脾氣，就必須馬上原諒對方。每個人都應有得到寬恕的機會。」我們內心深處也明白，很多令人生氣的事都不嚴重，不值得浪費力氣。

接下來我們必須質疑，有沒有哪種復仇方式是適當的？準確來說，該問的問題是：「怎麼做才是最好的回應方式？」事實上，有時我們該學著放下，有時候應冷靜地與犯錯的人對質，指出對方做錯的事或無心的舉動。

塞內卡也建議，有時不妨「以拖待變」。不急著做出反應，壞脾氣有時就會自己消退。生氣的時候，試著去站在鏡子前面，一看到自己彆扭的表情，也就不氣了。不過塞內卡也承認，既然都知道要去站在鏡子前面，那麼表情和舉止自然就會緩和許多。

相對地，憤怒的情緒太少也是個問題。有的人比較懦弱、愛逃避問題，也害怕跟人撕破臉，所以對他人的錯誤一再隱忍。有時，做錯事的人必須有人提醒，才知道自己做得太過火了，或者傷害到其他人。而且，犯錯必須承擔相應的後果。

塞內卡當然也承認，我們應該正視錯誤，只不過他認為，生氣不是解決辦法。任何事都能冷靜處理，糾正他人的行為也是如此。這個觀點與亞里斯多德所見略同，他們都認為，應該以理性的方式表達憤怒。但是對塞內卡來說，理性介入後的憤怒已不再是憤怒。

兩位哲人都建議，不管處理什麼事，都應以理性為出發點，而不是一味地焦慮、躁動。為了保持理性，我們必須捕捉憤怒的首波徵兆。塞內卡認為這是可行的，他說：「風雨欲來時，天空總是滿布烏雲。同理，每個人在抓狂或陷入情網前，都會出現蛛絲馬跡，預告攪亂心緒的暴雨即將來臨。」我們只需要找出線索就好。

美國當代哲學家納斯邦（Martha Nussbaum）將以上兩種觀點合而為一。她寫道，面對不公不義的事情，一定會感到忿忿不平，不過憤怒與報復的衝動要區隔開來，這過程她稱之為「轉化憤怒」（Transition-Anger）。納斯邦認為，應該將憤怒轉化為建設性的思考，想想可以怎麼做，而非對無法挽回的事滿肚子火。最好的例子就是，把對大環境的不滿轉化為推動社會改革的動力

下一次你要抓狂前，先深呼吸幾分鐘。提醒自己，做錯事很正常，你自己也是累犯。捫心自問這有多嚴重，倘若無關緊要便放下；要是事關重大，那便思考如何能妥善處理。只要你不是在氣頭上，一定可以找到適當的回應方式。以後當你感覺到憤怒的神經被挑起時，可得回想起這些訣竅。

—延伸閱讀—

納斯邦，《憤怒與寬恕：重思正義與法律背後的情感價值》（2016）

Seneca, On Anger

焦慮（Anxiety）

與其消除焦慮，不如試著用「對的方式」來焦慮。

對生活感到一絲焦慮時，每個人最想做的，大概就是擺脫這股躁動不安的感覺吧！你或許能夠容忍偶然發作的焦慮感，並把它當作生活中的一部分，也不覺得會有什麼太大的影響。上台演講、參加面試或出門約會都會讓人緊張，彷彿胃裡有蝴蝶在飛。其實真正說來，比較難應付的是生活中無孔不入的焦慮感，它甚至會影響日常生活中再簡單不過的事，像是搭公車或繳帳單。

有的哲學家認為，焦慮不光是生活中的小問題。這派思想始於齊克果。他認為，焦慮感可能源自基督教所談的原罪與信仰問題。齊克果的核心概念放諸四海皆準，往後海德格與沙特均承襲其思想；兩人各自發展出其獨樹一幟的見解，卻也有許多重疊之處。

整體來說，人生無可避免地會產生焦慮。我們不是沒有生命的物體，也不像其他動物，除了能自由決定要做什麼，還要對自己的選擇負責。一旦想到未來可能發生的事情，便會產生焦慮感。齊克果說，這股焦慮感令人暈眩，就像站在懸崖邊向下看，尤其是你發現往下跳也是一個選項。他把這種感覺稱為「對自由的暈眩」（the dizziness of freedom）。

這股焦慮並非出於害怕具體的東西，而是極為深刻的躁動不安，所以我們會有意識或無意識地壓抑它。於是我們投入日復一日的忙碌生活，扮演好約定俗成的社會角色，以避免這份焦慮。

沙特分析道，人們逃避焦慮的主要方法就是否定自己的自由，他稱之為「壞信念」（bad faith）。每當我們有了壞信念時就會找諸多藉口，明明內心並非如此消極或堅定不移，卻說得好像是事實一樣，就像有人會把自己的無能為力或特立獨行都歸咎於星座。

否定自由的好處在於，生活會變得更容易安排與應付。不過對存在主義的哲學家來說，否定自由會適得其反，人們最後會活得不實在，變得不像自己。由此說來，焦慮感爆發是正面的事，因為它會將我們從妄想與虛假的安全感中震醒。也就是說，焦慮是自我實現的警鐘。

若有這種焦慮問題，應該不需要去看心理醫師。但不管是一般的焦慮，或是超乎常理的擔憂，都可能會成為潛意識的藉口，以封藏內心深處更為不安的存在性焦慮。有時自以為是為了事業或經濟狀況而感到煩燥，其實內心深處還藏有更深沉的擔憂。

存在主義哲學家認為焦慮不需要消滅，更好的策略是接受它，妥善運用這種情緒，提醒自己選擇想走的路，而這就是為人生負責的代價。齊克果寫道，與其消除焦慮，不如試著用「對的方式」來焦慮。

—延伸閱讀—

Jean-Paul Sartre, *Basic Writings*, edited by Stephen Priest (Routledge, 2000)

爭執（Argument）

許多人在討論事情時，只是在吵架或挑毛病。我們並非沒有誠意，只是常常沒有自覺，比起找出事實，其實更想講贏對方。

在紛亂吵雜的世界與矛盾不斷的家庭中，最不需要的大概就是爭吵了。其實，如果想冷靜下來了解對方，反而更需要多爭吵，不過是以更好的方式進行。

這聽起也許有點詭異，不過在英文世界，「爭執」的意思經過數世紀演變，已發展出不同的意涵。今日這個字多意味著激烈的爭吵，不過從它的拉丁字源argumentum來看，意思是「符合邏輯的論證」，由「辨析與證明」的動詞arguer演化而來。提出論證並非要吵架，而是以最好的方式，冷靜地把話說清楚。

哲學就是一種論證。我們現在所說的哲學起源於希臘、中國與印度等古文明，當時人們不再透過神話故事或官方說法來建立世界觀，而是開始認真尋找理性可以依靠的證據。早期哲學家的著作都跟論證有關，例如亞里斯多德的《工具論》（*Organon*）。

代表性的作品還有《正理經》（*Nyaya Sutras*），它成書於西元前六世紀至西元二世紀，作者為印度哲學家喬達摩（Akṣapāda Gautama）。在書中，他鉅細靡遺地列出論證的標準原則。他描述了三種推理方式，透過它們，我們得以從某一事實的基礎推導出另一事實。

第一種是從明確的原因推導出即將發生的事實，舉例來說，看到烏雲密布就知道要下雨了。第二種是從結果去追溯原因，比如看到路面濕漉漉的，就知道剛剛下過雨。最後一種則是從某事實去推敲出伴隨著而來的可能結果，就像看到雜貨店就想到裡面有賣零食。

這些推論沒有一個絕對可靠：烏雲會散去、灑水器會噴到路上而每家雜貨店的進貨項目各不相同。它們是以歸納法來論證事實，也就是透過個人的經驗去描繪世界。只有演繹法才能產生更可靠的論證，因為它只奠基於概念的意涵。舉例來說：二加二等於四；已婚之人必有一名配偶。

不過，無論哪種推理方法，都無法百分之百保證甲一定會造成乙，也就是說，世上沒有無懈可擊的邏輯。就如休謨所指出的，一般人只會看到事情一件接著一件發生，甚至不會去探究成因。當事情照著先後順序發生，我們就會假定兩者間帶有因果關係。不過，我們既沒有觀察事件的細節，也沒有推論它們產生的原因。如此一來，論證的基礎便搖搖欲墜。

英國哲學家羅素（Bertrand Russell）用雞的生活來比喻這種論證的窘境。有隻雞每天早晨一看見陽光就會被餵食，所以牠預期接下來每個嶄新的日子都會是如此。不過，在這一連串規律的事件中，只有自然界的現象是可靠的，要是哪天太陽升起了卻沒有食物，那就表示牠的死期將至。

此外，十四世紀印度順世派（Charvaka）的思想家摩達婆（Madhvacharya）也闡述過歸納法的問題。既然沒有人成功解決，這也提醒了我們，在判斷事件的因果順序時，應小心謹慎。過去某件事以特定的方式發生了，不代表未來就一定會以同樣的模式再出現。透過好的歸納法，我們就能從結果找出許多原因，但無法證明它們有絕對的關聯性。

此外，喬達摩也有詳細說明了論證的好壞。討論時，若能找出兩個以上的論點交叉比對，以確立事實，我們稱為真論議（vada）。而不管論證內容的對錯，單以駁倒對方為目的，就稱為紛論議（jalpa）。壞議（vitanda）則無關輸贏，只是要找碴。

平心而論，許多人在討論事情時，只是在吵架或挑毛病。我們並非沒有誠意，只是常常沒有自覺，比起找出事實，其實更想講贏對方，證明自己是對的。

無論我們多麼能言善辯，只要論述沒有建立在正確的前提之上，那就無濟於事，無法取得任何結論。對此，喬達摩提出相當奇特的論證法，名為「思擇」（tarka，英譯為confutation），以福爾摩斯的話來講，那就是「排除所有不可能的情況後，剩下的理由無論多荒謬，那一定是事實」。這是一項很好的論證方法，不過必須記得，人類的思維有限，你永遠無法百分百確定已經排除了所有不可能的事。

然而，有些人不大相信這些印度正統派（Āstika）的基本原則，自然就難以被喬達摩舉出的例子給說服。喬達摩更探問：「靈魂是永恆抑或是非永恆？」假定靈魂是非永恆的，那麼就無法「進入輪迴然後獲得解脫」，這十分荒謬，因此他認為靈魂是永恆的。不過如果你一開始就不認為人有靈魂，那麼後續的論證也無法展開。

哲學論證能夠避免討論時尖叫怒吼和針鋒相對，也有助於我們為自己的信念提出理據，而不只是一味地相信。如此，我們才能踏上追尋真理的道路，而不是勝利至上的歧途。最重要的是，要保有謙遜之心，懂得哲學論證的人都知道，這個世界充滿未知之數，鮮少有千真萬確的事。辯論時保持謙虛的態度，才能樂於接受新觀點，並改變自己的想法。在紛論議與壞議當道的世代，我們需要更多熱愛真論議的人。

—延伸閱讀—

喬答摩，《正理經》

禁慾主義（Asceticism）

「那些苦行者愚昧無知、脾氣暴躁又鐵石心腸，還有許多妄想的念頭。」——休謨

有時，看到社會大眾過度消耗物資，或是發現自己過度消費，不免讓我們有所反省，進而嚮往斷捨離的生活型態。我們難以像隱士一樣窩在小房間裡閉關，但至少會覺得，生活應有所節制，才能解決浪費的問題。所以大家就開始嘗試在一月時戒酒（dry January）、節食或是洗冷水澡。

現代人為了健康紛紛響應純淨生活（clean living）的理念。這種「嚐鮮」行為背後，其實是存在超過兩百年的禁慾傳統。有趣的是，禁慾（ascetic）的英文是源自希臘字askesis，原先與運動員的體能訓練有關，意為「使用」或「鍛鍊」，爾後則指德育與智育方面的發展。

禁慾生活在釋迦牟尼的時代廣為流行，不少苦行者奉行嚴酷的修煉法，包括長時間靜坐、斷食甚至減少呼吸次數，這些行為都有明顯的後遺症。起初釋迦牟尼也加入一個苦行團體，不過後來他認為溫和的修行方式才有助於覺悟。

天主教過去也有一些隱士是苦行者，他們大多是男性。大約在三世紀時，隱士紛紛前往埃及沙漠，透過獨身、節食、貧窮、沉默、獨處、謙虛與禱告等禁慾的行為，來追求身心的淨化。

這些沙漠教父與教母深信，透過禁慾就能杜絕撒旦無時無刻的誘惑。有一名隱士為了避免進食時會感到愉悅，於是一邊漫步一邊進食。一位名為亞迦妥（Agatho）的隱士則是在嘴裡含了一顆石頭長達三年，好讓

自己保持沉默。還有一位隱士攙扶母親過河時，用斗篷緊緊包著自己的雙手，深怕一觸碰女性的身體就會點燃性慾。

為什麼有人能接受這種嚴苛的生活呢？因為苦行者大多相信，卑微的肉體會帶來苦痛，是實踐精神生活的障礙。但這種說法如何解讀，其實因人而異。以他們的觀念來說，精神要有所解脫，就必須抑制肉體的歡愉和慾望。

有些哲學家對於心靈層面涉獵較少，所以鮮少著墨於禁慾主義。儒家與道家對於苦行就所言不多，因為這兩派都不強調出世的生活。儒家的道德準則是為了創造和諧有序的社會，道家則提倡與大自然同生共處。

亞里斯多德也強調，透過身體，才能經歷真實的生命，這是人類必要的養分。他寫到：「光靠思考不足以自我滿足，一定要保持身體健康，為肉體提供食物和其他照顧。」亞里斯多德認為，想擁有美好的人生，就該有適當的肉體愉悅，譬如「美食、美酒和性愛」。但過度放縱有害無益，重點在於保持中道。

蒙田也建議，我們應適當享受身體帶來的歡愉，不要否認這份快樂，畢竟那是身體的本質。但也不要一味地索求，過量的享受會導致痛苦。除此之外，蒙田還寫到：「人類的生殖活動是自然且必要的。」他認為人類是心理與生理的混合體：「既非純然的肉體也並非純然的靈魂……靈肉分離則有害健康。」

休謨對苦行最無可容忍：「我反對獨身、節食、補贖、苦行和自我否認等修道士的美德。」他認為這些作為沒有任何意義，且壞處多過美德：「那些人愚昧無知、脾氣暴躁又鐵石心腸，還有許多妄想的念頭。」休謨如此諷刺苦行聖人：「他們那些陰鬱又固執的狂熱分子，死後或許會在日曆上取得一席之地，但活著的時候，鮮少能在親密關係或社會中獲得認同，除了那些跟他們一樣神智不清又憂鬱茫然的人。」

培養一點點修道士的美德，對現代人的放縱生活有調節的作用。但自律和自制要是過了頭，就成了虐待，那不僅是否定自己的身體，也否定自己的本質。

—延伸閱讀—

休謨，《道德原則研究》（1751）

蒙田，《蒙田隨筆全集》（1580）

協助死亡（Assisted Dying）

「這是沉重而理性的決定，因此自願安樂死是正當合理的。」——葛樂弗

有些人說自己不害怕死亡，這是應該真的，因為瀕死階段才是棘手的問題。從人生舞台退場的過程除了曲折、曲折還是曲折，有時候我們期盼有人能加快這個過程。不過，並非所有人都有合法的權利能去加速死亡。即便有，我們也該行使嗎？

在倫理學上，有關協助死亡或自願安樂死（voluntary euthanasia）的討論，大概已是塵埃落定。大多數倫理學家都認為，每個人都有權以死來終結痛苦，而他人的協助也符合道德規範。英國哲學家葛樂弗（Jonathan Glover）在其著作《致命與保命》（*Causing Death and Saving Lives*）中，以四頁篇幅總結道：「當事人經過深思熟慮的思考，而不是受一時的情緒所影響。這是沉重而理性的決定，因此自願安樂死是正當合理的。」

對協助死亡持反對意見，通常都與宗教有關。有些人說，殺人是不對的，不過大多數的宗教都沒有把它當作絕對的原則，畢竟，為正義而戰或出於自衛而殺人，也是情有可原。還有人說，唯有上帝才能決定生命的去留，不過大部分的信徒應該會支持搶救早產兒或重病孩童，即便這有違上帝的計畫。

既然相關的道德論證如此清楚，為何多數的法院仍判定協助死亡為非法呢？主要原因還是宗教。除此之外，許多人也擔心葛樂弗所說的「副作用」。要是協助死亡越來越普遍，所有身患絕症的人都以此結束生

命，那麼大眾會越來越沒有同情心，對於許多生命垂危的人不再伸出援手。這也是身心障礙運動人士特別擔心的一點。

另一個擔憂是，倘若安樂死合法化後，大家就會害怕住進醫院或安寧病房，或是出於壓力而提早結束自己的生命，儘管內心不想這麼做。醫師往往也不樂見協助死亡合法化，因為這可能會破壞與患者間的信任關係。所以，儘管多數英國國民已經支持「死亡權利」好幾十年了，英國皇家內科醫學院（Royal College of Physicians）到二〇一九年才對此採取中立的態度。

基於這些副作用，因此有許多人反對協助死亡。不過，這些理由與相關的政策無關，而是它合法後可能發生的情況，所以是屬於尚待證實的問題。有些地方安樂死已經合法化，像是比荷盧聯盟與美國奧勒岡州。我們可以在那裡從事相關研究，看看人們的恐懼有否真有其事。可惜的是，或許研究人員很難保持中立，所以各篇研究的結論都大不相同。

無論如何，協助死亡的法律和道德層面是兩回事；倫理學家瓦諾克（Mary Warnock）就親身經歷過這個矛盾。瓦諾克的先生傑佛瑞（Sir Geoffrey Warnock）病重命危之際，主治醫師便以心照不宣的老方法來安撫病人和家屬。瓦諾克說：「我們都心知肚明，傑佛瑞即將離世。醫師告訴我：『會讓他好過點……』我們都知道那是什麼意思……就是了結他的痛苦，終結他的生命。」

大多人都認為，儘管醫生這麼做違法，卻充滿了道德感與同情心。瓦諾克當時認為這樣就夠了，相關法律毋需更改，但後來她改變心意了。這個故事告訴我們，應該多包容不同的觀點，協助死亡也許有道理，但法律也不該輕易放行。

在不同人馬的爭論中，最令人惋惜的是，有人會批評道，考慮安樂死的人既怯懦又膽小，也不夠珍惜生命。面對這種批評，最機智的回答出於叔本華之手。他強調，選擇結束生命的人，並非不欣賞生命的價值，

「用自殺展現生命意志的人，只是不滿身處的環境與條件」。看過許多協助自殺的案例後，叔本華這句話更令人鼻酸。

—延伸閱讀—

Jonathan Glover, *Causing Death and Saving Lives* (Penguin, 1977)

Mary Warnock and Elisabeth Macdonald, *Easeful Death: Is There a Case for Assisted Dying?* (Oxford University Press, 2009)

真我（Authenticity）

尼采認為，所謂忠於真我，並非挖掘、找尋自己深藏的那一面，而是創造全新的自己。

現代西方文化總是在強調「忠於真實的自我」。有些候選人行為乖張，有些則較為能幹，而選民總是傾向投給前者。原因在於，他們給人「率真」的印象，反觀後者則太世故、匠氣太重。若有人指出，某幅畫是荷蘭畫家維梅爾的「真跡」，那我們都十分清楚他所談的內容。不過，當我們說某人很「真實」，意思就沒那麼清楚了。

顯而易見的答案是「忠於自我」，也就是深刻了解真正的自我，而且言行舉止都與表裡一致。這也呼應了一般人的想法：每個人都有真實的一面，等待被發掘且實現。

尼采則抱持不同的觀點。他認為，所謂忠於真我，並非挖掘、找尋自己深藏的那一面，而是創造全新的自己。我們可以選擇自己的角色，成為自己生命中的英雄，就像創造藝術品或撰寫小說那樣。當你成為自己生命的創作者，為自己的人生寫下篇章，那就是在表現真我。

人類確實一直處於變化（becoming）的進程。要定義「我是誰」非常不容易，自我本質也並非永恆不變（見自我認同）。倘若你想實現心目中理想的自己，那就得思考你重視的價值為何。為此，尼采邀我們共同思考以下問題：「截至目前為止，你真正熱愛的事物為何？什麼事深深吸引你的靈魂？既佔據你的心靈又令你歡欣？一一審視這些事情，並羅列在心頭。從它們的性質與優先順序找出其中的規律，也許你就能看出真我的基本樣貌。」

然而，若你過分投入創造自我的活動，就會陷入兩種危險。首先，有些人會罔顧道德的約束，創造出悖離倫常的人格。在英國作家漢彌爾頓（Patrick Hamilton）的舞台劇《奪魂索》（*Rope*）中，兩名高材生以敗德的角度解讀尼采的「超人學說」，並冷血勒殺同儕，以證明自己不受世俗道德所縛。成為殺人兇手是比較極端的例子。不過，只要把表現自我擺在第一，對道德規範置之不理，一定會產生不良的後果。

另一種危險則是，有些人會無視現實世界的約束。每個人都有其天賦、長處與弱點，當他決定成為某個理想的自己，就應該把這些條件納入考量。然而，倘若他自顧自沉浸在創作生命的篇章，就很容易會忽略外在環境，落入於華而不實的妄想中。

沒人能憑空生出真我，因為你我都受到現實世界的約束。加拿大哲學家查爾斯·泰勒（Charles Taylor）強調，個人主義太過氾濫，導致真我的理念逐漸敗壞。他解釋道：「生活方式有很多種，而你可以創造自己專屬的，這也是社會的普遍要求。沒人期待你去模仿他人的生活方式。」不過泰勒認為，唯有你認知到，自身的價值觀與社會所認可的美德密不可分，才有可能實現理想的真我。你我都是時代與文化的產物，所以真我也有社會與個人兩種不同的面向。正如泰勒所說：「實現自我的過程並非單靠我一人之力，而是與他人不斷進行內在與外在的對話。」

然而，實現自我的難處在於，有時我們太自我中心，有時又太容易受社會影響。這似乎很接近海德格的看法。他認為，真我變化無常又曖昧不明。而我們又放任群體的社會規範去形塑自己的生命，所以才會變得矯揉造作。他將這股形塑的力量稱為「人們」（das Man）。只要配合「人們」的規範，就可以逃避死亡的陰影，且不須為自己生命的負責與做主。

然而，那些安慰自己的咒語並非萬靈丹。但死亡的現實不斷逼近，還會突如其來地闖入你的意識中，迫使你我忘卻日常的煩惱與困惑，並回頭去關注真正重要的事物。這就是人類成為真我、找回自己的時候。對海德格而言，真我深植於歷史與文化中。所以問題不在於創造個人的道德觀，而是從所屬的群體中找到真正的價值。當人們有意識地去探索生命，就能避免盲從，也不會再全盤接受社會的價值觀；這才能更接近真我。

因此，最好把真我當作一種狀態而非結果。想清楚，自己以哪些價值觀在生活，當中又有哪些形塑了你的自我，不斷地交叉比對，這便是忠於真我。了解自己的喜好、能力與極限後，也要試著跨出舒適圈。千萬別不假思索地接受各種約束，那是從小在耳濡目染下被迫服從的。但也別為了展現自我而輕易拋棄社會規範。在自我發展的過程中，個人的道德與價值觀勢必會受到影響；它們對於立身處世與待人接物都至關重要。

—延伸閱讀—

Charles Guignon, *On Being Authentic* (Routledge, 2004)

威權（Authority）

威權的問題百百種，有的人難以接受他人的主宰、有的人嫌棄手握的權力不夠大，還有人缺乏展現權威的自信。在今日，「威權」一字已經跟髒話相去不遠，更沒人會稱讚威權主義者（authoritarian）。

對某些人來說，威權是必要之惡。十七世紀英國政治學家霍布斯（Thomas Hobbes）深信，國家需要一位掌握所有權力的最高統治者，如此才能阻止政體分崩離析，避免陷入無法無天、自相殘殺的混亂狀態。他說：「在無政府的狀態下，是非對錯、義與不義……通通不存在。沒有絕對的權力就沒有法律。除此之外，也不會有藝術、文學以及安定的社會。最糟的是，所有人終日都活在暴力和死亡的恐懼與威脅中。許多人因此無依無靠，有朝生暮死之感。他們窮困潦倒、卑賤低下，並不時受到他人粗暴蠻橫的對待。」

儒家的威權概念較為溫和。對孔子而言，威權並非指某人或某階級對下握有主導權，而一種社會與政治的分工概念。在這個結構中，每個人都有其適當的角色，父母的威權並非是要子女臣服，而是保護他們平安長大；君主的威權並非暴虐人民，而是要讓他們在和平有序的社會中安居樂業（見義務）。

如此說來，威權是必要之善而非必要之惡。它不單單是權力，更關乎責任。再者，領導者的權柄越大，越不必訴諸武力。如同青草會隨清風拂過而彎下腰來，好的君主自然是民心所向。只要他成為值得仿效的楷模，就會帶來風行草偃的效果。只有暴君才需要以欺凌、誘騙和恫嚇的手段逼人民就範。由此可看出，暴君其實沒有威權，反而是缺乏治理的能力。因此，若能妥善運用，威權可為所有人的工具。

透過孔子的詮釋，我們看到威權的許多面向。倘若我們對握有威權的人有意見，也許該自問，是威權受到濫用，還是我們心高氣傲，不願接受任何正當的管理？我們渴望更多權柄，是因為求而不得，還是妄想行使從未獲得的權力？倘若我們無法從容地行使威權，那就該捫心自問，是否只是在推卸自己應該扮演的角色與責任？

—延伸閱讀—
《論語》

B

字首

友誼的期限難以預測，

應盡情享受此刻與知己同歡的時光。

——塞內卡——

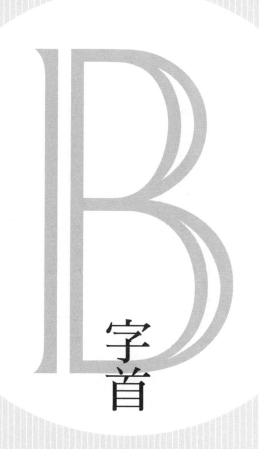

平衡（Balance）

中道不是光靠數字或計算，就像在零與十之間取五。有時候中道會更靠近光譜上的某一極端。

你是否太拼命工作而沒有足夠時間好好放鬆？或是花太多時間在網路世界，而不是出門走走找其他事做？你是運動狂還是整天躺在沙發上？你飲食習慣是放縱還是過於節制？

「智者能找到兩極間的平衡。」這是古今中外的哲學家最常強調的原則。在佛教傳統中，許多經典都在強調中道與平衡。釋迦牟尼開示道，人們不該陷入縱慾和禁慾的迷思，只在兩種極端選擇其一。他說：「沉迷於感官享樂是低下又粗俗的活動，唯有凡人才會去做這些不聖潔、沒有利益的行為。至於自我折磨的苦行令人痛苦，它們同樣也是不聖潔、沒有利益的行為。」

西方哲學家也談平衡，最經典的說法是來自於亞里斯多德。他說：「恐懼、自信、欲求、憤怒、憐憫、快樂和痛苦等情緒，有些人會表現得過度激烈，有些人則是太過壓抑，過猶不及，要以『適中』為度。」也就是說，難度在於如何「在合適的時間與情況下，為了合理的目的，針對當事人，以適當的方式表達情緒」。

亞里斯多德將兩極的理想中點稱為「中道」，日常生活中，多數事物都有「過度、不足與中道」三種面向。只有鮮少的例外，如刁難、無恥、嫉妒等負面言行，或是通姦、竊盜與殺人等犯罪行為，就沒有適當的程度。孔子與亞里斯多德所見略同，而儒家的經典之作《中庸》也是在探討類似中道的概念。

中道是非常實際的作法，能夠應用在各式各樣的情境中。容易不耐煩的人，則需要培養耐心，但不是把自己變成消極的拖延症患者。若是意志不堅定、讓人得寸進尺，那就要變得堅毅果敢，而不是攻擊性十足。「中道不是指凡事都得找到中間值」，亞里斯多德清楚地表示，中道不是光靠數字或計算，就像在零與十之間取五。有時候中道會更靠近光譜上的某一極端。

中道取決於個人的處境，所以每個人的目標都不同。他舉例道：「對一般人來說，攝取六公斤食物太多，兩公斤又太少。但運動教練未必會統一開四公斤的菜單給所有選手。對某些選手來說，那樣的分量太少。就拿傳奇摔跤手『克羅托那的米羅』來說，四公斤他根本吃不夠，但換作是體操新手的話，就太多了。」中道因人而異。魯莽和膽怯、大方和小氣、懶惰和操勞，這些缺點的補救辦法都不盡相同。我們應該先判斷自己傾向光譜的哪個端點，並找出自己當下的處境，再來設定專屬的中道。因此，要達到中庸之道，必須有自知之明且懂得時時反省。

那麼，該如何將中庸之道應用在生活中呢？可以參考亞里斯多德的一些訣竅。他提出兩條有用的經驗法則，若不確定自己的中道為何，就可以參照。首先，一定要遠離光譜上較有害的一端，好比說粗心大意的風險勢必高於小心謹慎，寧願再三猶豫，也不要冒險犯錯，便是亞里斯多德的良策。

其次，遠離我們習慣的態度和作法。倘若你覺得自己不夠大方，那不妨嘗試主動付出，哪怕矯枉過正，隨手給服務生小費，讓自己心疼也無妨。

中道最關鍵的訣竅在於培養正確的習慣。我們不能指望，單靠理解和洞見就能徹底改變自我。所以，做人處事想變得圓融，就應該從日常小事的應對進退著手，嘗試軟化自己待人接物的方式。在生活中取得適當的平衡，就像走在鋼索上一樣困難，需要大量的練習才能成功。

—延伸閱讀—

亞里斯多德，《尼各馬可倫理學》

喪慟（Bereavement）

在哀悼中，我們總感覺某部分的自己也死去了。從另一方面想，離開的他們，某部分還活在我們之中。

喪慟是既普遍又特殊的經驗。我們與他人的關係是如此獨一無二，所以經歷喪慟的過程也就不盡相同。安慰喪家有時沒有用，是因為我們永遠無法切身體會對方的感受，況且俗話說「哀悼的方式不分對錯」。

即便如此，仍有不少哲學家提出更適當的哀悼方式。然而，他們的建議既冷靜又理性，對遭逢喪親之痛的人來說，發揮不了太大作用。不如細細傾聽對方的感受，或是遞上一杯熱茶，還比較能撫慰人心。畢竟，誰想在驟失親友時看到慰問信上寫著：「很遺憾你的朋友過世了，希望你不要太難過。」還真有人會這麼做，也就是塞內卡。他不會鼓勵你大哭一場，反而會嚴厲地叮嚀你：「雖然不該無動於衷，但也不應以淚洗面。」

塞內卡得知友人魯西里烏斯痛失摯友後，寫信前去慰問。他表示，轉換心情當然會好過點，但他不會要求對方停止哀悼，因為「只有命運多舛的人才有辦法到達這般不為所動的境界」。對塞內卡來說，在理想的狀況下，人們才會明白，哀悼故人就跟為了弄丟衣服而哭一樣愚蠢。

塞內卡當然明白，勸告喪家不要過於哀痛，實在是強人所難。既然人類脆弱又情緒化，所以他提出更有效的開導方式。他與許多哲人有一樣的洞見，值得我們在死亡尚未來臨前好好思索，以做好萬全準備去面對生離死別。

塞內卡一針見血地指出，大家都不願承認，哀悼的程度其實多半取決我們希望他人如何看待自己。他寫道：「我們試圖藉由眼淚來證明自己有多傷心。其實，內心的傷痛不一定會外顯出來，有時我們只是在展現這種情緒。」你或許想，這真是胡說八道，喪親者怎麼可能演戲給旁人看。但塞內卡要強調的是，這種展演是為了符合外界期待，而給自己施加的壓力。我們會內化外人的期待，痛斥自己不如自身預期或外人所想的那麼難過。你得讓自己從這種想法和壓力中解放，才能消除哀悼過程中多餘且痛苦的折磨。

塞內卡更指出，即使是陷入最深沉的哀痛，人們還是得面對日常生活的需求和欲望。他在信中提醒魯西里烏斯，在希臘神話中，底比斯皇后奈兒比（Niobe）為了死去的十四個孩子哭成淚人兒，經過十天的自我折磨後，還是會感到飢餓。因此，我們在哀悼之時仍有口腹之欲也無須有罪惡感。事實上，我們越是意識到生命如此不堪一擊，便越能珍惜生活中的小確幸。塞內卡有感而發道：「友誼的期限難以預測，應盡情享受此刻與知己同歡的時光。」

塞內卡對待死亡的態度較為冷靜，而莊子的想法更顯得寡情。惠子得知莊子喪妻後前去弔唁，不料卻見莊子一邊敲著瓦盆一邊唱歌。莊子解釋，一開始他跟其他人一樣傷痛不已，後來他領悟到了宇宙和個體的本質，他深信天地萬物無時無刻不在「變」，從無到有又從有到無，不斷地循環。他說：「妻子出生時，氣具成了人形，接著又變成了生命。現在人死了，只不過是恢復原來的樣子罷了，就跟春夏秋冬四季的循環一樣。」

就算你接受莊子的看法，也不一定能在喪親幾天後鼓盆而歌。但這不重要。莊子所謂「永無止境的循環」，對道家思想，甚或對每個人來說，都是貨真價實的。除了變動之外，我們也應接受，萬事萬物皆無法恆久存在。因此，死亡並非生命被剝奪，而是天地將原先出借的再拿回來罷了。

塞內卡和莊子都勸我們要洞悉喪慟的前因後果，英國哲學家帕菲特（Derek Parfit）則進一步質疑，喪慟是否真如我們所想的那般絕對。帕菲特相信，個體是思想、感覺和經驗的總和，而三者經過時間的推移，連結成一縷細絲。如果你認同這個看法，便會驚訝地發現，從心理上來講，自己能跨越時空而與他人有所連結，所以死亡並沒有拆散你跟至親的關係。「我們與他人的生命還是有所區隔」，帕菲特說：「但這個距離微乎其微。」

因此在哀悼中，我們總感覺某部分的自己也死去了。從另一方面想，離開的他們，某部分還活在我們之中。這種說法或許仍無法安撫我們，畢竟生命逝去所帶來的傷痛是如此巨大，但至少我們能將已故之人永留於心靈深處。

—延伸閱讀—

《莊子》第十八章

Seneca, 'Letter 163'

Derek Parfit, *Reasons and Persons* (Oxford University Press,1984)

背叛（Betrayal）

壞事臨頭已經夠令人難受，而始作俑者不是別人，正是你認定的好朋友。你以為他會幫你度過難關，結果反倒捅你一刀。你在受傷之餘，還會感到備受羞辱。有時候在外人來看，背叛不過是小事，尤其是像另一半劈腿或出軌等。不過對於曾遭受背叛的人來說，這肯定是最難熬的經驗。就算信任感只是出現一點點裂痕，也會毀掉一段友誼。

首先要了解背叛為何如此傷人，我們才能走過低潮。信任意味著將私密的自我交到對方的手上，對許多人來說，這並非輕而易舉的小事。所以當信任關係破裂，就會感到脆弱無比又無處可躲。一方面，我們不滿對方背叛自己，另一方面也責怪自己為何相信對方。眼前的世界頓時變得猙獰無比，我們害怕再次落入這樣的窘境，因此縮回殼裡、墜入孤獨的深淵。

該如何面對背叛？我們必須先釐清，就算你突然有那樣的心情，也不見得是事實。哲學界中最糟糕的案例就屬法國哲學家盧梭（Jean-Jacques Rousseau）。一七六二年，盧梭出版教育小說《愛彌兒》，以此反對經院主義和封建教育，因此惹怒教會與當局，盧梭遂孤身一人流亡至瑞士。一七六六年，休謨邀請盧梭到英格蘭避難，除了提供安身之所，還找人資助他。不過後來由於某些不明原因，盧梭認定休謨一直在找他麻煩。他在給休謨的信中提到：「我將自己毫無保留地交到你手上。你帶我到英格蘭，表面上是為我提供庇護，實際上卻是要讓我名譽掃地……大眾向來樂於被欺騙，而你生活的目的就是為了愚弄他們。」

盧梭的妄想實屬病態，但大家也時常會在無疑處生疑，或把他人不經意的粗心舉動當成惡意。所以說，在清理內心的傷口前，應先行確認是否真的遭到了背叛。

倘若發現自己真的被狠狠背叛了，不妨參考納斯邦寶貴的見解。她說得沒錯，我們必須正視自己受傷的深度：「失去如此重視的感情，悲傷和難過是合理的，也是必須的。」不過納斯邦提醒我們，憤怒無濟於事，會讓我們眼中只有做錯事的人。最好設法放下過去、向前邁進。（請見憤怒）

有趣的是，納斯邦不認為原諒是走出背叛的必要過程。她認為，若是寬恕對方，你就難免會沾沾自喜，認為自己人格高尚。面對背叛，我們只要「對至愛的過錯投以溫柔且寬容的回應」。縱使沒有原諒對方，我們也能表示了解對方的缺陷，接受他們的歉意與彌補的心意。

納斯邦認為，最重要的是放下傷痛、向前邁進。背叛撕裂了親密關係，更在受害者的生命中留下一個大洞。要讓自己好過一點，就是填補這個天坑。你可以試著與他人建立新連結，並強化既有的人際關係。其次，便是學會享受獨處並從事有意義的活動。要從遭受背叛的經歷中復原並不容易，即便覺得困難重重，也不需責備自己。

要讓傷口癒合、再次與人建立親密關係，必然要願意無所保留，面對未來任何可能的背叛（見脆弱）。倘若永遠躲在蝸牛殼裡，勢必會阻礙自己去追求圓滿的人生。我們也能夠將此傷口當作警惕，提醒自己不要對他人寄予過多的期望。正如被冤枉的休謨所言：「既然我身兼哲學和歷史學家，那麼對於人類的瘋狂、愚昧和邪惡，就不會感到有多意外了。」

—延伸閱讀—

納斯邦，《憤怒與寬恕》

身體（the Body）

與其在意身體的外觀如何、哪裡還可以變更美，不如仔細體會它帶來的感受，這才更具啟發性。

假使要你二十四小時與某個東西形影不離，那肯定會出問題，好比說我們的肉體。你可能很滿意自己的身體，不過根據《今日心理學》（*Psychology Today*）的調查指出，百分之五十六的女性與百分之四十三的男性並不滿意自己的整體外觀，大家最介意自己的小腹、肌肉和體重，也有很多人不喜歡身體的某些部位，像是鼻子、眉毛、耳朵或膝蓋。

對於看不順眼的部位，我們總是會掛在嘴邊。其實，這個表達方式顯示出，我們習慣把「身體」與「自己」分開來看，將前者當作是棲息之所，或是幫助我們到達目的地的交通工具，而不是構成己身生命不可缺少的一部分。

身體和心靈為兩個獨立的部分，這個想法出現在許多哲學傳統中，也獲得學術界的支持。學者認為，真實的自我是非物理的「內在」靈魂。古希臘哲人柏拉圖和笛卡兒都主張身心二元論，而它也在西方哲學界中成為主流（見來生）。

不過，許多二元論者都無法清楚說明心靈與肉體為何有密切的關係。笛卡兒坦然接受這點，他說：「我不只是存在於身體裡，像個水手待在船上那樣；我還與它緊密結合，可說是合而為一。」不過這番說法卻無法解釋它們如何交互運作。

不少印度思想家也主張，靈魂與肉體在本質上有所不同。然而與西方哲學家最大的差異是，他們認為人們能夠透過瑜珈等身體活動將靈魂從肉體軀殼中解放。《憍屍多基奧義書》（*Kauṣītaki Upaniṣad*）的作者便教導我們，透過六重瑜珈「控制呼吸、脫離感官、冥想、專注、沉思與吸收智慧」，就能鍛鍊身心。

儘管如此，仍有許多思想家反對，人的生命是由兩個截然不同的部分所組成。這個論點與現代科學的立場相同：不管人類的心靈與意識有多麼玄妙難測，都只是有機物質的產物罷了。

二十世紀的法國與德國現象學家則提出了縝密的見解。他們將肉體作為人類經驗的中心，它並非世界中另一個客體，而是決定人類生活經驗的主體。身體正常運作的時候，就會從我們意識中消失。但我們要時時提醒自己，事實上是它在帶我們融入周遭環境。一如美國哲學家雷德（Drew Leder）所言，當身體機能正常發揮時，「它便成為透明的存在，幫助我們與世界交流」。不過矛盾之處也在此，正因為我們的身體一直存在，所以彷彿沒有分量一般。當我們發現它無法達成指令，或是無法敏銳地接收到感知，如性興奮，我們才會察覺到它的存在。

身體開始找麻煩的時候，我們才會清楚感受到它的存在。英國哲學教授卡萊兒（Havi Carel）寫道：「我們理所當然地認為，身體是人類健康的必備基礎，默默地執行心靈下達的任務；只有在生病時才會引起我們的注意。這時，不只是身體的運作失能，就連整個人存活於世界的方式都改變了。」原先隱形的身體因疾病產生不適，而讓我們有了截然不同的體會。雷德表示：「當身體正常的功能喪失、變得不透明了，我們才意識到它仿若外來者的存在。」

而在日常生活的經驗中，這帶來什麼意義呢？比方說，你下次生病時，就要好好感受自己身體。此外，你更要提醒自己，身體是「我們與世界交流的主要媒介」，法國現象學家梅洛龐蒂（Maurice Merleau-Ponty）如是道。與其在意身體的外觀如何、哪裡還可以變更美，不如仔細體會它帶來的感受，這才更具啟發性。仔細注意身體的「動靜」，更能了解自己與世界互動的奇妙過程，看看外界如何在這過程展現在你我眼前。

毋需看到絢麗繽紛的晚霞或接觸到不可思議的物理現象，你才能觀察到世界與身體如何互動，這可以是很平凡的事，像是觸碰他人的手或鼻尖感受到冰冷的空氣。身體就是人類的魔毯，唯有透過它我們才得以與世界連結。

—延伸閱讀—

Havi Carel, *Illness* (3rd edition, Routledge, 2018)

無聊（Boredom）

尋常的無聊不怎麼值得探討，那不過是代表我們該停止手邊的工作，轉換一下心情，或認真從單調的事物中找尋樂趣。然而，假使你老是覺得這個世界沒意思，甚至停止與周遭環境交流，那就是個問題了。

各式各樣深切而又無孔不入的無聊感，在過去被視為是靈魂的病徵，甚至有專門的學名，譬如倦怠（ennui）或漠然（accidie）。齊克果就認為「無聊是惡的根源」，人之所以會無聊，不是因為缺乏刺激或無事可做，而是因為找不到意義所以感到空虛。「無聊是多麼地可怕」，齊克果如是道。光是找事做並不能讓你消除乏味感，你必須了解為什麼生命的意義逐漸流失，並且找到方法讓自己提起勁來（見意義）。

葡萄牙詩人兼作家佩索亞（Fernando Pessoa）則提出另一種看法，說明深切的無聊其來有自。他形容「無聊什麼都不是，就是單調的自我罷了」。佩索亞的寫作生涯中用過許多筆名，每個都代表佩索亞的一個面向且擁有完整的人格，他將這些人物角色稱之為「異名者」（heteronym）；索亞雷斯（Bernardo Soares）便是他重要的異名者之一。索亞雷斯很明白「正因為今天不是昨天」，所以生命的每一個瞬間都是獨一無二的。儘管如此，佩索亞卻還是無法擺脫令人乏味又千篇一律的自我。

叔本華的看法更令人沮喪，他認為深切的無聊是人生無可避免的結果。對他來說，生命就是不斷追求我們以為能消除不滿並且帶來歡愉的事物，可是一旦目標手到擒來，反而不會感受到鋪天蓋地的喜悅，而是會覺得無聊。「像猛禽般虎視眈眈地盤旋在安逸生活的上空」，接著我們會為自己設立新的目標，一而再再而三地重複這個過程。人類永遠無法戰勝這個循環：不無聊，那就是還沒得到滿足；如果感到滿足，那肯定也處於無聊中（見折磨）。

叔本華或許太悲觀了點，不過也是一語中的。我們為了避開無聊感，不斷設立一個比一個遠大的目標，就像一次又一次掉入陷阱一樣，永遠沒有達到目標的一天。叔本華說無聊無所不在又無法可解，就算你難以苟同，卻也不得不承認，朝目標邁進時的確渾身是勁，大功告成了，反而感到一股空虛。

雖然齊克果、佩索亞和叔本華對無聊的見解各不相同，卻有個重要的共通點，無聊「不只是沒事做那麼簡單」，而是對世界或自身感到無趣，找不到這兩者的意義或價值。不過，為了消除無聊感而讓自己保持忙碌，也不過是轉移注意力罷了。

因此，羅素才認為，人生要快樂，就得忍受一定程度的無聊。他寫道：「精神過於興奮激昂，難免令人精疲力盡。一旦把快感當作是產生愉悅的要素，就得不停追尋更強大的刺激來滋養快感。」對羅素而言，找事情做像是吸食毒品一樣，麻痺面對世界及獨處時產生的痛覺。

從羅素的觀點來說，快樂的人生就是平靜的生活，減少新奇與刺激的需求。由此說來，羅素建議我們培養一種單純的歡愉，它不是以追求滿足感為動機。他認為，最重要的是，那些事情能讓我們與自然世界產生連結。他寫道：「我們是地球的生物，與植物和動物一樣，都是從大地獲得養分。」

我們毋需時時刻刻，藉由瘋狂的活動或嶄新的體驗，來逃避空虛的無聊感，而是要實現彰顯自我價值的生活，並時時覺察周遭世界的韻味與大自然的律動。

—延伸閱讀—

Fernando Pessoa, *The Book of Disquiet* (Serpent's Tail, 2010)

Arthur Schopenhauer, *Essays and Aphorisms* (Penguin, 1976)

忙碌（Busyness）

越是執著於完成某件事，越難騰出心靈的空間來容納世界的模樣或發現其益處。

你發現自己老是在趕行程，擠不出一點時間，無法停下腳步來聞聞玫瑰花香，或是和孩子玩耍個一時半刻，也沒能悠閒地喝杯琴湯尼。那麼你需要的不是全新的時間管理APP，信不信由你，你需要來點海德格。

海德格認為，我們對時間的概念不全然取決於它的本質，多半與我們在事件當下的態度有關。對他來說，一般日常的經驗是由工作和作為（doing）所形塑，而行事的相反即是存有（being）。以此模式來說，我們是將世界當作獲取經驗的資源，然後再以從物質得到的思想填充我們的心靈。

海德格建議，此模式應該加以大改造。我們要知道，心思專注在作為，就會忽略掉存有；越是執著於完成某件事，越難騰出心靈的空間來容納世界的模樣或發現其益處。好消息是，我們多少還能控制自己要專注在什麼事情上。當我們的焦點從作為轉為存有，便能欣賞四季微妙的變化，就連河床暴露出的各種泥地，也有其美感。與其專注在萬物的細節，不如讚嘆萬物的存在。我們身處在奧妙宇宙中的這個星球上，是有意識的存有，既能欣賞世界的色彩，還能傾聽世界的聲音。

正因為人生有各式各樣的需求，所以忙碌的生活實在是無可避免。不過，不妨在例行公事之餘，創造額外的時間與空間，暫時放下機械式的思考，深刻體會活著的滋味。

—延伸閱讀—

Martin Heidegger, *Being and Time* (1927)

首字

人類的言談舉止多半可有可無，

若能沉默無為，

便將獲得更多的時間與平靜的心情。

——奧理略——

錯誤的思考方式會讓我們依戀無意義的事，若人們能夠主動挑戰自己的妄念，就有可能達到平靜。

平靜（Calm）

有些人即使身處瞬息萬變的環境仍舊一派從容，這肯定讓許多人既羨慕又嫉妒，尤其是那些渴望能多點冷靜、少些心煩的人。難道這是天性無憂無慮使然？還是可以經過後天培養而成呢？

許多追求平靜的人都會嘗試做瑜伽。一開始，它是用來鍛鍊精神與實踐哲學，《瑜伽經》（*Yoga Sutras*）定義瑜珈為「停止一般意識的運作」。聽起來是很平靜沒錯，不過瑜伽本不是為了放鬆，而是要讓修行者中斷一連串讓我們分心的感官知覺和思慮，藉此看清萬物的原貌。

斯多葛與伊比鳩魯學派對平靜的看法所見略同。他們重視寧靜平和，並不是因為它讓人愉悅，而是一旦看清生命的重點在哪，就會進入這種狀態。舉例來說，倘若人們意識到世間萬物的價值有限，就不會因為物品壞了、丟了就難過不已。正如愛比克泰德所言：「如果你喜歡一個水壺，那告訴自己『我喜歡的是一個裝水的器具』，哪天它壞了，你也不會受影響。如果你親吻子女或妻子時，告訴自己『我親吻的是人類』，即便他們有人過世了，你也不會難過。」這段話的意思是，以平靜的心接受外物的本質，便能不以物喜、不以己悲。只不過愛比克泰德的觀點較為激進，非但是物品，對人也是一樣的態度。

斯多葛與伊比鳩魯學派都以平靜為目標，卻不是為平靜而平靜。想更冷靜自持，還是有比較實際的作法，訣竅就在轉念。很多人往往會執著在自己的觀點，害怕生病或是抱怨遠在天邊的瑣事。除卻事物的本質，倘若你我能衷心運用愛比克泰德的視角看待汽車、衣服、房子，自然會變得更心平氣和。找尋讓心靈安定的方式，也能提醒我們人生有哪些重要的事，才不會面對日常生活理不清頭緒又無所適從。

古羅馬皇帝奧理略（Marcus Aurelius）喜歡思考空間與時間以領略萬物的本質。他寫道：「無限的過去與未來在我們眼前分裂開來，成了一道深不見底的鴻溝。只有愚人才會自以為重要、感到痛苦或憤慨。好像讓我們抓狂的事會一直存在似的。」

思索哲學、對人生提出大哉問也有類似的效果。羅素認為，狹隘的目標與單調的興趣會佔據生活的重心，而思考哲學問題是很好的解決之道。他說：「比起一頭熱又處處受限的生活，充滿哲理的人生更令人自在而平靜。」沉思比自我更重要的事，執念就會逐漸縮小。你會體悟到，與世間萬物相比，那些根本無關緊要。

奧理略也說：「人類的言談舉止多半可有可無，若沉默無為，便能獲得更多的時間與平靜的心情。」他建議我們時時捫心自問：「有必要說這些嗎？」（見需求）。

如此說來，要發展平靜的心靈，就得訓練自己看事情的角度，也就是質疑事物的價值，穩定不安的內心以及省思比自身更重要的事。放慢失速的生活步調也有所幫助，但不要有不切實際的妄想，以為自己可以變得多怡然自得。古希臘人認為，錯誤的思考方式會讓我們依戀無意義的事，若人們能夠主動挑戰自己的妄念，就有可能達到平靜。至於是不是所有人都能做到這點，誰也說不準。俗語云，江山易改，本性難移，如果你生來就容易心煩意亂，卻要改變自己去成為平和的人，那只會更有挫折感。

轉念不能夠馬上改變生活的體驗，要了解，改變並非一蹴可幾，而是一點一滴慢慢蛻變。

—延伸閱讀—

奧理略，《沉思錄》

職業（Career）

在快速變遷的現代世界中，人們至少都得「斜槓」才能生存。

過去人們普遍認為，要飛黃騰達就得在某個領域努力工作，不過這與歷史的演進有所不同。過去數百年，男性大多克紹箕裘，經營家族產業，女性則成為母親，養育後代。富裕的大地主不愁吃穿，生活過得隨心所欲。照我們的了解，平民教育與中產階級蓬勃發展後，才有所謂的各行各業。

然而，人類早就過了專職分工的鼎盛期。在快速變遷的現代世界中，人們至少都得「斜槓」才能生存。就連需要經過多年訓練的專業工作，譬如醫師和律師，也未必是金飯碗了，對某些人來說，退休更只是種幻想。

有些人還沒闖出一番事業而心煩意亂，有些人則不確定自己想追求什麼職業，這時哲學家自身的經歷便是鼓舞人心的活教材。尼采起初是大學教授，後來在三十幾歲時為了有獨立的生活而辭去教職。自此以後，尼采也因為自己的原則問題而與他人衝突不斷，導致創作生涯問題重重。尼采曾嘗試回歸學術圈，卻被視為爭議人物。後來尼采斷絕與出版商斯梅茲納（Ernst Schmeitzner）合作，因為對方的反猶太思想令人作噁，這也代表尼采得自己出版下一本書《善惡的彼岸》（*Beyond Good and Evil*）。

尼采的例子說明，有反文化特質的人，通常職涯發展不會一帆風順。有的人說，尼采的困境就像硬把方塊塞進圓孔。其實他們這些人的性格既有趣又複雜，但社會卻沒有可供的棲身之所，以致他們職涯不順，經濟不自由，這種困境會讓他們既無奈又驕傲。

再來說休謨，他在父親過世後並未分到很多家產，想成為文學家的他又認為這個理想不切實際，因此決定找份明智務實的工作。他曾試著在布里斯托做生意，不過「幾個月後我發現這種職業完全不適合我」。休謨身為經驗主義者的模範生，很快就從親身經歷體悟到，還是筆耕生活適合他。他說：「我下定決心以節儉度過貧困，保持自由之身不受影響，對提升文學才能以外的事物全然不屑一顧。」

休謨確實說到做到，他花了很久的時間才獲得體面的生活和今時今日的信譽。回顧休謨的一生，他有過其他工作機會，蘇格蘭的大學曾兩次拒絕聘他為教授，不過顯然休謨是這個職位的不二之選。倘若你懷有遠大抱負卻被說是白日做夢，那麼休謨就是你的最佳典範。你不是沒得選，你可以放棄志向，或犧牲必要的一切追求你的熱情。倘若你不打算為了熱情少賺點錢，或像休謨一樣放棄成家，那麼也許你的「熱情」也不過是虛無的妄想罷了。

或許哲學史上最「要人命」的職涯選擇發生在笛卡兒身上。一六四九年，笛卡兒應瑞典克里斯蒂娜女王（Queen Christina of Sweden）之邀，到斯德哥爾摩做她的家教並成立新的科學學會。女王才智過人又深思熟慮，要是生在不同時代，說不定會成為哲學家。據傳笛卡兒每天早上五點就要幫女王上課，所以才會在冰冷的城堡裡染上肺炎。然而不管那是不是病因，笛卡兒終究因為肺炎死在斯德哥爾摩。

笛卡兒的例子警惕我們，慎防內容誘人、薪水豐厚或德高望重的工作，有時它就是會「要你命」。至於尼采和休謨的經歷則提醒我們，「好工作」的代價也許就是你的志願。有的人沒有工作並非失敗，而是他成功超越了世俗的規範。

—延伸閱讀—

Sue Prideaux, *I Am Dynamite! A Life of Friedrich Nietzsche* (Faber & Faber, 2018)

及時行樂（Carpe Diem）

所謂的及時行樂，不光是享受當下的歡愉，而是要多實踐自己的核心價值。

「及時行樂」的原文為拉丁文，出自羅馬詩人賀拉斯（Horace）的《頌歌集》（*Odes*），而英文的標準譯法則為「掌握今日」（seize the day），但另一種英譯「採收今日」（pluck the day）卻較有韻味，不僅少了強取豪奪的意味，且能呼應詩文的場景：摘採（carpe）成熟果實。

實際上無論翻譯為何，許多人都乾脆以原文當作座右銘，更使這句話成為刺青的熱門選擇。這句拉丁箴言彷若心靈的警鐘，每當危機發生或千鈞一髮之際，它總會響起，使我們赫然意識到，平常視為理所當然的「未來」，未必真的會出現。「採擷今日，別太信任來日。」（Carpe diem, quam minimum credula postero）賀拉斯如是道。

不過「掌握今日」究竟什麼意思？難道人類只需要「今朝有酒今朝醉」，而不必多想未來嗎？這種想法與古希臘昔蘭尼學派（Cyrenaics）的主張頗為相近。他們認為，人類無須擔憂不可預測的將來，而應追求眼下能帶來快樂的任何事。此外，逝者已矣，我們也不必為過去傷懷（見享樂）。

伊比鳩魯也許會支持「及時行樂」的觀點：追求此刻的歡愉、忘卻對未來的煩惱。塞內卡寫下此學派的名言：「愚昧的人生是不知感恩又提心吊膽，且眼裡只有未來。」可是伊比鳩魯也明白，恣意享受當下雖然很痛快，但長此以往，勢必會產生問題，好比暴飲暴食或劈腿外遇。隨心所欲肯定令人快樂，但也必然會產生更多痛苦。

對柏拉圖而言，一味追求快活，並非圓滿的人生。在他的對話錄《斐來布篇》（*Philebus*）中，智者普羅泰克斯主張人生快樂就好，蘇格拉底則提出質疑：「沒有了智慧、記憶、知識和批判，你根本不知道或不記得何時感到快樂。你沒有人生，只不過是水母、牡蠣或某種海中生物，徒有肉體。」

齊克果也反對追求及時享樂的人生。在《人生旅途階段》（*Stages on Life's Way*）的〈酒後吐真言〉（*In Vino Veritas*）一篇中，齊克果描述了一場盛宴，酒闌人散之際，賓客紛紛仿效主人將酒杯砸在門上。最後一只酒杯摔出去後，門也應聲而開，如同死亡使者在回應主人，而滿地的碎玻璃則是象徵眾人缺乏深謀遠慮。宴席間，享樂至上的賓客言談膚淺，只活在不斷流逝的當下，永遠不可能獲得任何滿足。無論此刻是多麼美妙，終會成為過去，你只能再追求下一刻，如此往復永不饜足。

然而，時不時放鬆也並非是壞事，就連力倡自制的塞內卡也寫道：「讓心神歡樂而自由地舒展一下。偶爾喝點小酒，感受微醺的滋味。」

總而言之，所謂的及時行樂，不光是享受當下的歡愉，而是要多實踐自己的核心價值。倘若旅行或與朋友同樂對你而言至關重要，那你現在就該先規劃活動，而不是等退休、事業上軌道或其他無關緊要的事。

另一方面來看，在追求嶄新的視野之餘，享受周遭日常的小確幸也不錯。有些人會過分專注在朝未來邁進，而忽略了美食的滋味與街上建築的美感。誠如塞內卡所說：「盡歡不宜遲，明夜未必來；我的人生大限已經夠長了，難保還能活到下一刻。」

在及時行樂的同時，也要記住：即使不知道明天會如何，或者是否有明天，生命依舊不停邁向下一刻。無止盡地享受歡愉，會減損生命的非凡價值與意義，好比經營深厚的人際關係、追求長遠的目標與擬訂計畫。既要品嚐生活，但也該留意未來的福祉。誠如伊比鳩魯所言：「我們不完全擁有未來，也不完全失去未來。別理所當然以為，人生還有明天，也別因為人生快到盡頭而灰心喪志。」

只為今日而活，恐將毀了明日；只為明日而活，則恐錯過今日。叔本華看透其中的兩難：「偉大的智者懂得享受當下，並將這種樂趣作為人生的目標。當下一切皆為真實，其餘全是幻想。不過你也可以說，這是最愚昧的生活。因為一旦此刻不復存在，一切便會幻化，你的心思也就白費了。」

粗暴地「掌握」今日就會破壞來日，但是把心思都放在來日，就會錯過現在。應該以此刻為主，但也不時要調整視角，關注未來。奧理略曾言：「送自己一份名為現在的禮物。」不過要注意利息是否都算在未來。

—延伸閱讀—

Søren Kierkegaard, *Stages on Life's Way* (1845)

改變（Change）

抗拒改變就是否定世界和自我。至於未來是否會變得更好？我只能說，沒有變化，事物的發展就會缺少動力以及生機。

有人對改變令人躍躍欲試，也有人驚恐萬分或倍感不順，至於是哪種心情則取決於不同的緣由，而關鍵在於不確定性。有時候，改變帶來的短期影響一清二楚，有時則讓人霧裡看花；至於長期變化為何，誰也不知道，更遑論是好壞了。離婚這件事短期來看是創傷，長遠來說則是解脫；結婚則恰好相反。

我們如何看待不確定的因素，也會影響相關的感受。很多人都認為，如果能掌握變因，便能因應未知的情況（見控制）。可惜的是，未來的變化都由不得你，你沒有辦法決定事態的走向。若你想掌握主導一切，只會迎來挫敗，唯有接受改變、面對未知的發展，才是上上之策。

倘若你我能學會欣賞世間的無常，便能更加適應變化帶來的衝擊。在西方哲學傳統中，這一直是相當困難的課題。柏拉圖就反對將重心放在變化多端的物質世界；唯有「終極實在」（ultimate reality）才是「純粹且永恆，不朽也不變的領域」。伊斯蘭世界的哲學觀也有許多雷同的概念，中世紀哲學家安薩里便寫道：「要知道，唯有真實的證據，才能確保必要、連續且永恆不變的確定性」。

然而不管是哪種思想都會出現反對派，而其代表人物即為十二世紀初期的英國哲學家懷德海（Alfred North Whitehead）。他主張歷程哲學（process philosophy），強調萬物隨時間變化，並以此來理解自然世界。這種宛如流體力學的思考模式，有別於科學革命時所注重的機械原理與元素分析。在這門深奧艱澀的理論中，有拗口的名言：「萬事萬物並非連續地變化（continuity of becoming），而是變化接連出現（becoming of continuity）。」非西方傳統的人都會好奇，為何懷德海在學界被視為激進分子。畢竟，中國的哲學經典《易經》即在探討宇宙萬物的變化。東方的哲人大量應用「氣」的概念：它是充斥世界、到處流動的能量；萬物皆在變化且能量不斷改變。

道家尤為精通變化的核心意義，並將其融入陰陽的概念。萬事萬物都有陰陽兩極，既非靜態、也非永久不變。它們在哪一端，則取決於環境與關聯。這兩字原先用以表明山邊有太陽的一側為陽，陰暗處即為陰；隨著太陽的位移，陽轉為陰，陰轉為陽。

變化在印度哲學中也佔有一席之地，特別是佛家思想，其中又以西元前二至三世紀的哲學家龍樹所提出的「緣起論」最具代表性。「緣生緣滅」意味著萬事萬物都不具有固定、永久的本質，所以事物本質的是取決於事物的關聯。最好理解的例子就是自我。佛家認為，自我的本質乃是由一連串經驗、思想與感官所組成，並非恆久不變。

我們時常聽到這句話：「改變是必然的，要敞開雙臂接受。」東方哲學家則更進一步認為，改變豈止是必然，更是無所不在。改變不是特殊的例外情況，而是定律。抗拒改變就是否定世界和自我。至於未來是否會變得更好？我只能說，沒有變化，事物的發展就會缺少動力以及生機。

面對改變，最好的心態是接受道家創始人老子的建議。一九六六年，美國著名心理學家李瑞（Timothy Leary）出版《迷幻祈禱：道德經讀後記》（*Psychedelic Prayers After The Tao Te Ching*），以再創作的方式詮釋《道德經》。李瑞寫道：「所見所聞能否長駐／所思所想能否永存／順其自然／一切終消散。」

—延伸閱讀—

老子《道德經》

龍樹《中論》

品格（Character）

培養品格比遵從道德規範與打造良善社會還重要。

無論升學或轉職，我們時不時會請他人為我們寫推薦信或是擔保。如果對方同意了，他能否忠實地說出你是怎樣的人？他或許會列舉你的能力與表現，不過最主要的還是在於，他心目中的你是什麼樣子，而你又是否能讓對方放心地交出一封閃閃發光的介紹信？

我們不大會思考自己的品格，還常常把它和性格（personality）搞混。性格是天生的傾向，也形塑了每個人待人接物特有的方式。人格特質包含樂觀、悲觀、神經兮兮、冷靜從容、感性、理性、冒險犯難或膽小怯懦等。儘管性格能夠改變，像是試著不那麼疑神疑鬼或勇於挑戰自我，但這絕非輕而易舉。雖然我們性格的某些面向會給自己帶來困擾，不過卻不會影響如何做人做事。

反觀品格就跟你是好人或壞人息息相關了。誠實的特質人人推崇，而虛偽做作則惹人嫌。充滿愛心的人會獲得稱讚，冷血無情則會受萬夫所指。

品格與性格會相互影響，但它們是兩回事。哲學探討品格，而現代心理學研究性格。前者早了千年，且後者老是把品格和性格混為一談。出乎意料地，諸多哲學先賢所見略同：培養品格比遵從道德規範與打造良善社會還重要。人們應該把心思放在陶冶品性。騙子老是說：「我生性如此。」他們該想想孔子與門生的這段對答。某日冉求跟孔子說：「非不說子之道，力不足也。」（編按：並非不喜歡您的學說，而是能力不足。）孔子回道：「力不足者，中道而廢。今女畫。」（編按：能力不足的話，中途就會停下來了。現在你還沒開始，就畫地自限不想前進了。）

誠如儒家經典《大學》所云：「自天子以至於庶人，壹是皆以修身為本。」說明上至天子下至素人都要學習修身養性。釋迦牟尼也在《法句經》中開示：「灌溉者引水，箭匠之矯箭，木匠之繩木，善行者自御。」術業有專攻，而智者之所以為智者，即是懂得調整心念。

至於如何培養自己的品格，亞里斯多德認為最好從習慣著手。他寫道：「品性雖非與生俱來，卻與天性不相衝突。我們生來就有潛力發展良好的品性，不過得透過習慣加以培養。」這句話想必孔子也完全認同。

想要建立自己的品格，單靠心理勵志書是沒用的，你必須鞭策自己，身體力行，直到品性成為你的第二天性。學著讓別人把話說完、傾聽對方的感受，假以時日你便能將心比心。勇於挺身而出，對抗蠻不講理的老闆，心理素質就會更加強大。正如休謨所言：「若你深信，品行端正的人生值得追求，也有足夠的決心催促自己成長，那麼你勢必能看見自己的蛻變。」

—延伸閱讀—

亞里斯多德，《尼各馬可倫理學》

儒家經典，《大學》

慈善（Charity）

效益主義者強調，每個人都該實現社會的最大利益，所以鼓勵民眾把錢捐給較有成效的慈善機構。

慈善機構想要你的荷包，窮苦的人們需要你的救濟。基本的問題是：「你給的夠嗎？」不過也許更重要是：「你選對救濟對象了嗎？」

樂善好施是普世價值。舉例來說，伊斯蘭教的「課功」規定，信眾每年捐助一部分財富給窮人，而猶太教與基督教也要求信徒所得要奉獻教會與社區，這個傳統淵遠流長。在現今社會，政府有權力徵稅，以合理分配大眾的利益，尤其是救助貧困的人民。而有些人樂於投入慈善工作，在社會責任外付出更多。這可說是超義務（supererogatory）的行為，也就是從事不具道德強制力的善行，以裨益他人，但不做也非失德。這大概就是多數人心目中的慈善行為。

儘管如此，還是有很多人覺得自己給的不夠而有罪惡感，而效益主義就是滋長這股愧疚感的主因。他們認為，要符合多數人的最大利益，才是道德行為（見利他主義）。如果事事都要符合這個標準，那幾乎沒有人可以達成理想的成果，做出最大的貢獻。

但哪怕你不是效益主義者，還是能向它近來的「分店」學習，那就是有效的利他主義（effective altruism）。效益主義者強調，每個人都該實現社會的最大利益，所以鼓勵民眾把錢捐給較有成效的慈善機構。英國的慈善機構「奉獻所能」（Giving What We Can）便化信念為行動，他們架設網站，列舉捐助對象供人們參考。這個組織會勸大家多贊助女性教育及醫療計畫。醫療捐助的費用金額都不大，但頗具效益。在善款的幫助下，因分娩併發生產性瘻管的婦女，就得以接受手術。這種併發症若未即時治療，產婦往後會有小大便失禁問題，進而導致民眾對懷孕的恐懼感加深。

有效利他主義也有些爭議之處。有些倡議者就反對捐款給導盲犬團體，他們認為，此舉雖然能改善部分人的生活品質，卻遠遠比不上能拯救數百萬人的其他善舉。不過，這至少提醒我們，做公益前三思而後行。我們大多懶得去想，只覺得出於「公益」的舉動都是好事。可是，慈善團體想實現的目標不計其數且各不相同，有些作為甚至會在無意間造成傷害。許多人都有餘裕做好事，但可想想看，是否有更好的方式。

—延伸閱讀—

William MacAskill, *Doing Good Better: How Effective Altruism Can Help You Make a Difference* (Avery, 2015)

Peter Singer, *The Most Good You Can Do* (Yale University Press, 2015)

選擇（Choice）

生活別無他法，只能不斷選擇。生而為人就免不了要做決定，逃不過自我塑造的歷程，而這也必然會帶來焦慮。

一般來說，握有選擇權沒什麼不好，可是實際上做決定卻是難上加難又花時間，尤其是那些容不得出錯的高風險項目，好比換工作、移民或分手，更是叫人「壓力山大」。哲學家沒辦法讓這些選擇變簡單，不過可以幫助你了解，為什麼做抉擇那麼難。

選擇之所以困難，就在於不同的價值相互牴觸（見自我矛盾）。沙特談到，二戰期間有個學生來找他尋求建議。這名學生跟母親生活在一起，其父親是賣國賊，兄長已經被殺害。父親的所作所為和喪子之痛導致母親深受打擊，而他的存在則是母親最大的慰藉。現在，這個學生一心想到英格蘭去加入「自由法國」反抗軍，不過他又認為自己應負起照顧母親的責任，所以不願離家。他意識到，留下來至少能實際上照顧母親，若是從軍去對抗法西斯主義，以後的一切都難說了。這兩個選項對他而言同樣重要，但是他只能選擇一個。

這個學生想獲得具體的建議，但他找錯人了。沙特回答對方：「你是自由人，要自己做選擇。」我們不知道這個學生是否接受這個回答，不過可以肯定的是，它「看起來」沒有任何成效。

其實，沙特的回答言近旨遠。他認為，自由伴人類而生，而選擇則伴自由而生。在每次選擇中，我們不斷塑造自我；人類什麼都不是，只是決定的總和。「本來可以成為某種人……」這種自我安慰無濟於事，因為你的形象不是真的，只是自我創造的產物，所以你必須對自己現在的狀態負責。

如此說來，沒有自然發展的人性，也沒有上帝的指引。生活別無他法，只能不斷選擇（這本身就是一個選擇）。生而為人就免不了要做決定，逃不過自我塑造的歷程，而這也必然會帶來焦慮。所以我們常常畫地自限，任由自己的過去、社會角色與基因決定一切，藉此否定人的自由。

當然，人總會遇到身不由己的情況，不過不管遇到什麼狀況，都得按照自己的意志，決定該怎麼應對，然後付諸行動。因此沙特主張的道德原則就是「自我承諾與行動」。

沙特相信，我們做的每個決定都是在為全人類的價值背書，因為行動背後總代表某項價值。選擇結婚，就是為社會確立婚姻的價值。從沙特對自由的看法，我們便了解，有些選擇不只艱難，還會影響情緒、讓人苦惱。誠如他學生的故事所示，即便了解選擇的意義也無法打破僵局，不過倒是能讓人們釐清情況，明白取捨的難處以及因應之道。

所幸，生活中要面臨的選擇風險大多不高。沙特也認為，有些決定不會造成太大的焦慮，好比要吃千層酥還是巧克力泡芙。不知道該怎麼選擇時，往往是因為選項太多了，這在消費社會中是家常便飯。每日的瑣碎選擇那麼多，若能過濾一些，就會輕鬆點。正如美國前總統歐巴馬所說的，他只穿灰色或藍色西裝，因為他「試著減少選擇的範圍」。

我們也應該提醒自己，怎麼選其實都沒差。生活中很少有決定會對生命造成天翻地覆且不可挽回的後果。羅素寫到：「人的日常作為並不如我們原以為的那麼重要；成功與失敗的結果其實大同小異。」

生活無可避免要做選擇，但為了小事折磨自己毫無意義。若能記住這點，就不用再為瑣事糾結。仔細想想，很多事都不如我們以為的重要。不過沙特也強調，沒有任何方法能幫助你輕鬆做出選擇。正因如此，我們更應該把心思留給真正要緊的項目。

—延伸閱讀—

Jean-Paul Sartre, *Existentialism and Humanism* (1946)

承諾（Commitment）

無論是好是壞，做出承諾後，就得試著接受結果。沒有人可以保證美好的結局，但總是得做出選擇。

倘若你老是無法做出承諾，放心，有一部分是因為「承諾」本身就是個問題。有時候我們毀壞諾言是因為意志不堅（見自制），不過主要是因為生活有許多變數。「這是對的選擇嗎」、「風險會不會太高」、「反悔怎麼辦」，我們總是這樣自問。各個流派的哲學家皆主張，正是因為有這些情況，更加凸顯承諾的必要性。有些人以為，等那些不確定的因素都化解後，就能做出承諾。這真是大錯特錯了！要先許下諾言才能面對未知的情況。

美國心理學家威廉·詹姆士（William James）與齊克果都認為，有時光靠理性無法判別出什麼是對的選擇，譬如說要相信上帝或奉行自己的道德原則（見信仰）。我們總得相信某事，所以在這種情況下，只能靠著「信心的跳躍」（leap of faith）許下承諾。齊克果批評道，有些哲學家認為知識都是在理性過程中產生的，如德國哲學家黑格爾。齊克果認為，理性沒那麼強大，而人類之所以能超脫生命中的矛盾，靠的就是熱情與承諾，而非理智。

齊克果等哲學家都在鑽研生命中的大哉問，例如死亡或上帝，不過他們的結論同樣適用於日常俗事。有時我們能輕而易舉許下承諾，因為我們明白最好的行動是什麼，無需旁人掛保證，直接做就對了。可是生命終究會有迷惘時，不清楚當前的最佳選擇是什麼。就算權衡了利弊，還是有太多未知之數。在這種情況下，承諾的作用就更加清楚了。

譬如買房子好了。你不會事先知道自己是否完全喜歡那個地區，直到搬過去才完全了解。你也不知道房貸要多久才能還完，除非你能確保維持相同的收入。但倘若你非得等到一切變數都塵埃落定才肯行動，那你永遠都搬不了家。如此說來，你終究要下定決心做出選擇。

換手機、買新車、發展親密關係和找工作……生命中每一件事都是如此。事關重大時，當然是想得越多越好，可是理性權衡有其限度，之後就得靠承諾去付諸執行。

無論是好是壞，做出承諾後，就得試著接受結果。沒有人可以保證美好的結局，但總是得做出選擇。一旦了解這一點，就算往後事情出錯，我們也能接受不幸的遭遇，不會太過自責，讓自己繼續生活。就像法國人常說的：「這就是人生。」（C'est la vie）。

許下承諾等於是擁抱未知，逃避承諾則是任由未知宰割。人生的取捨標準不光是危險與安全，而是你是否願意為自己勇敢冒險，抑或是留給機率去決定。

—延伸閱讀—

The Living Thoughts of Kierkegaard, edited by W.H. Auden (New York Review Books, 1999)

William James, *The Will to Believe* (1896)

社群（Community）

「知道我身在何處才能知道我是誰。」——查爾斯．泰勒

大多人都覺得，自己生活的地方社群意識強烈，肯定是件好事。倘若居民都自掃門前雪，你肯定會大失所望。但相對地，有些小鎮的居民很團結，卻非常古板，導致有想法的人紛紛出走。價值觀太單一的社區會排擠跟壓迫那些性向、信仰甚至是髮型跟自己不同的人。雖然線上社群可以給人一種天生渴望的歸屬感，不過比起親切熱情的鄰里，網路世界還是令人感到孤獨。

我們對社群的態度模稜兩可，這反映出一種矛盾，我們既想保有個體性，又希望有歸屬感。現今，人們時常在抱怨社會缺乏群體意識，壓迫的情況則沒那麼普遍。當個體性壓倒一切後，世人才反省到，歸屬感也跟著被粉碎了。

這種矛盾其來有自，畢竟我們既是獨立的個體，也是社會的一分子，如同森林裡的樹木。人類的獨特性正是來自於我們生長與生活的環境。在個體與群體的天平上，西方思想家較為重視前者，關注個人的思想與心靈自由；東方哲學家則強調群己關係；認同感來自於個人在家庭與社會中的角色。

近年來，在一些哲學家的引導下，西方知識界開始關注群體的議題。他們就是所謂的社群主義者，代表人物有美國哲學家麥金泰爾（Alasdair MacIntyre）、桑德爾（Michael Sandel）、沃爾澤（Michael Walzer）以及查爾斯．泰勒等。他們批判自由主義者，認為對方太強調個體性。社群主義者主張，沒有人能憑空存

在，要了解自我，就需要認識群體，因為個人的樣貌多少會受環境所影響。誠如泰勒所說：「知道我身在何處才能明白自己是誰。」

在社群主義與自由主義的爭論之下，有一個更普遍的問題，也就是群體與個人的衝突。人們總想兼顧兩者，但是否宛如敲冰求火？也許不是。我們必須記住，東方世界折衷式的個人主義並非集體主義（collectivism），而是重視人與人之間相互依賴的關係。因此，人們毋需捨棄獨特的自我，只要體認到自身的存在與他人息息相關。

伊比鳩魯的房屋在雅典附近，其門徒就住在他的房屋和花園四周。他們一同學習與生活，成為哲學史上最知名的學派，而且個體在當中依舊能夠蓬勃發展。伊比鳩魯的寫作方式獨一無二，極具個人色彩。羅馬時代的作家拉爾修（Diogenes Laertius）發現，伊比鳩魯相當多產，著作超過三百卷（可惜僅有少數留存至今）。他還提到：「伊比鳩魯完全沒有引用他人的話語。一字一句全是他的所思所想。」

群體與個體間的對立也許無可避免，但應該能和平共存，甚至相輔相成。

—延伸閱讀—

拉爾修，《哲人言行錄》（*Lives of the Eminent Philosophers*）

Charles Taylor, *Sources of the Self* (Harvard University Press, 1989)

競爭（Competition）

不要把無所謂輸贏的事變成競爭。

人生是否就像一連串的比賽，而我們大多是輸家？活在高度競爭的社會，無論是找工作或是升大學都很拼命。現在，我們還要在社群媒體、商業社交圈與約會網站上爭取曝光度與可信度。出門旅遊也很難放鬆，旅客會在網站上對旅館和計程車司機評分，而後者也會反過來評價前者。

不過這應該不是什麼新鮮事。早在一九二〇年，羅素就曾抱怨道：「依照眾人的人生觀，人生就是一場比賽，贏家才能獲得尊重。」

羅素擔心，一旦有了求勝心，人就很容易會入侵不屬於自己的領域。舉例來說，邀請朋友到家中吃飯，招待一定要周到。既然身為東道主，就絕不能漏氣，一定要表現得比其他人出色。哲學家也會被這種得失心所影響，常常一心只想贏得辯論，而追尋真理只是其次。

羅素發現：「現代人過分強調競爭，以為那是獲得幸福的主要途徑。」做得好還不夠，而是要做得比同儕好。這種有毒的心態會演變為英國作家毛姆（Somerset Maugham）所說的壞心眼：「解鎖人生成就還不夠，還要看到自己的死黨輸得一敗塗地。」

解毒的方式很簡單，不要把無所謂輸贏的事變成競爭。人生不總是你死我活的零和遊戲，你的好表現不是建立在他人的失敗上。我們應該專注在對人生有益的事，而不是與他人比較優劣，如此一來，你便能解脫，不再陷入羅素所說的「虛幻、僵化且永無止境的競爭人生」。

—延伸閱讀—

羅素，《幸福的征途：人為什麼不快樂，又如何能快樂？羅素的思索與解答》（1930）

同意（Consent）

除非是在資訊充足下「知情同意」，否則同意沒有意義。

「方格內打勾」、「空白處簽名」，我們每天都會收到類似的指示。這些動作不是在玩遊戲，而是在法律上允許對方使用我們的資料，或是同意醫院執行有風險的醫療行為，以及接受各種合約條款。除了法律規範，在個人事務上，表達立場也同樣重要。雖然成年人在進行性行為前不會簽約（目前有ＡＰＰ供使用者在性行為前確認彼此意願），不過要是有任何一方不同意，那就屬於性侵。

個人的意願很重要。不過，如何確認自己內心是否真心接受，要如何取得他人的肯認，就沒有那麼容易了。表達意願是什麼意思？在現實生活中，每個人對所下的決定都心甘情願嗎？

為什麼個人的意願很重要？倫理學家解釋道，這可分為消極與積極兩種原因。首先，表達意願是為了自保，以避免自己被剝削與虐待。其次，我們必須伸張自主權：重要的決定取決於己，沒有取得個人的同意，沒有人可以代表我們。

倘若自主權是關鍵，那麼除非是在資訊充足下「知情同意」，否則同意沒有意義。倘若醫院告知某個醫療行為十分安全，所以我同意了，但實際上風險並不小，那麼我就不是真的同意。

基本上，知情同意是明確且必要的條件，但執行起來有很多變數。我們的判斷力會受到不同的情況所影響。以醫療行為為例，假設身體痛得不得了，就無法冷靜評估眼前的選項，倘若已經陷入昏迷了，那更是什麼都考慮不了。有的時候我們甚至會感激醫師侵害我們的自主權。英國哲學家歐尼爾（Onora O'Neill）深入研究了醫療領域的知情同意，並提出實際且清晰的見解。她指出：「有時候，專業人士善意且有效的強迫與欺騙，反而對患者的病情有幫助。」

就算是出於當事人的判斷，也可能做出錯誤的決定，尤其是情緒太激動時。許多家長已經獲得充分的衛教資訊，仍舊因為毫無根據的信念，拒絕讓小孩施打流感疫苗。可見，被情感沖昏頭時，要保持清醒有多困難。熟練的業務員就懂得操控客戶的情緒，讓對方不知不覺簽下訂單。

接下來的問題是：「我需要多少資訊，才算完成知情同意？」倘若我並非投資或醫學方面的專家，那麼我在這兩方面做出的決定都不算是知情同意。誠如歐尼爾所言：「人們無法定義也無法實現所謂的資訊公開透明。即便做得到，也很難有人能全面吸收。」如果資訊太多，當事人就無法做出確實且有效的同意。「本公司將發送相關銷售資訊給您」，這個選項簡單明瞭；換作是長達數頁甚至沒人讀過的合約條款，要你勾選「已閱讀且同意內容」，就根本不算是知情同意了。

還有個複雜之處在於，不是每次同意都像寫在白紙黑字那麼清楚，最明顯的例子就是性行為。人們通常藉由動作而非言語來表達性方面的意願。當然，在大多數的情況下，對方是否真的同意，態度應該很明顯。但是有的人會用間接的方式表達意願，於是導致有心人士誤解（或自欺），讓他以曖昧不明為藉口，進行約會性侵。

這麼一來，我們會遇到一些難題。當然，我們都深信，下決定前應對情況有通盤的了解，但在表達意願時卻不清不楚。此外，並不是每件事都能說清楚講明白。還有，我們很少能充分了解情況，且針對相關資訊做出評估。

而信任就是你我連結的橋樑。即使現實有諸多限制，當事人無法充分掌握資訊再做決定，但我們信任醫師，所以同意進行醫療行為。伴侶彼此信任，所以即使在性愛中展現出脆弱的一面，也毋需害怕被利用。歐尼爾認為，人與人相處時，取得知情同意的過程不能太刻意，不然會傷害彼此的信任感，彷彿要簽下正式的契約才算數。

光有信任還不夠。很多時候，我們並不相信對方的誠意與動機。舉例來說，你相信登入網站時那些不得不同意的條款嗎？在這種情況下，信任感是間接建立起來的。我們必須先相信，國家的法律能夠保護我們免於受騙上當，然後才能相信手中這份合約有效。不過，法律不會永遠站在我們這一邊，專家會出錯，朋友和家人也不一定都為我們好。所以，把自己的命運交到他人手裡之前，一定要三思而後行。

理想的話，全面了解相關資訊再做決定，不過我們只能盡力而為。我們很少能完全同意以及徹底了解某事。有時得在缺乏信任感的情況下做決定，那可得謹慎思考後再給出答案。

—延伸閱讀—

Onora O'Neill, *Autonomy and Trust in Bioethics* (Cambridge University Press, 2002)

消費主義（Consumerism）

想反抗消費主義，就要把錢花在需要且想要的東西，讓消費行為跟自己的價值觀保持一致。

在自己屋內繞一圈，你會看到哪些品牌呢？除非你超級特立獨行，否則市場調查員光看你的衣服、鞋子、手錶、車子、冰箱、水壺和家具，就能準確猜到你的背景，譬如居住地、教育程度、政治傾向和道德觀。

購物不光是購買所需品那麼簡單，這已經成為人們塑造自我認同的活動。在現今世界，你這個人就是你買的東西。不管你是不是消費主義下的受害者，這都無庸置疑。在經濟學理論中，藉由消費刺激經濟成長，是常見的措施。然而，人們不停買買買，好像購物是救贖的必經之路。大家總開玩笑說要去進行「報復性消費」、「購物療法」，可見這是現代人普遍接受的想法了。消費主義發展到極致後，大眾便產生一種信念：倘若無法消費，自己就什麼都不是。一如一九八七年美國觀念藝術家克魯格（Barbara Kruger）的作品所示：「我買故我在。」

這就是現代生活的弔詭之處，大家都說消費主義不是好事，但每個人都在身體力行。現代人生活在「消費基因」（consumogenic）的環境中，無所不在的產品標識和廣告都在鼓勵消費者藉由購物療癒自我、獲得幸福感。不只是物品，就連表演、瑜珈還有私房假期行程都被包裝成「必敗」的消費體驗。

美國哲學家法蘭克福（Harry Frankfurt）分析過人類欲望，可以作為抵抗消費主義的強心針。他將欲求分為第一階欲求（first-order desire）與第二階欲求（second-order desire）。前者是我們單純「想要」的東西，例如櫥窗裡的大衣、玻璃櫃裡的蛋糕或廣告裡山景中那台蜿蜒而駛的汽車。

而第二階欲求則是退一步思考，判斷自己「需要」哪些欲望嗎？有時候兩階的欲求會一致。有些人經過思考後，覺得自己需要好看、平價且符合公平貿易的衣服。兩階欲求大多不同，若你的體重過重，就不「需要」吃蛋糕的欲望。你幻想擁有跑車，但思考後才理解，那並非增加自信最好的方式。

許多人分不清這兩者的區別，誤以為第一階欲求就是我們真確的渴望。賣家總是在設法吸引消費者，讓他們為虛假的欲望掏錢；演算法和人工智慧也能追蹤我們的動態，確保最能打動你我的產品出現在螢幕頁面上。

法蘭克福的論點是，唯有兩階的欲求一致，人類才擁有真正的選擇自由。當兩者不一致，你卻依照第一階欲求行事，那就只是衝動和欲望的奴隸罷了。為了讓自己的消費行為更自主，我們不該一味地滿足自我，而應質疑自己的欲望，並且將信念化為實際行動。

從法蘭克福的立場來看，想反抗消費主義，就要把錢花在需要且想要的東西，讓消費行為跟自己的價觀保持一致。理想的話，消費行為會減少，就算你無法變成完美的消費者，至少也更了解花錢背後的原因，讓自己的道德考量更有效力。藉由消費行為來實現公正、永續的世界，這未必是天真的想法。民眾應該了解到，聰明消費就是鼓勵良心企業，而亂買一通就是為虎作倀、支持缺德商人。

我們所買的東西就代表自己的選擇。秉持良心消費，質疑當下片刻的欲望，那麼你多少在為他人著想，也為錢的去向負起了部分責任。相反地，不論是非對錯、盲目購買想要的東西，那絕對沒有治療效果，而是需要被治療的疾病。

—延伸閱讀—

Harry Frankfurt, *The Importance of What We Care About: Philosophical Essays* (Cambridge University Press, 1988)

知足（Contentment）

「別要求萬事萬物如你的意。每件事順其自然發展，人生就會順順利利。」——愛比克泰德

人生無法時刻快活、天天開心。不過，應該總有對生活感到心滿意足的時候吧！至少不要諸事不順。知足就是珍惜已有的事物，把當下的一切視為最美好的狀態。然而，這種心態是否真的令人嚮往，而這世上真的有知足的人嗎？

一談到知足，古希臘人會勸我們接受事情本來的樣子，不要一心想改變現況（見控制）。斯多葛學派的愛比克泰德一針見血地說道：「別要求萬事萬物如你的意。每件事順其自然發展，人生就會順順利利。」不如意時，應該試著改變自己理解現況的角度，比方說：「獨處時，就當自己住在桃花源，媲美天上神仙。身處公共場合時，哪怕擁擠又喧嘩，也不要大為光火，就當作參加盛宴或節慶，心滿意足地接受一切。」

當然，如果你犯下滔天大錯，或鄰居的狗吵得你一夜沒睡，那就很難隨遇而安了。但一般來說，接受事情原始的樣貌，無論是好是壞，自然會知足。對有些人來說，快樂是激動又興奮的心情，所以即便他感到知足也會不快樂。有些人生活有所不滿或求而不得，想談戀愛但苦無對象，還是能感到知足。不知為何，人生總無法盡己所能，但我們還是可以當個知足的人。也就是說，處於困境跟心滿意足是不相衝突的。

有些哲人質疑這個美德，認為它意味著逆來順受，而非主動與周遭世界交流。英國哲學家彌爾（John

Stuart Mill）認為，知足的人太容易被討好而感到快樂。「寧願當不知饜足的蘇格拉底，也不做知足常樂的呆瓜。」彌爾寫道。他認為，人們應該追求高層次的幸福，而不是像動物那樣隨意就滿足。我們應該汲取知識、培養更高深的興趣，像是藝術、音樂與哲思對談（見享樂）。

尼采則是把知足與快樂當同一件事，所以他十分鄙視知足。他認為，人類不應該汲汲營營地追求簡單的幸福，否則我們就只挑輕鬆的事做，而無法成為更好的自己。人類的目標是「不知足，但更強大」，不過強大並非把自己的意志加諸在他人身上，而是能主宰自我並全力發展潛能。

尼采和彌爾說得有道理，倘若知足到什麼都能接受，就會變成消極，這種態度對立身處世幫助不大。不可高估周遭的條件和自己的能力，這才是明智之舉。但凡事要盡己所能，不只要設立遠大的目標，更得對自己有所要求。

然而，懂得知足是否會令人快樂？畢竟，有些事情要到達理想的狀態，才會有所不同，所以人們很容易養成一種心態，覺得非得看到改變，生活才會好轉。但是，期待越高、越把重心放在有進步空間的項目，就難變得知足。唯有接受現狀，才能帶來解脫與平靜。

不過，知足要有所限度，否則會過度消極。努力改變現況，也要真誠接受萬事原本的面貌，以平衡得失心。最重要的是，不要讓生命的不完美掩蓋了日常生活的美好與樂趣。

—延伸閱讀—

尼采，《偶像的黃昏》（1889）

控制（Control）

有時候事情發展到某個階段，人們只能選擇接受而非改變。

面對各種無能為力的事，心煩意亂是正常的。好比說，已經發生的事、別人的行為舉止或者生老病死等無可避免的大事。人們心知肚明，這些事不可能改變，但要放下還是難如登天。

斯多葛學派的勸告簡單又明瞭：不能控制的事，只能選擇接受。愛比克泰德強調：「有些事由得你決定，有些事你使不上力。簡單來說，如發表意見、克制衝動與欲望、對人事物的好惡等，這些自發行為都是可控制的。身體病痛、財產繼承、名望以及人生的職責，任何非自發的行為都是不可控的。」正因如此，愛比克泰德建議大家：「盡力而為，餘下的順其自然。」

依照愛比克泰德的講法，可控或不可控，兩者可清楚劃分。不過事實上並非如此。當然，我們無法改變過去，人死也不能復生。但是好比健康狀況、待人接物或不如意的處境，我們多少還有一定的影響力，只是效果不得而知。若想改變自己的思想和行為，也是蠻棘手的任務，不像愛比克泰德說得那麼簡單。

此刻你我的樣貌，是經由各種無意識的思考與決定所形塑的，再加上許多根深蒂固的習慣。即使接受數年的心理治療，也只能解開這團混亂的幾個結，要想徹底理解自己的心智與行為模式，無疑是不可能的事。改變自己也許比改變他人容易，不過我們只能稍微控制自我的某一部分。

完全無法掌控的事，只能學著接受，這才是上上之策。接下來的難題便是，在努力改變的同時，也得提醒自己，事情的成果非但與我們的作為有關，也要看外在條件是否能配合。有時候事情發展到某個階段，人們只能選擇接受而非改變。

弔詭的是，與其陷入焦慮、拼命想改變，不如承認自己的能力有限，這反而能帶來更好的成果。道家有云：「天之道，不爭而善勝。」人生有這麼多難題，是因為我們沒有依循世間的自然法則，也就是天道。若能「順勢而為」，任由自然法則引導我們的行為，萬事就會變得輕鬆簡單。需要多年的經驗與練習，我們才會懂得如何與大千世界共存。經驗老道的木匠能從心感受到一塊木頭質地。學著順勢而為，當作一種修行，對人生一定有所裨益。遇到挫折時，看看是否有違背自然法則。只要改變方向，最終就能向前邁進。

—延伸閱讀—

Epictetus, *Discourses* and *Handbook*

宇宙塵埃（Cosmic Insignificance）

從宇宙視角來看，人生是多麼渺小，但從生活中找尋意義，才是我們的要務。

人的一生與無邊無際的時空相比，是如此地微不足道，這真是令人氣餒。在轉瞬之間，生命便會灰飛煙滅，所有人生汲汲營營追求的目標，好比學歷或令人稱羨的工作，也只能閃耀一段時間。

歷史上不少哲人也是這麼想，叔本華就是其一。他說：「無限的時間與空間對照出人類的有限……這就是『存在的虛無』（the vanity of existence）。人們搞不懂，經過數萬年後，突然存在於地球；再經過數萬年後，也許又不復存在了。」

美國哲學家內格爾（Thomas Nagel）試圖解釋，這種價值上的迷茫感背後有其運作機制。一般情況下，生活的視野由日常活動所定義，像是起床、工作、跟朋友見面、逗貓、閱讀、安排週末活動等，這沒什麼大問題。不過一旦意識到「人類擁有退一步省視自我與生活的特殊能力，猶如看螞蟻吃力地爬上沙堆那般超然的抽離」，這套生活機制便會被打亂。人們由外而內窺視自己生活的同時，日常的視野便會硬生瓦解。

法國哲學家卡繆（Albert Camus）形容過這種外部視角：「彷彿有人在玻璃隔板對面講電話，你聽不到他說什麼，但你可以看到他比手畫腳不知道在幹嘛。你好奇他為什麼活著。」從卡繆的觀點來說，宇宙無法滿足人類找尋意義的需求，兩者的衝突便產生了荒謬。

不過內格爾認為，荒謬並非源於人類與世界相互抵觸，而是我們自身所持的兩種觀點相互拉扯。人類總認真看待自己的生活，可是從外部人的觀點來看，這份執著毫無意義。

內格爾強調，人們毋需因為外部觀點而小看日常生活的重要性。我們可以同時保有兩種觀點，它們不會相互牴觸，因為人類無法永遠維持超然的視野。他說：「當個觀眾做不了太多事，所以我們必須繼續踏上生活的舞台。」從宇宙視角來看，人生是多麼渺小，但從生活中找尋意義，才是我們的要務。對宇宙來說，那些瑣事都不重要，但對人類來說，意義也只能體現在規模比較小的事情上。

哲學家還有一種領悟。相較於宇宙的無限性，生活的意義卻不斷在消逝。這一點反而有撫慰的作用，因為跟無限相比，日常的擔憂無關緊要且不足為懼。

奧理略寫下《沉思錄》（*Meditations*），是為了提醒我們人類有多渺小。看透世間萬物，我們就能記住，從更開闊的視角看待自己所追求的事物，就會發現，其實它們無足輕重。奧理略邀請我們一同「領略世界的視野、忖度無限的時間、跟上天地萬物改變的速度」，藉此「丟棄心中成堆的垃圾」。

內格爾說得一點也沒錯，我們確實能夠同時秉持兩種觀點，無需任何遠大的理想，照樣能謳歌日常、實踐生活。不時提醒自己，在宏偉的宇宙全局中，你我不過是宇宙塵埃。如此發人深省的覺察，有助於你我立身處世，少點生活的煩惱、多想想人生的價值為何。

—延伸閱讀—

Arthur Schopenhauer, *Essays and Aphorisms* (Penguin, 1976)
Thomas Nagel, ‘The Absurd’ in *Mortal Questions* (Cambridge University Press, 1991)

勇氣（Courage）

去參加高空彈跳的人比勇於揭發惡行的人還多。

勇敢是最為人稱道的美德，俗諺也說「幸運之神眷顧有勇之人」、「找尋內心深處的英雄、放手去做」。可是為什麼我們做不到呢？

箇中緣由不計其數。亞里斯多德說得很清楚，人經常不夠勇敢，而太衝動也會有麻煩。我們都讚賞勇敢的人，而勇氣是十分微妙的概念，介於懦弱與魯莽之間。習慣想都不想就「放手去做」，實則是有勇無謀的莽夫而非智勇雙全的強者。

想培養勇氣，首先要知道自己靠近光譜上的哪一端。總是小心翼翼的人，就該推自己一把、放手去做；老是貿然行事的人，就最好別對內心英雄的話照單全收，多聽聽老靈魂溫柔的喊話。

無論是小心翼翼還是貿然魯莽，我們都要記住，勇敢取決於你在哪些項目展現勇氣。持械搶劫也需要勇氣，但你不會因為做了這些事就獲得表揚。孔子解釋得很好：「君子有勇而無義為亂，小人有勇而無義為盜。」

此外，意義非凡的行動最能鼓舞人們拿出勇氣，但意義因人而異。比如說辭職有好或有壞，儘管前途未卜，但有時就該走出舒適圈。

還有一種情況也亟需勇氣。孔子曾言：「見義不為，無勇也。」面對生命中的不公不義，我們該鼓起勇氣改變現狀，而不是自掃門前雪。近年來#MeToo運動興起，也有人出面揭發性侵兒童的醜聞。由此可見，人們多容易對他人的惡行坐視不理，沒有勇氣站出來指責犯行；去參加高空彈跳的人還比較多。

另外，德國學家康德（Immanuel Kant）也提到一種勇敢，但很少有人重視它。在〈何謂啟蒙？〉一文中，康德說，許多不成熟的心態都是人們自己造成的，因為「他們缺乏勇氣依循自己內心的指引，只想聽別人的建議」。康德呼籲，我們要「勇敢求知」（sapere aude）：勇於思考自身的處境，才敢為自己發聲。

—延伸閱讀—

《論語》

Immanuel Kant, *Answering the Question: What is Enlightenment?* (1784)

D 字首

面對欲望時應思考，欲望獲得滿足會如何？

沒有獲得滿足又如何？

——伊比鳩魯——

約會（Dating）

「當結婚帶來的預期效用大過於維持單身或另外尋找合適的對象時，人們便會決定結婚。」

——蓋瑞．貝克

歷史上偉大的哲人對約會這件事都著墨不多，原因很簡單，因為這是現代才出現的概念。以前英國人到了適當的年齡，也不會跟異性單獨約會，頂多就是朋友相約、聯絡感情。

的確，人們自古以來就都是成群結隊的，而約會的意義更明確：這是兩人成為伴侶的過程，不留任何曖昧空間，雙方都明白，對方很有機會成為未來的另一半。

現代人上交友網站，這個舉動與購物有許多共同之處。首先，我們瀏覽架上的商品（網友的個人檔案），並挑選感興趣的對象；如果有現貨，也就是對方願意見面，就姑且一試。還在鑑賞期內就能夠退貨，不一定要買下來；以約會來說，三次是上限。許多人還認為，同時有眾多約會對象是很合理的。

線上交友越來越熱門，是因為它似乎頗有成效。在許多國家，人們都用這個管道認識另一半。網路交友就好比是虛擬世界的超市走道，不少長期的伴侶關係都是由此展開。不過也有巒多人討厭這個管道，因為得不斷推銷自己。

桑德爾寫道：「市場價值全面主宰了人類生活，這是前所未有的現象。」人與人的關係也因此受到腐蝕。如今萬事萬物的價值都取決於市場標準，就看人們願意付出多少金錢或資源來換取所求之物，還有市場供應與需求的範圍。桑德爾援用芝加哥經濟學派蓋瑞・貝克（Gary Becker）的論點，說明市場化甚至影響到人與人的親密關係。我們總認為，人們是出於愛結為連理，不過貝克解釋道：「當結婚帶來的預期效用大過於維持單身或另外尋找合適的對象時，人們便會決定結婚。」不就有人說過浪漫已死嗎？

貝克的描述令人不由得令寒毛直豎，不過套用在約會上卻沒來由地吻合：「當約會帶來的預期效用大過於維持單身或尋找其他合適的對象時，人們便會進行第二次約會。」在你追我跑的約會遊戲中，一切都是市場邏輯說了算。

這也不是什麼壞事。約會是最有效的活動，所以才會成為現代人認識對象的主要方式。雖然有些人看不慣約會所隱含的市場取向，但比起在酒吧或瑜珈課遇見真命天女，前者還是踏實多了。

所以現在我們有兩個選擇，一是絕不參加約會，就像很多人拒絕到超市購物，縱使其他購物管道比較麻煩、價格也較昂貴。但若你認定約會有違自己對人際關係的價值觀，也不妨採取其他途徑尋找伴侶。二是嘗試看見約會的優點而非缺點，也就是說，過程中盡量不要落入買賣的心態，並提醒自己，重點在於確認是否被對方吸引。尊重自己，也尊重對方，不要把彼此當成商品。這些你我都做得到，不過也要了解，現今有許多約會守則，會在無形中讓約會變得像談生意。不管是約會抑或是從事任何活動，桑德爾建議：「重新思考市場在你我的社會活動、人際關係與日常生活中所扮演的角色與影響。」

—延伸閱讀—

桑德爾，《錢買不到的東西》（2012）

死亡（Death）

「未知生，焉知死？」只要把重心放在經營生活，死亡就一點也不重要了。

一七一六年，英國劇作家布拉克（Christopher Bullock）寫道：「人生在世逃不過死亡與稅收。」這比美國開國元勳富蘭克林（Benjamin Franklin）的名言早了七十三年（「除了死亡與繳稅外，一切都說不準。」）我們都會死，也都要繳稅，但總是會想方設法少繳一點、活久一點。就算閃躲不了，我們還是有個絕佳的應對之道：能不去想就不想。但多數人一想到死亡，多少還是會百感交集。死亡如影隨形，時不時閃現在意識邊緣，或長期糾纏著你我，令人憂愁。

古希臘哲人流傳給後世的觀念是，哲學能讓你我沉著地面對死亡。蘇格拉底便是理想的典範。據說在死亡來臨之際，他依舊冷靜自持。豈止如此，根據柏拉圖《斐多篇》的描述，他全然擁抱死亡，更進一步主張，有智慧的人都應該敞開雙臂歡迎死亡的到來。蘇格拉底之所以無所畏懼，是因為他相信人類的真我，也就是靈魂，是永恆不滅的，而且會延續到下一個世界（見來生）。往後的哲學家都承襲此脈絡，不斷培養生死的大智慧，好為死亡做準備。他們總在思考，人在解脫前，靈魂應該追求哪些福祉。

斯多葛學派也相信，身為哲學家就是得學著接受死亡。門徒要培養理性，了解身為人真正重要的價值，並釐清對世間萬物的誤解。時時刻刻思考死亡也是訓練的一環，因此斯多葛著作中才有如此多跟死亡有關的論述。

舉例來說，愛比克泰德曾言：「一定要把目光鎖在死亡、流放與任何看起來萬分可怕的事上。如此一來，你就不會有任何卑劣的想法或超出常規的欲望。」塞內卡則道：「你永遠不知道死亡等在何處，所以一定要隨時做好準備。」

如何面對「死路一條」的人生，也是伊比鳩魯的哲思基礎。他相信，人們應該要從折磨心靈的恐懼中解脫，特別是死亡，這樣才能過上美好的人生。伊比鳩魯主張，人類沒道理害怕自己沒感受過的事：「死亡沒什麼大不了，當肉體分解化為元素時，一點感覺也沒有，既然如此，那對你我來說也就沒什麼大不了。」伊比鳩魯眾所周知的名言是「你存在，死亡就不存在；死亡降臨，你就不存在。」伊比鳩魯派詩人盧克萊修（Lucretius）也提出類似的主張，既然人不擔心出生以前的事，那自然也用不著擔心死後往哪裡去。

不過有些人不認為學習哲學是為了接受死亡。季路問他的老師孔子：「敢問死？」孔子回答：「未知生，焉知死？」只要把重心放在經營生活，死亡就一點也不重要了。

蒙田也不建議要為死亡做太多準備，他告訴讀者：「倘若你不知道會怎麼死，沒關係，要死的時候自然就知道了。這道理簡單易懂。」

其實，我們害怕的並非死亡或死亡的過程，而是不想失去生命中美好的事物。有些哲學家認為，一但擁有富足的人生，就不希望失去這一切，害怕死亡自然合情合理。亞里斯多德就相信，死亡代表「失去所有的財富」，所以人生越是富裕，越對死亡的逼近感到痛苦。法國哲學家西蒙・波娃（Simone de Beauvoir）更是在自傳中將這股惆悵描繪地栩栩如生：「想到我讀過的書、到過的地方以及累積的知識都將不復存在，我便感到悲傷。音樂、畫作以及許許多多的文化滋養，頓時都化為虛無。」波娃的伴侶沙特也哀悼失去的未來，將死亡形容為「我再無任何可能的唯一可能」。

既然死亡是盡頭，但我們卻對人生還有依戀，那該怎麼辦？為死亡做準備又意味著什麼呢？誠如奧理略所言：「死亡沒什麼大不了，只不過是自然的過程。死亡是人必經的自然之路，從稚嫩到成熟，從年輕到年老……人生每個階段身體都會有所改變，最後也都會消散於無形中。」

人的一生有限，而生死是世間萬物的自然規律，領悟並接受這個道理，並且善用在地球上的短暫時光，凡事盡己所能。這些話聽起來不怎麼新鮮，卻可能會讓你我的人生大有不同。

—延伸閱讀—

Simon Critchley, *The Book of Dead Philosophers* (Granta, 2009)

欲望（Desire）

「人類是欲望的奴僕，即便是善的欲求。」——愛比克泰德

我們通常假設，欲望得到滿足就會有幸福感，否則便會感到挫敗和沮喪。不過我們是否該多加質疑，那些欲望是否合理，我們面對欲望的方式是否妥當？

哲學家不約而同都對「欲望的力量」提出警告。柏拉圖將欲望比喻為難以控制的馬兒。必須套上「理性」的馬具來約束牠們，我們才能駕馭「靈魂」這輛馬車。要解決這頭難纏猛獸最好的方法是什麼？每個哲學家各有不同的見解：馴服牠抑或是殺了牠？

柏拉圖的立場模稜兩可。根據他的馬車理論，人們應馴服欲望這頭野馬，但他又另外表示：「哲學家應追尋真理，永遠保持理性的一面，藉此保障靈魂對欲望的免疫力。」斯多葛則顯然是棄絕欲望派的，其傳人魯弗斯（Musonius Rufus）簡潔地說道：「真正富裕的人，不管在任何情況下都無所求。」無獨有偶，宋明理學創始人周敦頤認為智者「無欲故靜」，在沒有欲望的干擾下，身心才能安定又平靜。

不過為什麼人們非得「無欲一身清」？儘管每個哲學家的答案不盡相同，但他們普遍都同意兩點。首先，大部分人想追求的都是不具真正價值的俗物，譬如金錢、名聲與權力。人們相信這些東西是好的，所以奮力追求，但事實上並非如此。社會總鼓勵人們滿足這些欲望，若發現其中的謬誤，便不會再渴望。不過要領悟箇中真諦也並非易事，況且，越普通的欲望越是難以消除，就連許多「心靈導師」也抵擋不住誘惑，淪

為欲望的奴隸。

哲學家總勸人消滅欲望，原因在於，即便是「善的欲望」也可能對你我有害。正如愛比克泰德所言：「千萬牢記，讓你我對他人卑躬屈膝的不只是對財富和權力的欲望，渴望安靜、閒暇、旅遊與學習也是一樣。」不管你如何評價世間萬物，只要它對你來說有絲毫價值，你就免不了要對別人低聲下氣。「人類是欲望的奴僕，即便是善的欲求。」

伊比鳩魯將欲望分為三種：天生且需要、天生但不需要以及虛無空洞的欲望。天生且需要的欲望十分容易獲得滿足，好比食物、飲料與遮風避雨的棲身之所。天生但不需要的欲望是非必要的享受，譬如美食。虛無且空洞的欲望則是名聲與權力等，不僅生不帶來，而且要拿命拚、跟人爭才能得到，而且永遠沒有滿足的時候，因為它會無限膨脹。伊比鳩魯認為，不管是虛無的欲望還是天生但不需要的欲望，都是「不切實際的想法」所造成，所以才會導致人們走上歧途。與其不斷滿足這些華而不實的欲望，不如消除它們。人生路上偶然的享樂無所謂，但不要巴望著過奢華生活。

即便有了這些忠告，大多數人還是不想馬上抹去諸多欲望。孟子的做法比較溫和：「養心莫善於寡欲。其為人也寡欲，雖有不存焉者，寡矣；其為人也多欲，雖有存焉者，寡矣。」倘若人的欲求不多，即使本性有點偏差，人品也不會多壞；倘若欲求太多，即使本性不差，人品也不會多好。如此說來，就算當不了聖人，能減少欲望也再好不過。

孔子提到，若能順利過著良善的生活，也是美事一樁，正所謂「富與貴是人之所欲也，不以其道得之，不處也；貧與賤是人之所惡也，不以其道得之，不去也」。只要不貪婪、對人不殘酷、價值觀不膚淺且不重物欲，那麼隨性享樂是天經地義。關鍵是不要把滿足欲望當作人生的頭號目標。

大多人都認為欲望有適度控制就好，不需全面清剿。從立場強硬的哲人思想中，多少能學到一些方法，譬如借助伊比鳩魯對欲望的區分。「需要」是個複雜又難解的概念。「我真的需要這個嗎？」這類令人費解問題通常沒有答案，但是不時捫心自問，有助於激發不同的想法。所以不時自問「你為什麼需要它」、「它能帶給你什麼真正的作用」。因此，伊比鳩魯這段話很管用：「面對欲望時應思考，欲望獲得滿足會如何？沒有獲得滿足又如何？」

—延伸閱讀—

Musonius Rufus, *Lectures and Sayings*

兩難（Dilemmas）

我們得提醒自己，不管怎麼做，內心都不會好受。

進退兩難的情況大都讓人傷透腦筋，但卻不怎麼受哲學家青睞。錢多的還是離家近的工作好？要為了十分趣味卻未知的人離開長期依賴的伴侶嗎？解答或許難覓，不過難是難在你不知道事情會如何發展，所以不管怎麼做都有風險。

哲學家感興趣的議題是「道德兩難」，這與結果好壞無關，而是關乎怎麼做在道德上才是對的。你面臨彼此衝突的道德選擇，而背後各有其充分的道德依據，如此一來，你便陷入道德兩難的拉鋸戰中。舉例來說，如果你發現朋友的伴侶偷吃，就會猶豫應該要說實話或是假裝沒事，一方面你覺得自己應該對朋友誠實，另一方面又不希望朋友受傷。這兩件事本質上並不相斥，只不過在這個情況下，你不可能兩者兼顧，而是必須決定哪個是你優先重視的價值。

在道德兩難的情境中，有些道德價值會明顯高出許多。柏拉圖在《理想國》裡提出，假設某個人身心狀態不好，那我們應該逕自保管他的武器嗎？蘇格拉底回答說，在道德上，物品的所有權當然很重要，不過保護他人不受傷害才是當前的要務。因此這還不算是真正左右為難的窘境。

真正棘手的兩難是，沒有一個選項擁有明顯的優先性。在小說改編的電影的《蘇菲的抉擇》（*Sophie's Choice*）中，主角蘇菲被迫從一雙兒女中擇一送入毒氣室，這不僅是真正的道德兩難，更是一齣「道德悲劇」（moral tragedy）。這道選擇題沒有正確的解答，因為不管怎麼選都是「錯」。

小說裡進退維谷的處境很極端也不常見，不過你我的日常也有許多兩難的情況，而且往往缺乏決定性的道德依據，令人難以做出明確的選擇。好比說，為了改善家裡經濟狀況，你得替黑心企業賣命，但又不想助紂為虐，於是想金盆洗手。

所以說，該如何解決道德困境呢？首先，確定你認為的道德義務確實成立。很多時候，我們會被沒來由的責任感壓得喘不過氣來，比如會覺得有義務探望獨老的親戚，但是對方往常的作為卻不值得我們付出關心。若能想通，其實你不需要出門看望那些根本不在乎你死活的人，的確是一種莫大的解脫。

仔細判斷後，發現自己的確處在左右為難的情況，那麼你應該釐清各個選項背後的道德理由。人生存在各式各樣的道德義務，彼此會有衝突。好比說，你是該嚴守職業倫理、保守公司的祕密，還是該向當局揭發不法情事。倘若真的碰上了，就應該分出輕重，依循最重要的道德標準。

要是真的無從下手，那就要接受，自己的選擇勢必無法情理都兼顧。想像現在發生一場爆炸，有位醫生的小孩也在現場，目前下落不明，那麼這位醫生現在應該拯救受波及而命危的孩童，還是去尋找自己的小孩？從道德角度來看，幾乎不可能做出對的選擇：拋下為人父母的職責是錯的，為自己的小孩犧牲他人性命也是錯的。

做出抉擇後，可能只剩自責或悔恨，但這合情合理也是意料中事。我們得提醒自己，不管怎麼做，內心都不會好受（見責任）。不安是道德兩難下必然的結果，不代表我們道德上有錯。有些道德兩難是無解的，只能面對問題、做出選擇，然後接受結果，學會痛惜但不自責。

─延伸閱讀─

Lisa Tessman, *When Doing the Right Thing Is Impossible* (OxfordUniversity Press, 2017)

義務（Duty）

我們有義務按照「自己施予他人的義務」來要求自己。

「恪盡義務」聽起來十分老派。現在政府若使用二戰時的徵兵口號，聽起來一定很古板：「期盼各位國民恪盡義務。」Google的Ngram語法搜尋引擎能追蹤自十八世紀至今的詞彙使用頻率，搜尋「義務」一詞可以發現，它在一九三〇年代的使用率達到顛峰，現在的使用頻率不過是當時的四分之一。

儘管如此，人們還是常想著，自己是否有恪盡義務，而對象多半是朋友、家人，而非國家或雇主。此外，越來越多人質疑義務真的存在嗎？要回答這個問題，得先從它如何形成下手。

有人認為，義務（和權利）是來自於人與人的契約，無論是正式或非正式、書面或口頭，而履行義務是為了換取特定的利益。舉例來說，工作有其職責，為人父母也是一樣。簽訂契約或做出承諾就有義務履行，而當事者也多半是心甘情願。

倘若訂定契約是出於自願，那麼彼此都會充分了解自己的義務。舉例來說，雖然法律沒有詳細規定男女朋友間有哪些義務，不過要是你同意與人結成為伴侶，你就沒有理由背道而馳、規避責任。同樣的道理也適用於為人父母，小孩生下來後，你們勢必要承擔許多相應的義務。

國民義務則有所不同，它是基於「社會契約」而產生的。人民實際上並未簽署任何契約，不過為了活在和平、法治的社會，都會遵守國家所規範的義務。率先提出社會契約理論的霍布斯在《利維坦》中談到，每個國民必須心甘情願，「為和平與國家安全放棄對一切事物的普遍權利，所有人都甘於享有相同程度的自由」。霍布斯認為這與《馬太福音》第七章第十二節的召示相同：「你們願意人怎樣待你們，你們也要怎樣待人」。（霍布斯在書中是使用拉丁文：*Quod tibi fieri non vis, alteri ne feceris*，原因無他，純粹是賞心悅目罷了。）

然而對康德來說，要證明義務的存在，還有比契約更加可靠的基礎：理性的要求。這個觀念來自康德所說的「定言令式」（categorical imperative），也就是人類「永遠要依據可以為所有人接受的準則而行為」。換句話說，只做其他人做也沒問題的事，不從事其他人做了會出問題的事。以說謊為例，如果每個人都不老實，我們就永遠都不會相信他人的話，所以溝通的前提是不說謊。

康德的義務倫理學十分嚴苛，只要彼此直接或間接同意的行為，就一定要實現。我們有義務按照「自己施予他人的義務」來要求自己。換言之，定言令式就像霍布斯提出的原則，也是一種「己所不欲、勿施於人」的金律。

除此之外，康德還提出：「『你應該做……』意味著在自然條件下能確實達成的事項。」並強調義務有其限制，也就是說「應該」的前提是「做得到」。如果你無法實踐某個行為，那就不可能承擔相應的義務，這一點至關重要，務必銘記於心。我們時常因為無法履行義務而自責不已，但事實上我們已經盡己所能做到最好了。為了照顧病重或年邁親人，能擠出的時間就這麼多，為他人排解憂愁的方法也就這麼多。「我能做的都做了」這句話有時是袖手旁觀的藉口，不過也能用以深切地表示，你我的能力著實有限。

孔子則是以另一種視角看待義務。在儒家思想中，義務的範圍既非放諸四海皆準，也不為客觀的道德準則所規範，更不是經由契約而形成，而是與「角色倫理」息息相關。也就是說，人的義務取決於他的社會角色，既沒得選擇也非一體適用。根據你所屬的族群、社會地位，會產生相應的責任，所以並非透過任何一種契約達成。舉例來說，身為父母就是有養育兒女的義務，不會因為是先婚後有還是先有後婚而有所區別；為人子女對父母也有義務，即便你無法選擇要生在哪個家庭。

有趣的是，孔子、霍布斯和康德都不約而同地提倡「己所不欲，勿施於人」。三位思想家都認為，義務來自於「我們要求他人遵守的規範」。如此說來，履行義務也不過就是別當個偽君子罷了。

義務從來都不是過時的觀念，它有時聽起來很老派，那是因為現代人看重個人的選擇，因此不願接受任何非自願的義務。但仔細想想就能明白，刻意忽略自己應盡的社會或家庭義務，是種不負責任的態度。把無謂的義務當成身上的重擔，的確會有負面效果，但是自以為人生不用肩負任何責任，就會對自己與他人造成危害了。

—延伸閱讀—

《論語》：〈顏淵〉、〈衛靈公〉

霍布斯，《利維坦》（1651）

康德，《道德形上學基礎》（1785）

E字首

有的失敗是害怕的事情錯了，
有的是害怕的方式錯了，
有的是害怕的時機錯了，以此類推。
——亞里斯多德——

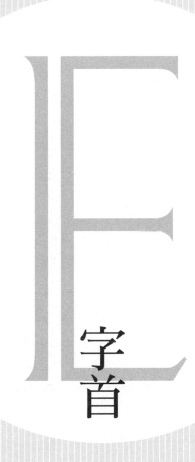

教育（Education）

「不受一點紀律與常規的約束，兒童就不會快樂。」——羅素

良好教育的效用毋庸置疑，不過各界對於它的定義倒是爭持不下，怎麼教小孩、怎麼實踐終身學習也難有定論。其實有個方法能幫助你我釐清這些問題，那就是思考教育的目的。唯有想通這一點，我們才能決定要用哪些方式傳授知識與其內容。

許多哲學家都對教育提出見解，而大多是圍繞在兒童身上。柏拉圖認為，教育的主要功能是培育良好公民，所以那屬於國家的責任。在柏拉圖的理想中，每個兒童都應平等地接受教育，而隨著他們的能力差異越來越明顯，有的會被訓練成為戰士、有的是工匠，而能力最好的則被教導成為君王。

對今時今日的我們而言，柏拉圖的教育理想聽來不怎麼理想，倒更像威權體制下的惡夢。教育的目的之一是為學生的未來職涯做準備，這一點鮮少人會駁斥，但任憑學校決定兒童往後的命運，就顯得過於獨斷。無奈的是，眼下的教育體制雖意不在此，卻也間接造成相同的結果。在英國，就讀私立學校的人口僅百分之七，但有百分之七十一的高階將領、百分之七十四的高階法官與百分之五十一的主流媒體工作者都來自這一小部分的人。身為父母，我們不免要煩惱，是否該照著階級社會的遊戲規則走（如果口袋夠深的話）；而作為公民，我們不禁要思考這個遊戲是否該繼續存在下去。

柏拉圖的理想與現行的教育體制相左，主因在於，我們相信教育應著重培養個體性與自主性，這與盧梭

的教育理論更為一致。盧梭相信，文明會腐化人類本有的善性，他寫道：「出自造物主之手的東西，都是好的。而一到了人的手裡，就全走了樣。」既然社會是人類活動必然的產物，那麼教育的目的就是讓人們進入社會後還能保有本善。盧梭強調，讓兒童經由實務與經驗自我學習，多與環境交流，而非死讀書。除此之外，強身健體、磨練技藝與探索心靈亦是不可或缺的課程。

美國實用主義的代表人物杜威（John Dewey）與盧梭所見略同，他認為兒童在學習的過程中應扮演主動的角色，此外他還表示：「任何團體教育都有助於幫助學員社會化，不過其品質與價值則取決於此團體的風格與目的。」儒家也同樣強調教育的社會化作用，特別是藉此陶冶良善的品格。孟子提出「惟士能為」，也就是說只有士、大夫以上的讀書人才能堅定地追求仁道。

儘管杜威和盧梭都深信，教育是為了激發兒童天生的好奇心，不過他們都反對放任、過度自由的教養放式；凡事不應讓兒童全權作主。但羅素則認為「服從就是助長威權」。一九二七年，羅素與當時的妻子朵拉（Dora Russell）在英國薩賽克斯創辦比肯希爾試驗學校（Beacon Hill School），而其學童想做什麼就做什麼。然而，羅素的辦學成果與其他學校並無不同，既不如他自己所說的那般成功，也不若批評者料想般的一文不值。羅素接受這項失敗，並反省道：「不受一點紀律與常規的約束，兒童就不會快樂。」

綜合以上所有觀點，我們對教育的藍圖逐漸清晰。首先，教育就是社會化，教育孩童，就是在養成他們的品格，幫助他們成為良好的公民。其次，良好教育要在紀律、秩序、自由與創意等方面取得平衡，而教學方式不應太死板也不要太隨性。第三，無論我們對教育抱有多麼崇高的理想，諸位有心的家長都必須面對現實：教育與職涯前景息息相關。

大家都關心兒童的教育，但往往把重心擺在他們出社會後要面對的境況。然而，教育不僅僅是為了培養工作技能，學習本身就具備寶貴的價值。羅素寫道：「單純的探索知識非常重要。」對多數人來說，學習也是一種樂趣，能讓心靈感到滿足。「終身學習」不僅是為了訓練技能、以跟上瞬息萬變的勞動市場，更是為了保持積極主動的心態，讓足以開創偉大文明的智力得以派上用場。

—延伸閱讀—

盧梭《愛彌兒》（1726）

John Dewey, *Democracy and Education* (1916)

Bertrand Russell, *On Education* (George Allen & Unwin, 1926)

尷尬（Embarrassment）

就算出糗，也不會發生任何可怕的事。

在書店翻本書時，赫然發現自己石門水庫沒關，那是什麼感覺？跟別人談到這本書時，被抓包念錯某位希臘哲學家的姓名，那是什麼感覺？在公共廁所如廁到一半卻驚覺門沒鎖，那是什麼感覺？我們都怕尷尬丟臉，時不時擔心自己是不是出糗、別人會怎麼看自己、會不會被對方拒絕……即便知道丟臉也沒什麼大不了，但就是莫名其妙地無法以理性來消除這股不安。

聽聽古希臘犬儒學派的建言，也許就能稍稍緩解臉皮薄的症狀。犬儒學派創立者為安提斯特尼（Antisthenes），其代表人物是住在酒桶裡的第歐根尼（Diogenes of Sinope）。目前學界對於犬儒派的了解並非來自其著作，而是透過口耳相傳的奇聞軼事，來認識那幾位大師多采多姿的一生。犬儒學派沒有留下任何作品也是合情合理，因為他們一向主張道德貴在日常實踐而非書面理論。

犬儒派最重要的主張是順從本性、過著簡約的生活。根據羅馬帝國傳記作家拉爾修描述：「有些犬儒派學者是素食主義者，而且只喝冷水，不管是住屋子還是睡浴缸都心滿意足。第歐根尼曾說，無欲無求是眾神的特權，而只有接近神的人才能清心寡欲。」

犬儒學派認為，在社會的期待下，我們總是在強迫自己做不必要的事來滿足他人期待，所以才沒有餘力實踐自給自足的生活。要實現美好人生的願景，就要徹底無視社會約定俗成的規範。此外，與其迎合群體，犬儒派更崇尚厚顏無恥的精神，他們似乎不避諱在公共場合進行性交等私密的行為。當然並非人人都欣賞這點，在柏拉圖眼裡，第歐根尼就是「失心瘋的蘇格拉底」。

犬儒學派與希臘化時代的其他門派一樣，要求追隨者必須在生活中身體力行、實踐哲學思想。理性情緒行為治療的創始人、心理學家艾里斯力倡「攻擊羞愧感練習」（shame-attacking exercises），便是基於類似的精神。你可以穿得很醜出門，或是把香蕉繫上寵物繩、當成寵物來蹓躂，以此去除不必要的羞愧感。這背後的原理與犬儒派的理念相符，都是要證明給自己看，就算出糗，也不會發生任何可怕的事。最中，我們也就不會那麼在乎別人的看法了。

這一切當然極具挑戰，不過你不必做到像西諾卜的第歐根尼那樣在大庭廣眾之下自慰，筆者強烈呼籲讀者切勿以身試法。其實有許多溫和的方法都能讓你不再總是覺得不好意思，你可以把握一些契機「小試身手」，像是自告奮勇接下卡拉ＯＫ的麥克風、展現你不喜歡的身體部位，或是聊天時承認自己不懂某個領域的學問。這種練習會讓人感到不自在是一定的，因為這是讓你從無謂的尷尬中解放的代價。

—延伸閱讀—

拉爾修，《哲人言行錄》

情緒（Emotions）

「我們會失敗，有時是害怕的『事情』錯了，有時是害怕的『方式』錯了，有時則是害怕的『時機』錯了。」——亞里斯多德

人生得意之時往往也是情緒澎湃之際，好比初次把新生兒抱在懷裡、目睹精彩賽事高潮迭起的瞬間，或爬山攻頂的一刻……人生要是沒有了喜怒哀樂肯定會失色不少。

有時情緒與情感也會把生活變得艱難。人們總會緊抓嫉妒或後悔等負面的情緒，卻不知如何轉念，不然就是被一時的情緒影響而貿然行動，譬如跟認識沒多久的對象閃婚，或搞錯事主對無辜的人發脾氣。雖然我們都知道應三思而後行，不可感情用事。

說起來，人類的情緒功能會演變至此，也是怪哉。隨著演化，情緒應該要讓生活更輕鬆才對。因為，無論心情好壞，都能喚醒人類的警覺心，以留意哪些事情會影響自己的狀態和未來的繁衍。正面情緒會驅使人們靠近美好的事物，如營養的食物、潛在的配偶；負面情緒則會提醒我們遠離有害的事物，好比腐爛的食物、變質的伴侶。

不過，即使人類在演化的過程中獲得許多進展，但情緒卻沒有跟上時代的腳步，到現在為止，還遠遠談不上可靠。無論怎麼說，在慾望的推波助瀾而外遇，或任憑恐懼掌控自己、拒絕人生的挑戰，都算不上是好事吧。人們總是說跟著「感覺」走，但其實它們是助長許多愚蠢行為的元兇。

人們很難判定，何時該聽從情緒支配，何時該與它們保持距離以策安全。所以，為了要有效掌握情緒，我們應該先了解它們。有些人會誤以為情緒是單純又單一的，但其實它們會連帶產生不同現象，並且交互作用，包括生理反應、認知評價和習慣。生理反應如心率改變、胸悶或腹瀉；認知評價則是在判別好壞、安危；而習慣則包含逃避、哭泣和擁抱等行為傾向。這些現象未必會一一出現在各種情緒中，而且表現程度也有所不同。有些人產生情緒時身體會有強烈的反應，有些人則完全沒感覺，甚至也沒有習慣的表達方式。情緒若不是很強烈，或是五味夾雜時，心情就會變模糊。此外，情緒也會因文化背景而有所差異，從社會面向來看更是如此；不同地區的人，表達羞恥的方式就未必相同。

有些哲學家特別強調情緒在認知評價方面的作用。斯多葛學派便將情緒作為判別價值的標準。他們認為，對某物有愉快的情緒，代表它在世上是好的，值得人類追求；反之，不滿的情緒則代表它是不好的，人人應避而遠之。不過，伴隨情緒而生的評價未必就是成熟且明確的信念。因為這時我們只是初步判別某事物對於個人福祉的影響，而這樣的評判未必經過完善的思慮。

有些哲學家則相當重視情緒的生理反應現象。心理學家詹姆士就提出一種有違直覺的主張：情緒是身體的反應與感知。舉例來說，在森林裡遇到熊而汗如雨下，原因並非來自恐懼，而是自然的生理反應。大腦中的杏仁核將遇到熊的感知訊息傳到下視丘，後者便啟動腦下垂體分泌「促腎上腺皮質激素」到血液中，導致呼吸速率增加、血管和肌肉收縮，進而讓人起雞皮疙瘩、寒毛直豎，最後我們才將這樣的感知變化稱為恐懼。換言之，主觀經驗是在身體發生反應後才形成，正如哭泣不是因為悲傷，而是因為哭泣才悲傷。

這些理論都有其瑕疵，但也有值得深思的關鍵事實。首先，既然情緒帶有認知成分，那在決定「跟著感覺走」之前，可以先嘗試釐清，它們是反映了現實，抑或是扭曲了現實。亞里斯多德深知，人們不時會誤解情緒的本質，所以他談及勇氣時便解釋道：「我們會失敗，有時是害怕的『事情』錯了，有時是害怕的『方式』錯了，有時則是害怕的『時機』錯了。」

因此我們應不時捫心自問，當下的感覺是否是在對的情況、對的時機並以對的方式產生？「情緒會誤導人心」，雖然意識到這一點也沒辦法自然矯正錯誤的心態，但卻能讓我們更了解，如何讓自己輕鬆一點並消化情緒。

除此之外，情緒也帶有生理反應和習慣的因素，所以有時先處理好它們，就更能緩和心情。舉例來說，若極度焦慮時，先透過呼吸技巧讓自己鎮靜下來，否則一直強迫自己要冷靜，反而會更加緊繃。再者，不同的情緒就需要不同的應對方式，亞里斯多德的建議很有道理：「不假思索地壓抑或放任情緒，都解決不了問題。應該嚴加審視自己的情緒以及促使它們產生的價值體系。有必要的話，就立即修正我們回應情緒的方式。」這一切都不容易卻相當重要。多數人都認同，冷靜思考後建立的價值觀更為正確。要是輕易就「跟著感覺走」，最後我們的行為就會違背自身所奉行的價值與信念。

—延伸閱讀—

William James, *The Principles of Psychology* (1890)

同理心（Empathy）

人們常常以為自己對他人的遭遇感同身受，事實上只是虛情假意地想像一番而已。

想成為更好的人，最該培養的品性是什麼？今時今日，很多人都會回答「同理心」，也就是感同身受的能力。歐巴馬還是總統時曾直言，社會的「同理心赤字」比國家財政赤字的問題還大，他說，現在你我需要的是「設身處地為他人著想的能力，透過與你我處境截然不同的人的視角看待世界」。

「將心比心」對我們而言至為重要，也絕不是新鮮事。啟蒙運動的蘇格蘭思想先驅亞當．斯密和休謨都強調，道德並非來自邏輯或上帝的意旨，而是前者所說的「道德上的共同情感」（moral sympathy），他寫道：「我們時常因他人悲傷而感到悲傷，這就是道德共感不證自明的事實。」

在今日，同情心（sympathy）和同理心會因著情境不同而產生不同意涵，不過斯密和休謨所說的同情心，通常是指我們現在所理解的同理心。

對這些哲人來說，同理心只是道德的一小部分，而我們的道德抉擇通常取決於當下所觸發的情緒按鈕。哈佛大學心理學家格林（Joshua Greene）等學者針對哲學與心理學的重疊領域做了研究，證實同理心會影響人類的道德判斷。在冷靜且理性的思考後，人們往往會選擇能造福最多人的行動。我們通常會認為，犧牲一條無辜性命能換取十條人命，是正確的選擇。不過，若是在那個倒楣的人陣亡之前，我們有機會近距離跟他接觸，就會認為這個選擇是不對的，改讓另外十個人去接受他們原本的命運。對格林來說，這就是同理心的缺點，它會扭曲正確的道德判斷。不過有些人深信，犧牲一個無辜者來拯救十條性命是錯的，所以就不會有格林提到的缺點。不過這個例子至少說明，同理心會使道德計算出問題。

在另一種情況下，同理心也會扭曲道德判斷，那就是從事慈善或公益活動。很多單位都知道，大家一看到幼小孩童或毛茸茸的動物受到折磨，就會多捐一點錢。因此，有效利他主義的哲學家則主張，人們不要太心軟，對觸動心弦的事物保持距離，才能做出理性的決定（見公益）。他們認為，同樣是一百塊，用在治療腸道寄生蟲病比較有效益，不需要捐給資金雄厚的知名兒童醫院。

貨真價實的同理心非常重要。人們常常以為自己對他人的遭遇感同身受，事實上只是虛情假意地想像一番而已。「我懂你」通常都只是阿諛奉承、自負又虛假的說詞罷了。除此之外，同理心其實不可靠，我們總是同情那些貌似苦惱的人，但對於自制內斂的人，卻很少產生共鳴。

同理心至關重要，如此才能敏銳地察覺他人的情緒，回應對方的感受。不過哲學家也警告道，人們不要輕易相信自己的本能反應。除了情緒同理心之外，我們還需要「認知同理心」（cognitive empathy），也就是有意識地辨別和覺察他人的情緒狀態，以確認自己的推斷是否正確、回應是否有幫助，否則那就只是自然的反應而已。要是沒有情感就沒有道德，但徒有情感卻不經思考，那不過是不成熟的感情用事罷了。

—延伸閱讀—

Joshua Greene, *Moral Tribes: Emotion, Reason, and the Gap Between Us and Them* (Penguin, 2013)
Adam Smith, *The Theory of Moral Sentiments* (1759)

羨慕（Envy）

「不要去跟那些好命的人相比，也許他們的人生沒你想像得幸福。」——羅素

負面情緒其實有各自的用處。憤怒能刺激人們挺身而出、參與社會運動。哀悼是接受至親逝去的必要過程。至於羨慕是否真有用處，則難以言明。亞里斯多德說過，只要尺度拿捏得宜、表達恰到好處，所有情感都有用。可就連他都認為，羨慕、刁難和無恥一無是處。

說到羨慕，我們頂多當作當下的心情寫照，以反映出自己所重視的價值。羨慕別人出國去玩，表示自己也該多出去走走。看到別人事業有成，自己就該改變工作上的目標。

然而，根據美國哲學教授勞伯・索羅門（Robert Solomon）的說法，羨慕產生的機制並非如此。一般令人欽羨的成果，都是無法複製的事物，譬如天賦。因此，羨慕是一種挫敗感：內心不斷渴求別人擁有的東西，但自己卻一點辦法也沒有。

羨慕的癥結在於與他人比較，而不幸的是每個人都有這個習慣。羅素寫道：「只看到事情的表面關係，卻不理解它的本質，就會有羨慕的心情。」即便賺的夠花了，可一旦得知別人（特別是不放在眼裡的人）賺的是我們的兩倍，那麼自己的薪水頓時就會顯得微不足道。

第一個注意到這點的人並非羅素。休謨曾言：「看到他人擁有的美好事物，內心受到刺激，覺得自己原本所擁有的生活非常貧乏。」塞內卡也寫道：「不管你擁有多少東西，一旦知道別人享有更多，便會覺得自

己微不足道，一心渴望對方擁有的巨大財富。」

因此，羨慕談不上是有用的心情寫照，難以反映人們自身在乎的真實價值，它反而更像是一張插圖，以說明我們有多容易被別人的珠光寶氣所吸引。社會加諸在每個人身上的壓力非常大，導致我們會忍不住去追求大多數人都有的事物。因此我們不會嫉妒富人有豪華遊艇，但會羨慕鄰居家買了新車。

嘗試取得與他人相同的成就，也無法化解你的羨慕心。羅素指出：「儘管強中更有強中手，但我們已擁有的事物還是很珍貴，不會因為別人過得比你好，而變得沒價值。」你我該做的是打破比較的陋習。他接著說：「享受屬於你的樂趣、做你該做的事，就能逃過羨慕的魔爪。不要去跟那些好命的人相比，也許他們的人生沒你想像得幸福。」

最後，我再強調一點。每個人的真實生活往往不如外人眼裡的美滿，你永遠不知道，看似倍受祝福的人正在忍受什麼樣的妖魔鬼怪、得處理多麼燙手的山芋。與其對別人的生活垂涎三尺，不如多花點心思在自己的人生，畢竟這是你唯一擁有的。

—延伸閱讀—

羅素，《幸福的征途：人為什麼不快樂，又如何能快樂？羅素的思索與解答》(1930)

證據（Evidence）

「透過論證建立的公理無益於探索新的科學方法，因為自然的奧妙遠勝於論證的嚴謹。」

——培根

近來各國年輕人紛紛吹起素顏風潮，然而不管「真面目」是否真的大行其道，可以肯定的是，越來越多「虛假的事實」出現在資訊高速公路（information superhighway）上，堵得傳播管道水泄不通，要想從眾多訊息中揀選出事實還真是難上加難。不過有個幫助你我篩選事實的最佳利器，那就是簡單問一句：「證據呢？」

哲學家向來注重以事實作為發展信念的基礎。舉例來說，印度正統派哲學都將「現量」（Pratyakṣa），也就是感知或觀察，作為一種確切的知識。伊斯蘭「黃金時代」的哲學家們同樣十分重視「展示性證據」（demonstrative proof），也就是從證據中推論事實。

然而，過去的人罕見以證據作為建立知識的主要來源。在伊斯蘭傳統中，所有思想家都接受《古蘭經》的權威，若證據與經典的啟示相左，還會引發激烈論戰。印度哲學史上除了六派哲學外，只有唯物論的順世派主張現量是知識唯一確鑿的來源。其餘的大多流派也擁護「聲量」（sabda），也就是可信之人的言詞，而這些人通常是古籍聖典《吠陀》的作者或其他先知。

另一方面，在西方世界中，證據與邏輯孰輕孰重，學者們一直僵持不下。自柏拉圖以降，許多哲學家都認為唯有透過理性論證，而非感官知覺的推敲，才能獲得最確切的知識。經驗主義者則反對理性主義者的看法，強調證據是世上所有知識的基礎。文藝復興時期，有位英國哲學家力主導這場爭論，並讓它朝經驗主義發展，他就是法蘭西斯・培根（Francis Bacon）。

培根是首位提出科學方法的人之一，在其著作《新工具論》（*Novum Organum*）中，他解釋道：「我們服侍自然、詮釋自然，了解許多自然界的事物，這些知識都是來自實際觀察和思考自然的規律；除此之外，人類既一無所知也無能為力。」培根對理性主義者很反感並說道：「透過論證建立的公理無益於探索新的科學方法，因為自然的奧妙遠勝於論證的嚴謹。」

儘管科學驗證的原則看似簡單明瞭，培根卻也敏銳意識到要人類跟著證據走有多困難。因此，他在當時提出許多思考上的偏誤，隨後更得到現代心理學的證實。舉例來說，培根指出：「人們素來假設，萬物有其秩序與規律，但這點往往與觀察結果不同。」他也準確描述了人們現在所說的「確認偏誤」（confirmation bias）：「人們一旦採取了某種觀點……思考時便會試著找出所有能支持自己觀點的證據。」

不過，要是你認為跟著培根提出的科學程序走，就能避免謬誤及謬論，那就未免太天真。在實證醫學領域，每一種治療法都應經過嚴謹的「培根法」（Baconian Method）驗證程序，並對照其他療法及安慰劑的測試結果，以確定它是否有明顯的功效。再者，經過審慎的因果關係試驗後，就能確定它的一般療效。反觀另類醫學則鮮少經過嚴謹的測試，就算有也多以失敗告終。這些療法背後的運作機制，通常都缺乏科學根據，譬如順勢療法（homeopathy）的專家宣稱，水有「記憶能力」，只要跟毒物稀釋，就能治療該物質引發的症狀。

如此看來，證據似乎站在正統醫療的陣營，然而並非每個案例都如此非黑即白。不過這並非是因為，另類療法其實有可靠的證據基礎，而是因為正統醫療有時比人們所想得還不可靠。美國哲學家費耶阿本德

（Paul Feyerabend）認為，其原因在於，科學家的實驗方法並不如你我所想得那麼講究。實驗過程中，他們不斷嘗試錯誤、臆測，甚至不明所以卻行得通。費耶阿本德寫道：「無論是多『基本』或『必要』的科學方法，總是會遇到特殊的情況，要忽視或違背該方法。」

再說，正統醫療能佔上風，只是因為它比其他方法好罷了。最終我們不得接受，正統療法也沒好到哪裡去，不然就是帶有嚴重副作用。這些都不是新鮮事。比較讓人煩惱的是，我們親眼所見的證據都經過高度篩選；通常只有取得正面結果的療法會獲得發表，對於失敗的實驗結果，研究人員就避而不談。

有許多案例證實，正統醫療根本起不了可靠的作用。舉例來說，長年的背痛和消化問題總是難以治療，這時缺乏實證基礎的民俗療法或許值得一試。不過還是要注意，不要抱著「死馬當活馬醫」的心態。倘若某個療法的效用強大到會改變身體狀態，那它的破壞力也不小。所謂的「自然療法」更是無一例外。當然，在大部分情況下，正統醫療有大量的實證基礎，另類醫療則差了一大截。因此，一般人生病時若不去醫院看診，那就太不智了。有少數的罹癌患者選擇用咖啡灌腸而不接受化療，無疑是與常識背道而馳。

倘若培根還活著，肯定會理解這些難處，而不是固執地強調「證據會說話」。培根採取平衡的立場，既肯定觀察的重要性，也強調思考的必要性：「實驗者猶如螞蟻，只會搜集和利用材料；推論者宛若蜘蛛，運用自有材料編織蛛網。蜜蜂則採中庸路線，從花園和田地的花朵收集材料，接著將其吸收、轉化為自身的能量。哲學探索與蜜蜂的工法無異，哲學家不會單純仰賴思考的力量，也不會一下就把從自然環境與機械實驗獲得的素材儲存下來。我們會思考、理解並消化材料，最後才把它轉成知識。」

理解培根的主張後便能明白，想要收集證據、建立觀點，不只是睜大眼睛到處看就行。誠如康德所主張，人們要敢於思考才能獲得成熟的知識。不假思索地接受眼前所有的證據，就是在找藉口省去理性思考的心力。康德談及，人類的無知都是自找的，世上有很多懶人及懦夫，在思想上只求安逸：「只要有人拿出證據，我就不必思考，其他人自會去操心那些煩心的事。」然而，我們不該懶惰至此。

—延伸閱讀—

培根《新工具論》，（1620）

Paul Feyerabend, *Against Method* (Verso, 1975)

邪惡（Evil）

你我都有能力做壞事，為了防患未然，我們務必考慮每一個行動的後果。

無論是生活周遭或是世界各地，每一天都會發生很可怕的事，時時刻刻引起大眾關注，如暴力攻擊、大屠殺和性侵兒童等惡行。我們不該只是說「真糟糕」就了事，應該強烈譴責加害者。目睹壞事發生，大家應該會發自肺腑感到痛心。不過邪惡真的存在嗎？如果是，又該如何應對呢？

神學家和哲學家千年來為邪惡的本質爭論不休。今時今日，雙方大致達成共識，一致認為邪惡是「壞」的極致，兩者並不能分而視之。確實有一部分的精神病患者、虐待狂與一般人在本質上有所不同，他們缺乏同理心、無法對他人的痛苦感同身受，還把自己的快樂建立在他人的痛苦之上。過去我們把這些人當成惡人，今日則視為一種精神疾病，通常他們都被關在精神病院而非監獄。

其實，比較難以理解的是，有的人沒有精神疾病卻犯下惡行。哲學家和心理學家認為，這些人在本質上與其他人並無不同。然而，這項結論令人不寒而慄，如此說來，在不對的情況下，每個人都有可能做出壞事。

《平凡的邪惡：艾希曼耶路撒冷大審紀實》（*Eichmann in Jerusalem: A Report on the Banality of Evil*）當屬探討邪惡最知名的論述。這本書由美國哲學家漢娜．鄂蘭（Hannah Arendt）撰寫，內容記載納粹軍官艾希曼在法庭上的受審情形。最後，他因二戰時戕害猶太人情節甚重而被判死刑。鄂蘭本人堅稱這本書「並非探討邪惡本質的理論專書」，但內容仍獲得廣大的迴響。

鄂蘭寫到：「問題就在於，太多像艾希曼這樣的人，他們不是心理變態也不是虐待狂，一路走來都只是再平庸不過的一般人了。」當年，納粹在歐洲地區屠殺猶太人，他們在招募特別行動隊（Einsatzgruppen）的成員時，會有系統地剔除「性好虐待、天生殘暴的人」。

那為什麼像艾希曼這樣的「普通人」會成為扼殺許多無辜性命的主謀呢？鄂蘭的答案同樣讓人惶惶不安，她解釋道：「他之所以成為當世紀最惡名昭彰的劊子手，純粹是無心之舉。」艾希曼單純就是沒有在思考，所以「他從不知道自己在做什麼」。

這番論述令人難以置信，他怎麼會不知道自己在做什麼？他又不是在無意識狀態下的冷血殭屍。的確，某方面來說艾希曼知道自己在幹嘛，但他並沒有意識到在其背後所代表的意義和重要性。

難道一般人真的能夠像艾希曼那樣嗎？答案似乎是肯定的。我們有許多對事實「視而不見」的心理機制，艾希曼形容「就像羅馬提督彼拉多那樣，在眾人壓力下把耶穌釘上十字架」。納粹高層在討論「處理猶太人的最終解決方案」時，艾希曼對於大屠殺表示質疑，不過在場每個人看起來好像都很滿意，所以這個辦法也就不奇怪了。「那個時候，」艾希曼說：「我一點罪惡感也沒有。」然而，就像鄂蘭說的：「他以為自己是法官嗎？」同樣地，許多人對性侵的醜聞視而不見，冷漠地接受事情發生了。

關於邪惡，人類從歷史上學到的教訓就是，不該把壞人的惡形惡狀當作事不關己。你我都有能力做壞事，為了防患未然，我們務必考慮每一個行動的後果。此外，我們絕不可以贊同他人的惡行，或是為了合理化自己的行為，接受諸多不公不義的事情。總而言之，我們必須時時刻刻記住鄂蘭的話：「平庸之惡是多麼可怕，言語難以形容，也令人難以置信。」

—延伸閱讀—

鄂蘭，《平凡的邪惡：艾希曼耶路撒冷大審紀實》（1963）

Jonathan Glover, *Humanity: A Moral History of the Twentieth Century* (Yale University Press, 2000)

F 字首

沒有人會選擇無友而獨活，

縱使坐擁世間萬物。

——亞里斯多德——

失敗（Failure）

「嘗試、失敗，沒關係。再嘗試、再失敗，還是沒關係——這是華麗的失敗。」——貝克特

想不想列一張你的失敗清單？除非你完美無瑕，否則這份作業一定會令人悶悶不樂。仔細想想，就連那些從未在考試中失利的人，多少也在人際關係、事業、面試、工作和職涯中遭逢挫折。

你我都知道，面對失敗時，他人的標準建議是什麼：從失敗中學習、重新振作然後下一次做得更好（見韌性）。尼采曾言：「殺不死我的使我更強大。」話雖如此，但前提是你能活下來。尼采說的並不是萬事萬物的因果法則，所以失敗不一定能令人堅強。他強調的是決心，即使處於糟糕透頂的局面，也能下定決心、活出最好的自己。

尼采的格言可以從正面角度來解讀，然而成功未必會緊接著失敗而來。人生路上跌倒了，當然需要再振作、拍拍膝蓋上的灰塵然後重新開始。努力或許會有所回報。休謨出版第一本書《人性論》（*A Treatise of Human Nature*）時，心裡抱有很大的期待，結果乏人問津。他深信，這本書的問題出在筆調而非內容，隨後重新撰寫，也果真獲得廣大的迴響。然而很多時候，我們不知道失敗並非成功之母，失敗就是失敗了，沒有第二句話。這時，我們需要的是愛爾蘭作家貝克特（Samuel Beckett）其務實而冷靜的話語，鼓勵自己繼續向前邁進：「嘗試、失敗，沒關係。再嘗試、再失敗，還是沒關係——這是華麗的失敗。」

尼采的人生就是很好的例子，所以千萬別把他的格言當作愚蠢的正向思考。他一生深受病痛折磨，其著

作從未受到大眾歡迎，等到他的聲譽漸有起色時，早已精神失常。更糟的是，尼采的妹妹伊莉莎白是反猶主義者，還嫁給了納粹。尼采死後，她扭曲哥哥的形象，將尼采塑造為納粹第三帝國的代表哲學家。回顧尼采的人生，他遭遇許多難關，還沒來得及變得更強大前，就先撒手人寰了。

比起尼采的格言，他的一生對讀者反倒更有正面意義，可促使我們反思成功的定義。尼采活著的時候從未聲名大噪，死的時候更是狼狽不堪。但是他成功實現了一生的願望，成為專心一致的思想家與作家。

尼采並非唯一一個實踐人生的哲學家。齊克果生前也受盡哥本哈根眾人的訕笑嘲弄。他的六名手足有五人還沒滿三歲就去世，自己年紀輕輕就有脊椎的毛病，這也是他四十二歲便英年早逝的原因。齊克果也是沒能享受成功的滋味便離世。不過你會說他的人生很失敗嗎？若用最膚淺的眼光來看，當然不值得追求。

奮力一搏卻失敗了，這是人生在所難免的境況。然而，無法秉承自己的價值觀行事，這才是人們應該竭力避免的大失敗。你我應該朝這個方向努力，至於結果是成功抑或是另一個失敗，不是你我能控制的。

—延伸閱讀—

Friedrich Nietzsche, *The Gay Science* (1882)

信仰（Faith）

有些事情缺乏「足夠的」證據，就得靠信仰來彌補了。

虔信者與無神論者，兩派一向勢均力敵。許多信徒認為，自己被批評事小，要是所信仰的宗派遭到譏笑，則會倍感冒犯。另一派人對信仰嗤之以鼻：心智脆弱的人發明了那些不知所以然的期待與幻想，得依靠它才能過活。

究竟信仰是什麼？通常我們會用它來概括無法百分百確信的事。這個定義似乎過於寬鬆。假設你無法判定某藥是否有效果，你需要的並非信仰，而是進行簡單的理性判斷，評估各種可能性。事實上，生活中許多事情都缺乏「確鑿的證據」，但我們還是會接受，否則就沒多少事情可信了。不過，有些事情缺乏「足夠的」證據，就得靠信仰來彌補了。

齊克果認為，信仰是「信心的跳躍」，是勇於跨越理性甚或是違逆理性。在《聖經》中，上帝指示亞伯拉罕將自己唯一的兒子作為燔祭獻給神。這個命令背離所有的道德價值，也違反亞伯拉罕的意志。況且，良善的神怎麼會下達這種旨意，但亞伯拉罕照做了，這就是信仰的典範。亞伯拉罕相信，上帝超越一切理性。在英文中，「信仰」的拉丁字根就是「相信」（fides）之意。

心理學家威廉．詹姆士同樣認為信仰超越理性，不過他的立論看似矛盾卻又合理。詹姆士認為，假說（hypothesis）可以分三種：可成立的（live）、開放的（open）且重大的（momentous）。可成立的假說具有可信度；無法確定真偽的假說就是開放的；而重大的假說是指對人生有舉足輕重的影響。上帝存在就是可成立、開放的且重大的假說，單靠理性無法確定它是否為真。在缺乏必要的資訊又不得不做決定時，憑藉信仰便可以完成最後一哩路。

齊克果與詹姆士的詮釋相異，但兩人都不約而同指出，只要從理性視角無法確定上帝存在，就有理由以信仰為基礎相信祂存在（見冒險），也就是說，信仰有多可靠，取決於你有多懷疑上帝存在。

無神論者認為，儘管目前還無法否認上帝存在，也不代表上帝存在的假說是「可信」或「開放」的。羅素就是其代表人物。他自認為是「不可知論者」，並表示：「我無法判定基督教的上帝或荷馬史詩的神祇是否存在。至少我不認為，上帝或眾神的存在可能性高到值得人們去認真思考。」

另一個問題是，信仰是否為宗教的必要條件。有些人批評，不信教的人是把「宗教信仰」和「信仰」混為一談，而且還無法證明「上帝不存在」。不過要有信仰，就得超越理性，去相信沒有足夠證據的事。但有些人不相信信仰的作用，就不必跳脫理性去接受那些難以言喻的事。

有一種信仰跟宗教無關，那就是縱使證據不足或違背常理，我們依舊選擇相信。有些人違背科學精神，把科學當成信仰，深信它會解決人類所有困難，給予我們生活上的指引。有些人信仰未來，相信每一件事都會有好結果，即使種種跡象看起來都不樂觀。信仰親情則意味著無條件相信家人，就算所有證據都顯示這麼做很危險。

是否每個人都需要某種信仰才能脫離絕望、好好生活？不，並不是每個人都這麼想。不過，要是你認為信仰是必備的，那麼在你展開「信心的跳躍」之前，務必謹慎衡量情況。齊克果於一八四三年出版的《恐懼與戰慄》（*Fear and Trembling*）是探討信仰的曠世巨作，他提醒讀者，把自己交付給沒有任何實證基礎的死後世界，是非常驚人的挑戰與冒險。要是你思考過後，認為理性無法帶你前進，那就縱步向前跳去吧！前方一片未知，祝好運！

—延伸閱讀—

齊克果，《恐懼和戰慄》（1843）

Bertrand Russell, *Why I Am Not a Christian and Other Essays* (George Allen & Unwin, 1957)

William James, *The Will to Believe* (1896)

家庭（Family）

現代社會重塑了家庭的意義，至交好友變得像家人，還加入了繼父母或繼手足的關係。

在這個價值觀崩壞的世界，家庭仍受到人們所敬重。「祖傳家業」四個大字能為生意人營造可靠的形象，就連政治人物都異口同聲讚揚「刻苦耐勞的家庭」。但不管你是否真的生長於勤勉世家，又或者打算與人共組家庭，都無法否認，家人的關係其實很脆弱，家庭也可能支離破碎。縱使每個人都知道，欣欣向榮、幸福久久的美滿家庭是個迷思，人們還是忍不住擔心自己的家庭是否與理想的藍圖相差甚遠。

尊崇家庭幾乎可說是普世價值，但有些人的人生重心不在家庭，所以難以理解為何家庭至上，還會懷疑是不是社會生病了。這些另類分子背後可是有許多偉大的西方思想家在撐腰，就連耶穌也對家庭興趣缺缺，這一點和教會長久宣揚的傳統家庭價值大相逕庭。耶穌說：「如果有人要來跟從我，卻放不下父母、妻子、兒女、兄弟、姊妹，甚至生命，這種人不能做我的門徒。」英國聖公會向來奉行「婚姻聖禮」，但耶穌是否支持婚姻？唯一的證據大概只有他和門徒曾到迦拿參加過一場婚禮。

許多西方哲學大師都終生未娶，包括柏拉圖、笛卡兒、約翰・洛克（John Locke）、史賓諾莎（Baruch de Spinoza）、休謨、康德與叔本華。尼采相信，每個哲學家都應履行生兒育女的責任，更說這是「為我量身定做的枷鎖」。這番話帶有尼采一貫的誇飾色彩，卻也指出很重要的一點：成家是很嚴肅的承諾，需要你全心全意地投入，甚至會與你的其他使命相牴觸，跟當個哲學家沒兩樣（見戀愛）。

說是這麼說，還是有很多人想追隨蘇格拉底、亞里斯多德和黑格爾的腳步，安分地娶妻生子，雖然他們未必能得償所願。也許我們可以參考東方哲學的家庭觀，從中找到正面的價值。

儒家哲學強調「孝」，通常英譯為「子女恭敬」（filial piety），不過更好的譯法應該是「敬重家庭」（family reverence）。「孝」的意義相當嚴謹，是中國傳統的核心價值。家是由父子、夫妻與兄弟三大核心親屬關係所組成的，並由它延伸出兩大社會關係：君與臣、友與友。在儒家思想中，家庭和睦與社會和諧息息相關，一如俗諺有云：「家和萬事興。」

不過，孝道也會隨著家人關係的流動而有所轉移。孝的精髓在於家庭成員都謹守分際，並且克盡本分，即使核心家庭的規模那麼小，這樣的「持家之道」還是有效。

事實上，非西方哲學體系的家庭觀往往較為開闊。在中文裡，「倫理」與「道德」相通，意指「與親屬和他人相處的常理」，而直系親屬在人際關係網中不過是一個節點罷了。此外，在許多經由口述傳承的哲學體系中，親屬關係不但是核心概念，更涵蓋所有生命，甚至是環境。

人們常常說，現代社會重塑了家庭的意義，至交好友變得像家人，還加入了繼父母或繼手足的關係。還有人認為，家庭會有新的意義，原因在於核心家庭已成主流。人們也回到更早以前對家庭的理解，將其視為與廣大社會及群體的連結。人們無法好好經營家庭的原因或許不是人的關係，而是經營的模式不再能滿足現代人的生活。要打造圓滿的家庭生活，就必須探究你我想像的家人相處模式是什麼。

—延伸閱讀—

《孝經》

命運（Fate）

你別無選擇，只能好好做決定，這才是你我真正無可避免的命運。

西方人常說：「該來的，終究會來。」（What will be, will be.）、中國人則說：「生死有命，富貴在天。」英文中也有諺語：「世事難料，順其自然。」（Que sera, sera）總之，世界各地不乏有關宿命的俗諺。人在世間的際遇，多少都是由命運或上帝所主導。在事與願違時，這樣的想法多少安撫了你我的心情。「命裡有時終須有，命裡無時莫強求」，讓我們把對未來的擔憂放一邊，專注在當下發生的事。不過，太相信命運，也會使人灰心喪志或任天由命；既然一切都是命中註定，那我們又何必徒勞？要是該來的終究會來，我的所作所為又有什麼差別？

命運究竟是讓人安心或煩心？應該先釐清多數人時常混淆的兩種概念，如此才有助於探討命運是否真的存在。

在第一種命運觀中，萬事萬物的走向已經由某種神祇或超自然力量決定好。假設這是真的，那麼不管我們做了什麼，結果都是確定不變的。如果有顆子彈註定射進我的腦袋，但負責暗殺我的狙擊手卻弄丟了，那麼這顆子彈一定會回到狙擊手身邊，或是被其他人射出，終究我都會丟了小命。

從宗教的角度看，世間萬物都是由神祇精心設計的，因此會按照宇宙的大計畫運作。不管是誰、做了什麼，都無法改變結局。有些人就是從這個角度詮釋中國人的天命觀，但很少人會完全信服。

在第二種較為熱門的命運觀中，宇宙是某種巨大的機器，無數的因果鏈條在其中自顧自地盲目運作，就像一排又一排的骨牌無可阻擋地向前倒去。人們會以為，自身的選擇能改變歷史的發展，不過只是先天與後天的外力交互作用，才會產生那樣的結果。

事實上，這並不是命運，而是「因果決定論」（Causal Determinism）。美國喬治亞州立大學哲學教授納米亞茲（Eddy Nahmias）提到，兩者之間的關鍵差異在於「略過」（bypassing）。「命中註定」的意思是，不管你做什麼，該發生的就躲不掉。命運會「略過」你的想法、決定和行動，你的一舉一動都無濟於事。但從因果決定論的角度來看，預定的事情不見得一定會發生。的確，從某種意義來說，你註定會選擇甲而非乙，但你的心智、身體和選擇不會在這個過程中被「略過」。

你也許覺得，這個差別沒什麼了不起，不管有沒有「略過」，事情必然會發生。不過關鍵就在於「過程」，那正是支配宇宙的力量，一切由此變得截然不同。有些人相信命運天註定，無論如何都會死，乾脆就暴飲暴食，讓自己遭遇各種健康風險。不過倘若因果決定論是千真萬確的，那麼你怎麼做就會差很多。你可以少吃點餅乾甜食，避免在鯊魚出沒的海域潛水，以此延緩必然的死亡。

命運很神奇，你我想破頭都找不出道理，甚至覺得難以置信。接受因果決定論的話，你也難免會覺得自己不如所想的自由（見自由意志）。不過這裡還是為大家畫個重點：即便這是個依循因果決定論運行的世界，你的選擇確實會造成改變。你別無選擇，只能好好做決定，這才是你我真正無可避免的命運。

—延伸閱讀—

Eddy Nahmias, 'Intuitions about Free Will, Determinism, and Bypassing', in Robert Kane (ed.), *The Oxford Handbook of Free Will* (Oxford University Press, 2011)

恐懼（Fear）

如果你決定自我挑戰一番，最好的方式便是內心所害怕的事情開始。

心理學家坎農（Walter Bradford Cannon）首先提出，人類面臨威脅時會出現「戰或逃」的反應。在壓力環伺下，我們有一套生理應對機制，以激發更大的力量，去處理麻煩或逃脫困境。研究恐懼的哲學家，也對這套反應有興趣，只是呈現方式截然不同。關鍵在於，我們應該迎戰恐懼還是逃之夭夭？

大眾普遍認為，應該要克服恐懼、勇敢前行，甚至有人說：「我們唯一的恐懼是恐懼本身。」不過，當你知道這句話發表的脈絡，就知道事情沒那麼簡單。這句話出自美國總統小羅斯福（Franklin Delano Roosevelt）於一九三三年的就職演說。他言明，這股恐懼是「無以名狀、無緣無故且毫無道理的」。小羅斯福應該也會同意亞里斯多德的看法，後者說，恐懼是合理的，要是有個人什麼都不怕，「那他不是精神失常就是麻木不仁」。

恐懼不是問題，而是該害怕哪些事情，以及如何面對這種感覺。亞里斯多德認為，恐懼是「負面的預期心理」，他解釋道：「恐懼是內心的痛苦和騷動。我們想像的危險即將發生，深怕一切被破壞殆盡，令人苦不堪言。」

多數的恐懼都起因於「預期」與「想像」。錯誤的預期或過度的想像會令人擺錯恐懼的重點。哲學家也都試著說服我們，大多數的恐懼都是如此。值得注意的是，斯多葛派認為，死亡、疾病與貧窮都不是壞事，既然如此也就沒道理害怕這些事。當然，陷入悲慘的人生境遇，不免會猶豫和不安。遇上船難，每個人都會害怕，只要趕快恢復鎮定就好。對斯多葛而言，倫理道德才是真正要緊的事，在此前提下，你才會難以認同他的看法。

只要人生有可能發生壞事，恐懼就不會消失。根據美國哲學家索羅門的見解，恐懼無所不在，因為世界本身就是個危險的地方，他說：「活著就要承受傷痛。恐懼就像憤怒，是人們回應世界的方式。」恐懼是寶貴的工具，幫助我們度過生活各種難關，提醒我們注意各種危險。

當然，我們有可能會無緣無故就害怕起來，不過索羅門認為那不是一般情況。假使你隻身一人去爬山卻遇到大灰熊，或是少報稅然後稅務人員找上門，那麼你嚇得寒毛直豎也是情理中事。而那些超乎常理且莫名其妙的恐懼，則歸入恐懼相關的心理疾病中。

人們對恐懼的判斷不一定準確，但瞻前顧後比較保險，天不怕地不怕的人容易出事。所以，我們對威脅的直覺與猜測，往往會超出實際狀況，但俗話說「不怕一萬只怕萬一」，所以人類才能延續物種。要確認直覺是否準確，會帶我們上天堂或下地獄，就要會辨別自己恐懼的對象，也就是我們不惜一切代價也要閃躲或成日憂心忡忡的事。

透過亞里斯多德的提問，我們就能確認，現實是否真如直覺所想的那樣。「威脅是否千真萬確？」、「危機是否步步進逼？」倘若兩題的答案都是肯定的，那我們就得告訴自己，無論發生什麼事，都會盡力而為。有時除了一句「總會雨過天晴」外，我們也給不起任何保證了。

仔細檢視自己的恐懼反應，你應該會發現，自己並不喜歡恐懼這種情緒。挪威哲學家史文德森（Lars Svendsen）的看法頗有助益。他指出，恐懼跟其他情緒沒什麼兩樣，將它視為一種習慣，反而有助於集中注意力，找出情境中讓人害怕的特定因素。史文德森更說：「感到恐懼的時候，我們會下意識把注意力放在生活中可能帶有危險的事。」要是真的如此，那我們也應該培養新的習慣，重新定位我們專注的目標，留心自己的反應（見習慣）；想必亞里斯多德也會認同這一點。

從哲學的角度來看，恐懼並非不能化解。至少我們能捫心自問，當下的恐懼感是否合理。不過若是無端的恐懼，自然也就無法從理性去解釋。再者，即便你發現某個恐懼感其實毫無根據，它也未必會消失。所有人都知道，坐飛機比開車安全，但起飛前我們還是會不自覺地捏把冷汗。這就是英國哲學家戈迪（Peter Goldie）所說的，人的情緒在認知上有一層「不可穿透的屏障」。換句話說，恐懼的對象越是接近，就難以訴諸理性驅逐它。所以，如果你決定自我挑戰一番，最好的方式便是內心所害怕的事情開始。

—延伸閱讀—

Peter Goldie, *The Emotions: A Philosophical Exploration* (Oxford University Press, 2002)
Robert C. Solomon, *True to Our Feelings* (Oxford University Press, 2007)

飲食（Food and Drink）

與其貪戀珍饈玉饌，不如用心品嚐美好的人生，好好享受日常三餐。

飲食帶來無限的歡樂，卻也伴隨許多罪惡感。熱愛美食的饕客與嘴饞的吃貨僅是一線之隔，兩者的標準因人而異又多有矛盾。

跟飲食有關的大道理多到數不清。比方說，給小孩吃垃圾食物就是不及格的家長；選擇「加工類食物」而非「乾淨飲食」就是在糟蹋靈魂和肉體。

難怪西方世界的食物總含有罪惡的成分，就連以前的思想大師也對美食頗不以為然。「美食家」的英文為gourmand，有時也寫成epicure，後者出現於十四世紀末，原本用以指稱伊比鳩魯的追隨者，後於一五八〇年漸漸引申為「講究飲食的人」，也就是老饕。儘管伊比鳩魯的名字被借用了，他卻非同道中人。他建議道：「粗茶淡飯的樂趣無異於燕窩魚翅。吃得慣、能滿足健康需求的家常便飯最好。」對伊比鳩魯來說，清粥小菜也能大飽口福，他曾向友人寫到：「送我一鍋起司，我隨時便能自得其樂」。

柏拉圖嚴厲批評道，美味的料理是墮落的象徵，為了口腹之欲而失去控制力。他說：「美食愛好者不講究高深的樂趣，也不在乎箇中的緣由，只是自顧自地開心享受每一頓料理。」

即便是素來理智的亞里斯多德，也把飲食貶為最低級的樂趣。他認為，食欲是以「奴性且野蠻」的觸覺及味覺為主，讓人們「耽溺於動物也樂在其中的快感」。

「人類的食欲無異於獸欲」，這種看法也延續至後世。彌爾一方面認為，人們應該積極追求幸福與快樂的人生，但也堅持樂趣有高低之分，而飲食只是低等的享樂。他說：「為了充分滿足獸欲而甘願變成低等動物的人少之又少。」（見享樂）。

不過還是近代還是有哲人十分享受口腹之樂，儘管他們鮮少在學術領域中談論此事。休謨就熱衷於烹飪，他曾在信中向友人表示：「我本來的廚房裝潢精美，可說是高尚雅致。但空間太小，令我無法展現高超的廚藝。我打算將餘生都用來鑽研這門學問。」因此不惜搬家。一九六〇年，法國哲學家卡繆在出車禍、驟然離世前，便是在當時法國圖瓦賽（Thoissey）一流的餐廳奧夏蓬分（Au Chapon Fin）吃午餐。

越來越多哲學家欣然接受人類的本質。人們應該享受肉體的滿足及愉悅，包括食欲。然而，他們還是反對一味地追求享樂，以免陷入貪得無厭的境地。伊比鳩魯的提醒很有道理，與其貪戀珍饈玉饌，不如用心品嚐美好的人生，好好享受日常三餐。即使是厲行儉樸的禪宗也提倡，在烹調與用餐的同時，細欣欣賞食物之美。日本曹洞宗的道元禪師主張，只要料理的態度對了：「尋常的鮮蔬綠果也能供養大寺大廟。」

無論如何，飲食絕不只是單純的動物欲望，料理的過程可以充滿創意，享用美食的片刻可以連結你我，餐點也可以飽含供餐人的心意。坐下來用餐時，就是把身與心一併帶上了餐桌，享用日常菜餚不應該有罪惡感。亞里斯多德錯了，品嚐佳餚與攝取營養是兩回事，誠如十八世紀饕客政治家布里亞—薩瓦蘭（Jean Anthelme Brillat-Savarin）曾言：「動物只是進食，人類才懂得品嚐，因為我們有思考能力。」

—延伸閱讀—

巴吉尼，《吃的美德：餐桌上的哲學思考》（2014）

寬恕（Forgiveness）

倘若你正在掙扎是否要原諒對方，你首先要做的是正視錯誤本身，而非忽略或淡化事情的嚴重性。

有時候，讓你我摔個狗吃屎的或許不是人生，而是鄰近友人甚至是深愛深信的自家人。很少有人不曾被辜負或辜負他人，問題是該如何面對？

在基督教傳統中，我們被人辜負時，最關鍵步驟是寬恕，這也正是耶穌在道德思想上獨一無二的貢獻。基督教的寬恕精神有其獨特之處，比起「無條件饒恕」和「接受現實」等等的好聽話，更有深意。

在《馬太福音》膾炙人口的第十八章中，門徒彼得向耶穌問道：「主啊，我弟兄得罪我，我當饒恕他幾次呢？到七次可以嗎？」耶穌說：「我對你說，不是到七次，乃是到七十個七次。」乍看之下，耶穌是要人們無上限或無條件地原諒他人，不過參照耶穌的其他教誨，你會發現事情可沒那麼簡單。

關鍵之處在於，耶穌並沒有說人們應該無條件寬恕。耶穌在《路加福音》第十七章中說到：「如果你的弟兄犯罪，要規勸他。如果他認罪悔改，就原諒他。」不過他在《馬太福音》裡說得很清楚，犯錯的弟兄應該主動去化解恩怨。一開始，兩個人可以先關上門來解決問題，要是行不通，那就找外人來調解，再沒轍，「就告訴教會。若是不聽教會，就看他像外邦人和稅吏一樣」。

耶穌談寬恕，並非要我們擱置他人的過錯，彷彿應該忘記、當作沒發生一樣。耶穌時常原諒他人，不過從來不會對罪行的嚴重性掉以輕心。耶穌救下因通姦遭判石刑的女人，並對她說：「去吧，從此不要再犯罪了！」原諒他人並不是要假裝事情不曾發生，而是要能正視錯誤。

唯有將心比心、設想對方的處境，才能沾用耶穌的教誨。耶穌對指控婦女通姦的人說：「你們當中誰沒有罪的，可以先拿石頭砸她。」要原諒他人，我們就必須承認，人非聖賢，孰能無過，每一個人都會有需要求取他人原諒的時刻。

耶穌所提倡的寬恕對非基督徒來說也十分受用，因為這些道理是關於是如何與他人互動，而不是去懇求上帝：人們要原諒彼此才能恢復關係。一九九四年，南非的種族隔離制度走入歷史，國家進入後種族隔離時代。同年曼德拉（Nelson Mandela）當選總統，並於次年成立「真相與和解委員會」（Truth and Reconciliation Commission，以下簡稱真和會），呼籲不分受害者與加害者都應出席聽證會，藉此治癒社會的創傷，讓國家繼續向前邁進。坦承犯行的人，真和會提供特赦的機會，卻從未要求受害者要原諒誰，因為和解未必得走到那一步。真和會的宗旨正是與耶穌身體力行的寬恕不謀而合。

倘若你正在掙扎是否要原諒對方，你首先要做的是正視錯誤本身，而非忽略或淡化事情的嚴重性。切記，我們總有搞砸事情的時候，應該有改過自新的機會。你可以要求當事人承認錯誤並想辦法彌補，若你再三相勸，對方仍舊拒絕認錯，那從此分道揚鑣，也錯不在你。寬恕不僅是單方面給予原諒，而是雙方都得正視問題，才能達成和解。

—延伸閱讀—

《馬太福音》第十八章

《路加福音》第十七章

自由（Freedom）

真正的自由不是獨來獨往或隨心所欲，而是生活在健全的社會，並擁有充分的自我主宰能力。

現代社會有一項鮮明的特徵是，個體都渴望獲得自由。回顧歷史，過往的人們都安分守己，只想扮演好在家庭、部落或國家中的角色。但時至今日，我們總會嚴正拒絕他人強加在我們身上的角色，更大力疾呼自決的重要性。不過，我們對於自由的渴求也僅止於此。究竟你我追求的自由是什麼？為什麼它總是如此難以捉摸？

何謂自由？最佳的切入點莫過於以撒・柏林發人深省的文章——〈自由的兩種概念〉（*Two Concepts of Liberty*）。他提到，第一種是「消極自由」（negative freedom），也就是沒有外力的干擾：只要沒有人阻止你做想做的事，那麼你就是自由的。

不過，即使擁有消極自由，也不見得事事能得償所願。孤身一人在荒漠裡，的確擁有絕對的消極自由，不過你也活不久了，沒時間去做任何想做的事。因此，你真正需要的是「積極自由」（positive freedom），讓你能實現自理想或善盡責任。

柏林說：「人們渴望積極自由，希望成為自己的主人……我的身心是實現人生的工具，而不是服從他人意志的機器。」想要擁有積極自由，成為自己的主人，不單要脫離群體的控制，還需要資源與自制。

若你困在荒漠中，就得設法對外求援，等待救難人員來幫助你脫困。而在一般情況下，他人也是至關重要的存在。要打造出自己專屬的人生，需要有良好的教育體系、足以維持生計的資源、舒適像樣的家以及健保等等諸如此類的資源。簡單來說，擁有積極自由的前提是，個體要成為健全社會的一份子，而代價則是你必須遵守法紀而且按時繳稅。

除此之外，個體還需要自制與自覺，才能讓自己不受欲望和衝動所支配，進而善用積極自由去描繪人生藍圖。倘若我們受「天性」或「脫韁的激情」所奴役，那麼就不是自由的。

真正的自由不是獨來獨往或隨心所欲，而是生活在健全的社會，並擁有充分的自我主宰能力。爵士樂手在進行即興演奏時，儼然就是自由的寫照：他們得跟著樂曲的和弦進行與曲式，在既定的結構下隨心所欲地展現技巧。不過，樂手要做出如此精彩絕倫的即興演出，還有兩個關鍵。首先，有那麼多先鋒與大師奠定基礎，才有今日的爵士樂。其次，唯有多年訓練與自我要求，樂手才能養成巧妙的演奏技巧。

因此，若你認為自由就是為所欲為、視他人如無物，那你永遠都無法獲得真正的自由。天下沒有白吃的午餐，自由也是如此：沒有社會後盾、沒有個人努力，那就沒有自由。

—延伸閱讀—

Isaiah Berlin, *Two Concepts of Liberty* (Clarendon Press, 1958)

自由意志（Free Will）

習性、經歷與環境都會影響到人的選擇能力，若缺乏那些因素，人就沒有思考能力，只能做出隨機且無意義的行為。

在生活中的某些時刻，你總會覺得無法控制自己，好比說下定決心對父母有耐心一點，但沒幾分鐘後又忍不住頂嘴；背著伴侶偷吃，回過神來才發現自己已經傷害了人生中最重要的親密關係；對著值得信賴的朋友說謊，彷彿自己是局外人一般。這些時候我們總會禁不住懷疑人類是否真的有自由意志？

我們大多時候都理所當然地認為，自己的一舉一動是自由的，雖然偶爾顧及外界壓力無法暢所欲言或隨心所欲，不過順從心意、自主做選擇和決定，是人類與生俱來的能力，而這也是我們與機器人之間的差異。但是有時候這條界線卻很模糊。有些人同樣的錯誤一犯再犯，我們總會懷疑他們是不是秉性難移。俗話說：「有其父必有其子。」這似乎也在說，我們的思考模式，打出生時就決定好了。

許多科學家都一再質疑自由意志的存在。物理學家史蒂芬・霍金（Stephen Hawking）寫道：「人類不過就是生物機器，自由意志也不過是錯覺。」荷蘭權威神經學家兼暢銷書作者斯瓦伯（Dick Swaab）告訴我們：「自由意志是討人歡心的錯覺。」愛因斯坦更不只一次說「我不相信自由意志」。

科學界的想法讓人很不安，甚至威脅到我們對人類根本的理解。自由意志向來是哲學上最具爭議的命題之一，倘若有解，論證過程肯定也是困難重重。所幸，有些重要的觀點能幫助我們跳脫過於簡化又獨斷的二分法。

美國哲學家丹尼特（Daniel Dennett）的論述最適合當作討論的引子。他提出一個精簡有力的問題：值得嚮往的自由意志是什麼樣子？丹尼特認為，人們不斷渴望、想企及的那種自由意志，其實不值得追求。他們說，那是一種選擇的能力，更是自身所有決定的源頭。換句話說，任何基因組合和先天條件都無法左右個人的決定，我們對一切後果責無旁貸。這就是自由主義者的立場，他們認為「意志」就是選擇的能力，它與掌管宇宙秩序的因果鏈無關。你不只做出實際的決定，還會影響到未來的變局。

乍看之下，自由意志即為一般人所定義的「選擇能力」。事實上，自由意志既不存在於古希臘、中國、印度、伊斯蘭教的傳統思想，也未見於非洲、大洋洲和中南美洲的口述傳統，幾乎只出現在近代西方的哲學論述。如果你仔細推敲自由主義的說法，會發現這根本沒有道理可言。習性、經歷與環境都會影響到人的選擇能力，若缺乏那些因素，人就沒有思考能力，只能做出隨機且無意義的行為，這絕不是我們所嚮往的自由意志。我們都希望，自己做出的選擇能與我們的本質、信仰及價值觀相符，但這些因素不可能憑空蹦出來，而是奠基於我們的生命經驗。

丹尼特強調，大家所渴求的自由意志有其限制，它無法超越因果法則。但至少我們都想免於他人的高壓管控，並按照自己的期望和欲望，妥善決定自己的行動；這就是具有自由意志的行為者。

丹尼特的立場屬於哲學上的「相容論」（Compatibilism）。據此，人類既然是一種生物，那就跟自然界的萬事萬物一樣，都受到因果法則的所主宰。但既然我們有自由意志，那麼相容論又如何解釋，我們有足夠的自由去做各種決定？懷疑論者擔心，這麼一來人類就不具備能動性（agency），無法真正做決定，即便是科學界所說的「意識」，也恐怕不存在。

不過，縱使做決定的是大腦這個器官而不是整個身體，但大腦確實得負責處理資訊、驅動行為。如此說來，人類終究得做選擇並付諸行動。即便是否定自由意志的人，也不會否定人類有能動性，只是質疑它的本質為何。

有些人批評，相容論者把自由意志「稀釋」了，變得軟弱無力了。其實，這些反對者太一廂情願了，沒有自由意志一點都不可怕。換個角度想，這代表許多問題都錯不在你，是你不得不做的決定。而且，沒有人能要求你承擔責任。這麼想大家都會好過一點。但沙特認為，人類很容易陷入這種思維陷阱，所以不斷逃避自由以及伴隨而生的責任。「拿感性當擋箭牌或是編造所謂決定論，都是自欺欺人。」沙特如是道。

自由意志存在與否，形上學的專家們爭持不下。相比之下，沙特提出的難題更值得深思。就連反對者也同意，人們會不由自主地表現得好像自己是自由的。不過，思考模式會影響行為，相信有自由意志，至少會比較有責任感。

回頭來看前面舉的例子。我們有些劣根性好像改不了，也常衝動犯錯，還會突然失控。從旁觀者的角度檢視這些處境中的自己，你會發現有時自己是別無選擇；這麼想也沒錯。不過你也可以承認，你的所做所為代表了你自己的選擇，並為此負起責任（見責任）。儘管潑出去的水收不回來，不過我們可以接受現實並從過去學習，如此才能在未來展現出截然不同的自己。

—延伸閱讀—

巴吉尼，《你以為你的選擇真的是你的選擇？》（2015）

Daniel C. Dennett, *Elbow Room: The Varieties of Free Will Worth Wanting* (new edition, MIT Press, 2015)

友誼（Friendship）

我們對朋友好，一切只因為他就是那樣的人，而不是出於任何附加條件。

在今日世界，社交媒體大行其道，「好友」人數、追蹤粉絲和讚數太少，會讓人覺得自己是不是哪裡出了什麼問題。這方面得失心太重的話，亞里斯多德倒是給了我們一個絕佳的平衡觀點。他深信，對大多數人而言，友誼是美好人生不可或缺的一塊拼圖，他寫道：「沒有人會選擇無友而獨活，縱使享盡世間萬物。因為人類是社交動物，生來要與他人作伴。」

亞里斯多德問：「如此說來，朋友是多多益善嗎？當然不，只要避免獨自一人就好。」亞里斯多德顯然認為，交朋友應該有所節制，因為真正的友誼包括分享，不過「和許多人分享自己的喜怒哀樂是件困難的事」。

亞里斯多德更反駁道：「有的人交友滿天下，好像跟大家都很熟。但是，那樣的人沒有真正的朋友，頂多擁有同胞的情誼而已。」朋友的數量因人而異，如何交朋友也取決於個人習慣。但是，聲稱自己有一堆知己的人，不是在說謊就是在吹牛。

亞里斯多德將人際關係分為三種，有些人會當作都是友誼。第一種建立於利益上的往來，好比說攤商與常客間的友好關係。另一種則建立於共同興趣，比如一起上酒吧或踢足球。倘若相處上僅止於互利互惠或吃喝享樂，那麼對亞里斯多德來說，都不是真正的友誼。因為，要是其中一人不再有利用價值，或者不再是同道中人，那麼這段關係也就走到了盡頭。

唯有第三種人際關係才稱得上是貨真價實的友情：你會希望對方一切順利，也會為這樣的發展感到開心。亞里斯多德說：「我們對朋友好，一切只因為他就是那樣的人，而不是出於任何附加條件。」這種友誼雖是細水長流卻也寥寥可數。

然而，也不需要強迫自己把所有朋友「分門別類」。但至少，我們可以由此了解，跟某些人的關係是建立在哪些基礎，這樣才能避免誤解和失望。亞里斯多德明確指出：「朋友間的歧異多半會顯現在彼此不同的想法與觀念上。有些人看中的是我們的用處，或純粹出於興趣，卻假裝是被我們的品格所吸引。正常人知道實情後，一定會非常惱火。」不過要是對方並未假裝，完全是我們自己會錯意，那麼也就只能怪自己了。關鍵就在於坦誠相待。舉例來說，球友只有運動時才會相聚，那最好別期望對方能深深地撫慰你，支持你度過危難時刻。要是對方真的願意陪伴你、傾聽你的心事，就應當成意外的收穫。

亞里斯多德還提出重要的一點，也就是擇友要謹慎，因為近朱者赤，近墨者黑。人際關係會在我們身上留下痕跡，所以交朋友時要選擇會帶來正面影響的人。

伊比鳩魯與亞里斯多德所見略同。他認為，交朋友不應該太急切，也不需太矜持。他寫道：「有些人喜歡到處裝熟，有些人畏縮不前，千萬不要跟這些人交朋友。」伊比鳩魯認為，友情是幸福人生的核心要素。他提到：「人們想方設法要追求幸福的生活，而其中最重要的管道就是交朋友。」志同道合的朋友相互扶持與幫忙，形成緊密的人際關係網。對伊比鳩魯來說，共同生活、一起研究哲學是最幸福的事。

有些人批評，伊比鳩魯只是把朋友當作工具，不過這種說法有失公允。儘管伊比鳩魯想從朋友身上獲得保障與安全感，但他也相當重視友情的本質，並說到「友誼本身是令人嚮往的，儘管一開始是因為我們有求於人」。有些人在兩種立場中相互拉扯，那是因為他們把「自己」與「他人」的利益劃分得太清楚。事實上友誼真正的價值恰恰在於，它能結合你我的利益。

—延伸閱讀—

Mark Vernon, *The Meaning of Friendship* (Palgrave Macmillan, 2006)

無力感（Frustration）

任何事都有可能發生，所以計畫受到阻礙也無須訝異。

堵在水泄不通的車陣中、身在緩慢前進的排隊人龍、面對效率低下的辦事人員……不管你的無力感從何而來，如果你不能一走了之，那麼最好是來杯斯多葛咖啡。

斯多葛的哲理淺嚐就好，因為要百分百實踐他的哲學，就要漠然看待所有力有未逮的事，譬如健康、伴侶和親戚關係和成就（見知足）。這個要求對多數人來說未免太強人所難，所以點到為止就好。想必你我也都會同意，許多事情超出自己的能力範圍，也不會照自己的心意發展。有這種心理建設，人生會輕鬆許多。

愛比克泰德相信，人類的痛苦多半來自於無可掌控的事。他說：「有位歌手在家中唱歌時毫不焦慮，登上舞台後卻焦躁不安。即便他的嗓音出色，演出也有高水準。」這個歌手的問題在於「他不只想唱得好，還想博得滿堂彩，但這超出他的控制範圍」。

降低期待是個辦法，不過真正的訣竅是將成果拋諸腦後。任何事都有可能發生，所以計畫受到阻礙也無須訝異。不是每一趟旅程都能到達目的地，所以如果你塞在車陣難以脫身，無法準時抵達摯友的婚禮現場，手機還剛好收不到訊號，沒辦法打電話通知對方，那就無可奈何了。無力感或許不會很快消失，不過給自己幾分鐘或者踹一腳無生命的東西，也許就會驀然回歸平靜。

假使情況超乎掌控，倒不如接受現實、放鬆一點。光是要甩掉塞車的無力感就夠難了，何況是碰到那些危機重重的大事。不管是什麼情況，化解無力感的原則都是一樣的，而且值得你我勤加練習，那就是告訴自己：遇到無可奈何的事，不需要沮喪或有挫敗感，那只是浪費力氣且毫無意義。

—延伸閱讀—

愛比克泰德，《語錄》、《手冊》

G 字首

倘若人生毫無終點、恆常永在，如仇野之墓的露水不消，
似鳥部山火葬地的煙霧不散，那又有什麼動人之處呢？
正因人生一瞬即逝，許多事情才令人感到美好。
——吉田兼好——

八卦（Gossip）

除非你打算做個隱士遁世去，否則不講八卦還真不是個值得稱讚的優點。

你大概不希望自己是個愛說三道四的人，畢竟背地裡議論他人，尤其是偷偷說別人壞話蠻惹人厭的。不過話說回來，說閒話的確頗有趣，是生活中再正常不過的事。

演化心理學告訴我們，八卦有其存在的起源。我們的祖先在史前時代過著分工合作的團體生活，得討論哪些人值得依靠、哪些人沒做好分內事。因此，分享資訊至關重要。這不僅能強化社會連結，更是重要的社交活動。即使到了現在，人們的閒聊的話題也多半是八卦。

有些哲學家對這種無意義的閒聊就嗤之以鼻，包括議論他人。愛比克泰德曾說：「盡量保持沉默，或僅以一言半語說必要的話。視場合所需節制發言，別想到什麼說什麼。不要談論角鬥士、賽馬、競技和飲食等隨處可見的話題。最重要的是，不要談論個人，無論是稱讚、責怪或比較。」

佛祖也反對閒聊，主張沉默是金，誠如其所云：「不可說種種畜生論，比如王論、盜賊論、大臣論、軍論、怖畏論、戰爭論、食物論、飲物論、衣服論、臥具論、華鬘論、香論、親戚論、車乘論、村里論、鄉鎮論、城市論、社稷論、女人論、男人論、英雄論、街路論、井邊論、先亡者論、種種論。」

難道我們真該凡事都採取如此崇高的立場嗎？若想身體力行佛祖的勸戒，最後大概什麼話都說不了。這樣是好是壞，則有請讀者自行判斷。

我想，閒話家常應該是沒問題的，關鍵則在於談話內容過於負面。我們能借鑑佛家的三準則來檢驗：是否有信？是否有益？是否有樂？若是愉快而誠實且不損人的言論，便可打上三個大勾。

近來，英國哲學教授埃韋斯科特（Emrys Westacott）也深入探討八卦的含意，也更加證實有信與有益兩項準則。首先，韋斯科特強調，絕不可刻意散播惡意的傳聞，一定要事先查證消息是否屬實，以免傳遞可能有害的資訊。

其次，韋斯科特則建議你我捫心自問，消息分享出去後，對事情是否有幫助，還是會傷害到他人。舉例來說，你想警告朋友，某個褓母有嚴重的毒癮（你查證屬實），那麼你就要考慮，當事人聽到這個消息後是否會很受傷。

英國分析哲學家約翰．奧斯丁（John Austin）提出的「言語行為」（speech acts）也和佛家的準則有關。奧斯丁發現，有些交談不僅在散布資訊，也會連帶產生相應的行為。在學校，大家一起嘲笑某同學，後者就會遭到排擠。在職場上，男主管的性別歧視言論則會讓女同事感到受傷難過。閒話總是信手拈來，所以我們會忘記它的傷害力；而隨意指控他人，更會造成嚴重的悲劇。

佛家承認，三準則並非鐵板一塊、沒有彈性。有些話沒有根據，卻討人喜歡（如笑話）。某些事為真，但聽起來不順耳，佛祖還是會說出來。人們偶爾也需要聽一些令自己難受的話。不過，我們不該背地議論他人，要對著當事者的面講才行。

除非你打算做個隱士遁世去，否則不講八卦還真不是個值得稱讚的優點。講講閒話有助於促進社交互動，一定要記住前述的準則，好好篩選發言的內容，如此才能確保我們說出口的八卦有益無害。

—延伸閱讀—

韋斯科特，《一輩子帶著走的實用哲學：哲學教授教你「不敗德的八卦」與「剛剛好的直白」》（2011）

感謝（Gratitude）

喝咖啡的時候，不妨當作那是人生的最後一啜，如此一來，就更能享受那一口的滋味。

西方古語有云：「細數所獲得的美好事物。」今日研究人員發現，這種舉動有其科學基礎，也成為正向心理學家提倡的幸福小撇步。寫下感恩日記，紀錄一天中所有感謝的事，會變得更健康、更快樂，而且肯定會更有魅力。

「感恩的心會讓人更幸福」，光憑這一點，就應該多多盤點自己的感謝名單了。不過你也需要停下來問問自己，該感謝哪個人、哪些事？有什麼理由嗎？

感謝他人的幫助，是最基本的。不用他人提醒，我們自然就會對伸出援手的人湧起感恩之情。除此之外，我們也會感謝人類以外的事物，而且種類很多，比方感恩天地萬物。世間種種的真善美，如秋日枝頭上泛紅的樹葉，旅途中看見的晴朗好天氣，都會令人激起感謝的心。

有些人主張，感謝世間萬事萬物，不算是「感恩」，而是「欣賞」，除非你相信是這些美好的事物都是來自神的賜予。然而，這種詮釋未免過於狹隘，只拘泥於文字的定義。事實上，每個人都會對萬物有心懷感激的感覺，即便這些真善美的事物不是出於造物主之手。

有一種反對的立場較為有說服力。他們認為，生而為人不是一件值得感恩的事。南非哲學家大衛・班奈特（David Benatar）主張：「每一個人在呱呱墜地後，就開始受苦的人生旅程了。我們難以忽視這天生的苦痛，即使是最好命的人，也有他悲慘的一面，只是大多數人都不知道。」班奈特說，我們承受不起這個事實，所以不願面對。感恩只不過是在欺騙自己說，生命其實沒有那麼爛。葡萄牙詩人佩索亞說道：「我們靠著麵包邊維生，卻稱它是蛋糕。」

班奈特的見解是如此悲觀，而佛教也主張，人生就是永無止境的折磨。但佛祖不是指人們時時刻刻在受苦，而是世間萬物稍縱即逝，沒有什麼能帶來永遠的滿足（見折磨）。然而，體悟到人生如朝露，我們更能領略大自然曇花一現的奧妙，並欣賞周遭世界的美好。

日本的傳統文學與藝術皆充滿佛家的思想。作家們淒美地描述了對無常的感悟。日本南北朝時代的法師吉田兼好寫道：「倘若人生毫無終點、恆常永在，如仇野之墓的露水不消，似鳥部山火葬地的煙霧不散，那又有什麼動人之處呢？正因人生一瞬即逝，許多事情才令人感到美好。」

萬事萬物在彈指之間便煙消雲散。因此春櫻在日本既是美的象徵，也令人發愁。然而，縱使只有剎那的美好，你我還是能細細品嚐人生的滋味。下一次喝咖啡的時候，不妨當作那是人生的最後一啜，如此一來，就更能享受那一口的滋味。

說得簡單。兼好法師又問道：「那麼我們何不能日日享受生之喜悅？」幸好他給了答案，因為我們總是去追求錯誤的目標。他說：「愚人忘了生命本身的喜悅，總是汲汲營營地去追求身外之樂。他們忘了生命本身即是財寶，才會不顧生死地貪求身外之財。即使如此，他們的欲求也從未獲得滿足。」現代人貪戀享受的文化也不外如是。

兼好法師嚴厲批評道：「他們不懂得珍惜人生，既不知生的樂趣，又害怕死的到來。豈能有更矛盾的事嗎？」其實，除了大自然的奧妙，只要懂得欣賞日常中樸實的樂趣，好比三兩知己分享美食、聆聽喜愛的廣播節目，都能讓你我體會到「生之喜悅」。

當然，在感恩惜福之餘，我們也不能對生命的缺失視而不見。承認吧！人生不會永遠都那麼美好，感恩不是假裝歲月靜好，而是能在處處缺陷、苦樂參半的世界中發現動人滋味。

—延伸閱讀—

吉田兼好，《徒然草》（1330-1332）

愧疚與羞恥（Guilt and Shame）

愧疚與羞恥有其用處，當事人會因此試著彌補錯誤並自我改進。

愧疚是你我肩上的一把重擔，而且隨著人生前進，不斷加重。誰敢說自己是盡責的伴侶、父母與子女？我們一天下吃了多少垃圾食物、抽了多少根菸、說了多少他人的壞話？愧疚在你我的心靈不斷蔓延開來，令人日益憂愁。但把它拋諸腦後就能解決問題嗎？

首先我們得了解愧疚是什麼，而羞恥又是怎樣的情緒。釐清這些心情並非易事，雖然學者有做出嚴謹的心理學定義，卻無法準確表達出一般人的感覺。根據心理學的定義，愧疚是指某種的行為或習慣，而是羞恥是個人對自我的整體評估。

這個區分在學術上可行，卻未必適用於一般人。根據哲學家索羅門的見解，愧疚與羞恥都有自咎與道德責任的成分，也就是帶有「自我譴責」的意味。比起如恐懼等基本情緒，當事人在經過縝密思考後，才會有愧疚的心情。因此，偷吃主人晚餐的小貓或許滿臉愧疚，但不太可能有自我譴責的感受。

索羅門發現，類似的情緒都涉及三種自我分析。首先，「衡量自己的感受」；其次，「考慮他人加諸的評價」；最後則是「評估當前的情況」。

索羅門認為，愧疚與羞恥所關注的焦點不同：前者多出於內心的道德羅盤，後者則受制於他人的想法。但為何有些人容易有愧疚感，而有些人比較會感到羞恥，則多少取決於其所屬的社會文化。人類學家依據社群的特徵區分出「恥文化」（shame culture）與「罪文化」（guilt culture）：前者在亞洲國家為主流，基督教社會則多為後者。

愧疚與羞恥有其用處，當事人會因此試著彌補錯誤並自我改進。我們會付諸行動、修補裂痕並矯正自己的錯誤以免再犯。亞里斯多德將羞恥定義為「害怕自己變得聲名狼藉」，並認為，我們一定要多多自我要求，加強道德秉性。他強調：「行為舉止是否端正，皆操之在己。而為人知恥與否，也操之在己。」

另一種愧疚來自於集體經驗。群體的過失會反映在其成員的身上，因為你不僅受到群體形塑，更是它的一部分。通常以恥文化為主的國家，其人民會為了與自身無關的事而感到自責。以罪文化為主的國家，其人民會認為街友的存在是因為國家失能，社會大眾或多或少都要承擔責任。若能激起我們作為公民的責任感並改善社會問題，那這一類的羞恥心是非常有價值的。

愧疚有很多種，且定義都很模糊。許多人儘管沒犯錯，還是習慣感到內疚，甚至終其一生都擺脫不掉。倘若你任由此種情緒在心中潰爛，則會導致所謂的自卑感與自責感。只要了解，這種感覺根本毫無根據，就會如釋重負了。

這種四海皆準的愧疚感跟猶太教與基督教的原罪有關，有時也被稱為「天主教徒的罪惡感」（Catholic guilt），但不僅宗教領域。其實，每個人內心都有深層的「與生俱來的罪惡感」（existential guilt）。德國神學家田力克（Paul Tillich）認為，當我們意識到，原來自己有無限可能的潛力，就會敦促自己對未來的人生負責。可惜，生而為人一定會有力有未逮之處。在有生之年，我們沒有實現多彩的人生，就會產生罪惡感。

若沒有愧疚心與羞恥心，我們就會缺乏良知與道德感。羞愧心沒有發揮作用，或所作所為沒有正當理由，人們就會以自我為中心，沉迷於追求更高的社會地位。當然，自我厭惡有弊無利，只要避免這個問題，羞愧就能發揮難能可貴的作用，提醒我們知錯能改、善莫大焉。

—延伸閱讀—

Paul Tillich, *The Courage to Be* (Nisbet, 1952)

H 字首

我的家不要有四面圍堵的牆，也不需有密不透風的窗。

我盼著世界各地的風自由自在地吹進來，

但我的雙腳挺立，拒絕屈服於狂風之下。

——聖雄甘地——

習慣（Habits）

陶冶善的品格，就跟學習技能一樣。

駝背坐在電腦桌前、老是遲到或吃些不健康的零食……完全沒有壞習慣的人很罕見。我們終其一生不免有些惡習，也都知道改掉比較好，可是一旦壞習慣「落地生根」，那要斬草除根可是難上加難。

另一方面，很少人去探討，有哪些習慣能形塑道德品格。親切或冷血、大方或小氣、勇敢或怯懦，這些性格都跟習慣有關。亞里斯多德和孔子都相信，督促自己去做對的事，就能成為更好的人。想變得更勇敢，就鞭策自己去做大膽的事；想更有自制力，就學著對誘惑說不。孟子道：「子服堯之服，誦堯之言，行堯之行，是堯而已矣。」陶冶善的品格，就跟學習技能一樣。「不時修繕房子，就會成為建築工人；常常彈奏樂器就會成為音樂家。」亞里斯多德如是道。

藉由言行的訓練來培養習慣，是人類特有的能力。亞里斯多德指出，自然界的現象有其規律，就算不斷練習，也無法改變事實。舉例來說，石頭自然會向下掉，就算往上拋了一萬次還是一樣。

因此古人才說，持之以恆、熟能生巧、習慣成自然。孟子說：「大人者，言不必信，行不必果，惟義所在。」也就是說，只要時時懷抱義理，那說過的話不必句句實現，所做的事情也無須貫徹到底。

日常的一舉一動不外如是。培養好習慣，才能取代陋習，進而更上一層樓。戒掉惡習不容易，但只要鍥而不捨、勤加練習，就能成長茁壯，打從心裡變得更加樂觀而積極。無需多想，就能坐得端正、抗拒零食的誘惑，以寬容的態度看待姍姍來遲的友人。

—延伸閱讀—

亞里斯多德，《尼各馬可倫理學》

幸福（Happiness）

我們不僅想實現幸福人生，也想盡己所能、體會獨特的成就感。

幸福是公認的好事，無論你是窮人還是富人，都想過著快樂的日子。現在更有一大堆單位號稱「經實驗心理學認證」，販賣追求幸福的課程與技巧。既然如此，為什麼好像只有別人過得快樂，而我仍舊在不滿中掙扎前進？難道是我冥想得不夠久？太少做瑜伽？還是該去看諮商師呢？生活中大大小小的煩心事都是我的錯嗎？也許該想想，幸福人生是否真能實現？那也許不如我們想像中那麼美好。說到底，幸福究竟是什麼？

「幸福就是美好的感覺」，這個概念很容易理解，它來自於效益主義者。他們認為，幸福是人生最重要的價值。早期效益主義兩大代表人物是英國哲學家邊沁（Jeremy Bentham）與彌爾，兩人一致認為，個人行動是否符合道德規範，取決於它是否能增加社會整體的福祉。

柏拉圖不會賦予幸福如此崇高的地位。他相信，幸福帶來的愉悅和痛苦會彼此抵銷。平靜才是最自然的狀態，既不會感到快樂，也不會覺得憂傷。生活中難免有情緒波動，但最終也會回歸平穩。對柏拉圖來說，所謂的愉悅實際上不過是痛苦暫時有所緩和。叔本華的看法也一樣：「所謂心滿意足或幸福的人生，本質上還是悲慘的，只是暫時變好。」柏拉圖和叔本華說法比較誇張，不過他們點出一個事實：幸福無法永存（見折磨）。

尼采的批判更為嚴厲，他不認為幸福是什麼最高價值，還直接反駁彌爾和邊沁的看法。他說：「人類從不為幸福而奮鬥，除了英國人。」對尼采來說，人們不該對幸福有幻想，否則就會耽於安逸的生活，而不去追求偉大的事業。所以他認為英國人目光短淺，是「地球上最大的威脅」。尼采認為，只有頭腦簡單的生物才會追求幸福，好比蜷縮在籃子裡的小貓或是在院子裡戲水的小孩；認真的大人應有更遠大的抱負。

到了二十世紀末，美國哲學家諾齊克（Robert Nozick）也提出類似的論述。他認為，幸福不該當作人生終極的目標。早在虛擬實境問世前，他便設想過一種機器，人類只要永遠待在裡面，就能確保一生幸福無虞。然而，你會選擇待在機器裡度過一生，還是在真實世界闖蕩？事實上，多數人會選擇在大風大浪中體驗人生，而非在虛擬假造的樂園中享福。也就是說，我們不僅想實現幸福人生，也想盡己所能、體會獨特的成就感。

因此，把幸福視為人類最大的福祉，在哲學上是有爭議的。現代心理學家將幸福感及好心情定義為「正向情感」（positive affect），這種觀點太過膚淺，就連多數沒有受過哲學專業訓練的人也深有同感。

有一個目標比幸福更好，也就是希臘文的「幸福感」（eudaimonia），而「欣欣向榮」（flourishing）是它更為準確的意義。不論是哪一種生物，都會盡力活出最好的自己，猶如玫瑰日益綻放、狗兒巡視自己的地盤或老鷹捕食獵物，亞里斯多德認為這才是至善的表現。從人的角度來說，「欣欣向榮」就是竭盡所能去發揮個人專屬的才能，例如創作、幫助他人或工藝。亞里斯多德就自豪於自己的理性思考能力，這對哲學家來說得心應手。

過著欣欣向榮的生活，的確會過得比較快樂，但不一定每個人都得追求，而且這種成就感也會消退。許多藝術家創作力旺盛，但人生也飽受折磨。每個人都得經歷高低起伏的人生。

快樂是好事，除非痛苦到一蹶不振，否則我們都該盡己所能、活出最好的自己。成天擔心自己是不是過得幸福，不但無法活得欣欣向榮，也不會變得更快樂。

—延伸閱讀—

亞里斯多德，《尼各馬可倫理學》

諾齊克，《無政府、國家與烏托邦》(1974)

健康與病痛（Health and Illness）

「健康就是參與。我們存在於這個世界，與其他人交流往來，每一天從事積極且有意義的活動。」——高達美

惡意批評笛卡兒的人不少，不過大概很少人會否定他對健康的看法，他說：「健康是人一輩子最大的福氣，更是所有福祉的基礎。」就算眾人都明知故犯、過著不健康的生活，還是會希望自己的身體強健。但究竟什麼是健康，很難三言兩語就說明。而正常或反常又該如何界定？無可避免地，生命就是這麼脆弱、煩惱就是那麼多，它們何時會成為病灶？

世界衛生組織對健康的定義是：「沒有疾病、不會虛弱無力，保有良好的生理、心理與社交狀態。」這麼說來，健康包括各式各樣的福祉，但是這個定義有其瑕疵：範圍太廣，大多數人都難以企及，還給人一種不切實際的期待，以為實現所有的福祉是常態，你我都能做得到。

當然，我們要對自己的健康負責，但也要考慮其他因素。有時大家太過執著於養生，彷彿有什麼病痛都是自找的。

美國文化評論家桑塔格（Susan Sontag）提到，以前的人認為，疾病是天神降下的懲罰，現代人則認為，生病是情緒太過壓抑造成的。有的人說，癌症就是身體在抗議。倘若如此，那麼我們似乎該對自己的疾病負責。但是桑塔格強力反對這種怪罪病人的說法。她指出，過去經歷所造成的痛苦與創傷，對身體造成的

傷害與癌細胞不相上下。

再者，有不少人吃得很健康，也長期保持身心活躍，卻還是罹患失智症、心臟病或關節炎。健康就像一場博弈遊戲，你我無不小心翼翼下注，企圖提高自己贏得大獎的機率，但是沒人保證一定會博得頭彩。

有些人以為，醫師治療身體，就像技師修理機械一樣，但這種觀點是錯的。他們還以為自己是汽車，只要時時保養，就能運轉如常。其實，健康與器官的狀態無關，而是在於人類能做到的事；這就是德國哲學家高達美（Hans-Georg Gadamer）所提出的現象學觀點。他主張：「健康就是參與。我們存在於這個世界，與其他人交流往來，每一天從事積極且有意義的活動。」

和外界互動是維持健康的不二法門，因此患病未必會造成阻礙。身障人士之所以無力面對生活，有一部分在於政府決策不周全，而非他們生理結構所導致。從高達美的角度來說，所有人好好生活，不受生理狀況所困，才是一個良善的社會。在其中，人人都能享受健康帶來的益處。

英國哲學家卡萊兒所見略同。她認為，健康和疾病並非對立，而是像光譜一樣有強有弱，每個人都有健康的部分、多少也有病痛。卡萊兒強調，這兩種狀態的關係極其複雜，並且超出我們能理解的範圍。她說：「健康的人也會感冒，而生病也會帶來正面的體驗，但這種關係往往受到大眾忽略。」健康不是人類能直接取得或拒絕的狀態，即使生理機能受損，還是能夠開創自己的一片天。

—延伸閱讀—

Hans-Georg Gadamer, *The Enigma of Health: The Art of Healing in a Scientific Age* (Polity, 1993)

Havi Carel, *Illness* (3rd edition, Routledge, 2018)

家（Home）

說到底，比起「我在哪」，「我是誰」才更為重要。

在經典童話《綠野仙蹤》裡，主人公桃樂絲長途跋涉回到家中，才深刻體悟「無處似家」。不過，我們多數人的感嘆應該是「無處是家」，或者說沒有令人安心的歸屬。這道難題猶如生命中的大窟窿，可以說是大多數人的缺憾。

人們過去認為，「家」是生於斯、長於斯、死於斯的土地。個人與土地有了如此緊密的連結，這塊名為「家」的土地就不再只是歸屬，而是生而為人的一部分。澳洲學者穆克（Stephen Muecke）提到，在澳洲原住民的哲學傳統中，死亡是「能量回到它原先流出的地方，與泉源合而為一」。我們身處的環境非常重要，就跟人類生命一樣值得尊重。正因如此，紐西蘭政府在二〇一七年三月宣布旺阿努伊河（Whanganui River）在法律上屬於自然人，擁有和人類相同的權利與義務，藉此表達對毛利文化的尊崇。

生於已發展國家的人，大多缺乏與土地深刻的連結，心嚮往之卻求而不得。但我們反倒不屈不撓，不斷探尋大自然，並成為創作的靈感泉源。休謨出生於蘇格蘭首都愛丁堡。在城市，他能與其他學人一同激盪知識的火花，但社交活動卻令他感到疲憊。終其一生，他都無法找到兩者的平衡點。有時休謨覺得，待在蘇格蘭郊區或法國鄉下更有家的感覺。休謨從不認為哪個地方稱得上是「家」，但他隨時隨地都能汲取腳下土地的能量。因此，休謨的漂泊感反而豐富了他的人生，驅使他遊歷四方，飽覽各地風光。他多少擺脫了土地的羈絆，進而走出自己的舒適圈。

「天下之大總有個容身之處」，這也許只是你我的憧憬。維根斯坦年輕時享受大家族的庇蔭，在挪威肖倫（Skjolden）某處湖畔旁有一間房子，而他這輩子真正擁有的房子也就只有這一間。然而，維根斯坦此後三十九年都不在那裡度過，也就是說，他實際上在「家」的時間不到兩年。

家也代表你的根，誠如西方古語云：「就算你遠走他鄉，你成長的那片土地也走不出你的心。」家是不可或缺的生命力量，它形塑了你我的樣貌。因此，了解它所扮演的角色，就能充分了解自我。換言之，每個人與家鄉有特殊的連結，而並不是出於人類特有的幻想力。

理想的家應該是專屬於你的小天地，又歡迎他人駐足。聖雄甘地將這個概念化為優美的文字：「我的家不要有四面圍堵的牆，也不需有密不透風的窗。我盼著世界各地的風自由自在吹進來，但我的雙腳挺立，拒絕屈服於狂風之下。我不願寄人籬下，也不願當個不速之客、乞丐或奴隸。」

有些人對於家的想像更為寬廣，他們是世界主義者，是地球的公民。理論上，只要懷抱世界主義（Cosmopolitanism），那麼無處不是家。但事實上，我們也會因此感到沒有歸屬感。對於渴望成為全球公民的人來說，這也許是值得付出的代價。迦納裔的美國哲學家阿皮亞（Kwame Anthony Appiah）認為，世界主義的概念之所以被提出，是為了解決人與地方的羈絆。阿皮亞的父親是迦納民族主義者，他留給子孫的遺言是：「要記住，自己是世界的公民。」。誠如阿皮亞所說：「國族情操與普世倫理不會互相抵觸，你既是地方的一員也是人類社群的一份子。」

家通常會令人感到溫暖、愜意與安心，想要有歸屬感卻求而不得，一定會覺得有失落感。不過有時不妨任由這種心情發酵，盡情去擁抱失根或漂泊的情懷。說到底，比起「我在哪」，「我是誰」才更為重要。

—延伸閱讀—

Kwame Anthony Appiah, *Cosmopolitanism* (Norton, 2007)

希望（Hope）

放下過多不切實際的希望，就不會把好結果當成運氣。

只要一想到人生毫無希望，就會令人難受。在希望的推動下，你我向前邁進，要是夢想破滅，我們肯定會大受打擊，倒不如一開始就不抱任何期待。正因如此，雖然賦予他人希望是善舉，不過給人假希望（false hope）就是酷刑了。

有問題的不只是假希望。塞內卡主張：「希望和恐懼一樣，讓人心懸在半空中，不斷擔心自己的預想是否會成真。」我們不確定，自己渴望的某個結果是否會發生，所以才會產生希望與恐懼。人之所以會害怕，是因為老是想著結果不如預期；人之所以有希望，則是因為求渴結果一如預期。塞內卡又說：「有犯人的地方就會有獄卒。同樣地，希望所到之處，恐懼如影隨形。」

塞內卡也同意友人黑克頓（Hecaton）的看法，後者認為：「不抱持希望就不會再害怕。」期望某件事成真，就會開始擔心這件事不會發生。塞內卡相信，要有效驅逐希望和恐懼，最好就是乾脆不要有欲望。也許我們不必做得這麼絕，只要能理解「約束欲望有助於緩解內心的恐懼，對生活多有裨益」。

叔本華也不相信希望的效力，想要解決人性的弊病就要抑制欲望（見欲望、折磨）。對叔本華來說，希望是「愚蠢的念頭」，因為它會扭曲人的想法，導致我們無法面對事實。再者，有希望就註定會失望，就算如願以償實現了，結果也通常不如預期、會打個折扣。從以上兩點來說，叔本華算是與柏拉圖有志一同，認為希望會讓人「輕易上當」。

所以說，希望與恐懼彷彿一對邪惡的雙生子，隨之而來的還有一廂情願和失望。可是，懷抱希望，我們能才放寬心追求目標，這是正常的心情。完全不抱希望活著，難免就會喪失真心和生活的動力，因此改變自己對希望的理解才是上上之策。

抱持信念、渴望達成某個結果，就會產生希望。不過，相信事情會有最好的結果，那這比較像是樂觀。當我們懷抱希望，就會相信心中所想的事情可能發生，即使那不一定是最好的結果。

依照這套思路，沙特總結道：「沒有希望也要付諸行動……不需要希望也能達成目標。」這番話很容易讓人誤解。他的意思是，不管行動是否會帶來渴望的結果，做就是了。不管你期望的結果是否有可能發生，照樣可以產生動力和決心採取行動，只需要相信有成功的可能就好。

對沙特來說，放下過多不切實際的希望，就不會把好結果當成運氣。我們還是可以抱有希望，去追求美好的事物，並相信它可能實現。不要過度設想未來的發展，我們就能免於恐懼與失望。我們懷抱希望，是為了致力追求自己重視的事物。

—延伸閱讀—

Jean-Paul Sartre, *Existentialism Is a Humanism* (1946)

人性（Human Nature）

唯有付出心血，才能培養良善的秉性。

有時我們對人感到失望，就會想把一切問題推給人性，一如康德寫到：「人性這根曲木，雕刻不出挺直的作品。」人類本是脆弱的動物，到了緊要關頭總會只顧自己，那讓人失望自然也就不意外了。不過，人們也有善良的一面，會展現偉大精神：互相扶持、共度難關以及犧牲自我。所以說，人類本性究竟如何？我們是被社會帶壞的善良人，還是努力克制劣根性的壞胚子？

人性善惡的辯論跟哲學一樣淵遠流長。中國古代思想家告子早於康德一千年前便悲嘆：「性，猶杞柳也；義，猶桮棬也。」荀子也認為「人性本惡」，並且提出「無禮義，則悖亂而不治」。反觀孟子則力倡「人性本善」，說明人的內在都有良善的種子，只不過要滋養灌溉它。

這兩種觀點孰對孰錯，牽涉範圍很廣。但無論如何，兩派人馬都同意，唯有付出心血，才能培養良善的秉性。孟子認為，先天的善性若不加以照料，便會化為烏有。荀子也說，先天的惡性能靠後天努力克服。換句話說，這兩種觀點殊途同歸，都鼓勵大家要養成善性並提防惡性滋長。

不過，修身養性要有效果，就要保持踏實的心態，若過度壓抑我們的本性，就會產生揠苗助長的負面效果。舉例來說，斯多葛學派相信，只要不斷練習，就可以變成漠然的聖者；他只關心自己的美德，不管是面對死亡或是親人過世都無動於衷。休謨年輕時有採納斯多葛派的建議，稍微練習了一番，他的心得是：「這違反人性，簡直到了超凡的境界。斯多葛要我們對萬事沒有得失心，但這太完美了，根本就沒人做得到。」

休謨對人性的看法較為實際：我們既非全然的善也非全然的惡。人無法企及完美，但還是能竭力活出更好的自己。唯有面對現實，我們才能學會包容自己與他人的失敗，並時時留意自己的缺失。「人性」絕非推託之詞，唯有深入了解它，才知道為何人們無法實現理想中的自己。

—延伸閱讀—

巴吉尼，《世界是這樣思考的：寫給所有人的全球哲學巡禮》（2018）

David Hume, *An Enquiry Concerning the Principles of Morals* (1751)

II 字首

一天之中，唯有獨處與沉思的時候，

我才能恢復原貌，做自己的主人。

——盧梭——

自我認同（Identity）

我們渴望把萬事萬物歸類，並找出它們不變且明確的本質。

「我是誰？」這是生而為人最基本的問題，每個人應該都回答過了，卻又一再思索它的意義。人生每個階段都可能出現自我認同的危機：兒女長大離家後，你赫然發覺「家長」不再是自己首要的身分，更不曉得接下來該扮演什麼角色；你可能不會自詡為「成功人士」，不過事業一敗塗地後，才驚覺失去那個標籤有多麼令人張皇失措。

我們習慣把周遭事物貼上標籤，並且有條有理地分門別類，彷彿世間萬物就會因此變得更好掌握。生病了就去看醫生，如此一來身體的疼痛就有了專屬的標籤。除此之外，我們也會用身分特徵來標記他人，比如「假文青艾力克」、「金頭腦史黛芙」、「建築師巴布」、「運動辣妹媚兒喜」等。我們渴望把萬事萬物歸類，並找出它們不變且明確的本質，這種心態被稱為「本質化衝動」（essentialising impulse）。就連面對自己，我們也會產生本質化衝動。儘管美國詩人惠特曼（Walt Whitman）已經提醒世人：「我，包羅萬象」。

休謨曾言：「人不過是一團矛盾的綜合體！」這個「團」字真實反映了人類的身分狀態。休謨還說過，自我就是「一束束知覺」。自我並非永恆不變，也不具有簡單而純粹的本質。思想與感知時刻都在變化，它們結合而成的綜合體就是「自我」。這種流動性意味著，自我認同會隨時間改變且不是純粹、單一的身分。

印度經濟學家沈恩（Amartya Sen）說：「自我認同必然是複數。也許有個美國公民有非洲血統、出生在加勒比海，他既是基督徒又支持民主黨。也許有個女性主義者是史學家兼小說家，她是異性戀又支持同志權益。以此類推，劇場愛好者、環保運動人士、網球迷、爵士樂手……種種身分在同一個人身上，也不會互相衝突。」

可惜，我們往往會誤入沈恩所說的「單一認同迷思」，而認為某個身分才是最根本的自我認同，其他的身分都是其次的。當某個自我認同受到外界的威脅，人們才會意識到它的存在。舉例來說，異性戀者通常不會把性向視為主要的身分認同，但假如你是飽受歧視的同志，性向認同就顯得別具意義。宗教認同也是如此，倘若你生長在阿拉伯世界，那身為伊斯蘭教徒的意識就不會特別突出。反之，假如你剛好是當地少數的佛教徒，宗教認同就會成為生活的核心。

生活一帆風順的時候，我們不大會想起自己主要的認同，儘管如此，還是會假定自己在本質有一個特定的身分。正因如此，被人炒魷魚、離婚或因傷而無法從事喜愛的運動時，就會有深深的挫折感；因為那些看似穩固的自我認同感，受到嚴重的打擊。

沈恩特別強調，政治上的單一認同感，會造成不同族群間的衝突，如本地人與新移民、德國人與猶太人、新教徒與天主教徒。單一又刻板的認同感，不光對社會福祉有害，甚至會荼毒個人。一旦你覺得跟周邊環境的宗教、道德觀或政治認同格格不入，或是家庭或社會的期待太深，就會有窒息的感覺。

政治認同或自我認同受到威脅時，正是改變自己觀念的時刻。不要簡化自己或他人的身分認同，而是學著接受人有各種面向，且不斷在改變。人的魅力不在於刻板的身分認同。融合各式各樣的生命經驗，任其彼此交織，才能形塑與眾不同且擁有各種面向的自己。至於「我是誰」，這個問題沒有簡單的答案，唯有綜觀自己各式各樣、不斷交錯的想法、感覺與作為，才能拼湊出自我的全貌。

—延伸閱讀—

Julian Baggini, *The Ego Trick* (Granta, 2011)
Amartya Sen, *Identity and Violence* (Penguin, 2006)

冒名頂替症候群（Impostor Syndrome）

「我的好奇心勝過自尊心，比起炫耀，我更熱衷於學習。」——西蒙・波娃

許多人在實現目標時，總會懷疑自己是否是運氣好，覺得自己其實沒本事或不夠格。這種不足感往往伴隨著某種恐懼，擔心自己遲早會被發現是個騙子、冒牌貨。

不過請放心，冒名頂替症候群並非一種精神疾病，而是極為常見的心態。一項研究指出，醫學系的學生大都有輕微的冒名頂替心理，其中超過半數的人特別嚴重。不分男女，所有人都會因為自身的不足而感到痛苦。

有些人會不時自我喊話，以提醒自己，他人未必如想像中那麼厲害。這一招不一定次次管用，有時候，我們更應該仔細傾聽內心的質疑。

有些人會有冒牌者的心情，是因為沒有簡單的基準能判定自己的成就；哲學家就非常懂箇中滋味。英國哲學家格倫丁寧（Simon Glendinning）說：「我們同行總是不願承認，自己正在做的研究以及重視的事情，也許是空中閣樓，毫無意義可言，抑或是一團混亂。」而學界費盡心思，想試圖證明，哲學是一種堅實又嚴謹的專業領域，然而這只是自圓其說的錯誤心態。他強調：「有些理論根本無法解放自我，但學者以為能以此獲得自由，這種心態對他們毫無幫助。」

有些人則非常清楚，自己在特定領域中確實技不如人。年輕的波娃與長她三歲的沙特在課堂上經歷無數

次的唇槍舌戰。「一天又一天，我試著反駁沙特的論點，然而我真的不是他的對手。」波娃在傳記中如是寫道。

波娃沒有試圖說服自己，也不認為自己跟沙特一樣出色，不過她沒有因此而氣餒：「我的好奇心勝過自尊心，比起炫耀，我更熱衷於學習。」有了這層領悟，她的治學之路頓時變得挑戰重重，卻也更加寬廣。波娃總結道：「至今一事無成，但一切皆有可能。」最終她活出自己，成為與沙特旗鼓相當的偉大思想家。

格倫丁寧和波娃點醒我們，冒牌心理不一定是源於誤判自己的實力，只要轉個念就能克服它。它可能是一種警訊，以提醒自己，想要一展長才的話，還有很長的一段路要走，而且不管眼下做了多少努力，也不保證會成功。另一方面，有些人從來不曾有冒牌者的心情，他們對自己的成就很有自信，對個人的能力也很滿意。倘若你意識到自己有所不足之處，就竭力打磨實力，鞭策自己拿出最好表現。

—延伸閱讀—

Simone de Beauvoir, *Memoirs of a Dutiful Daughter* (1958)

猶豫不決（Indecision）

「通盤思考後，就做出決定。除非出現新的資訊，否則下定決心後就不要反悔。」——羅素

在不同選項徘徊，不但浪費時間和精力，也是很累人的事。你一定會覺得自己有問題，明明該下定決心，卻還是舉棋不定。不用擔心，做出好決定本來就很難。如果當前的狀況很清楚，自然就會產生一個方向。從不確定到付諸行動，過程本來就會搖擺不定，所以一時半刻的猶豫不決也沒關係。不過如果你老是優柔寡斷，導致事情沒辦法解決，那就是個問題了。

亞里斯多德把做決定的過程稱為「慎思」（deliberation），他解釋道：「事情的發展不明朗或當前情況模糊不定時，我們才會慎思。」他點出了兩個癥結點，人們會不斷拖延、無法下決定，原因有二：一，想要做出十全十美的決定，儘管不同選項有其優缺點；二，想確定事情發展的走向，雖然任何決定都帶有未知的成分。不過，想要事情一如所料，有個完美的結果，那可能要等到天荒地老，倒不如降低標準、接受現實；畢竟任何決定都有缺點與未知之數。

亞里斯多德認為，慎思十分重要，這關乎他所提倡的「實踐智慧」（Practical Wisdom）。以他的話來說，為某一特定的目的，找尋相應的手段，就是慎思。所以，弄清楚自己想追尋的目標，找出人生中最重要的事，才能真正開始慎思（見價值）。確立目標以後，便能進行最核心的任務：評估當下情境，看看哪些要素符合我們的價值觀。接下來便開始思考，要透過什麼手段才能完成目標。倘若可行的方法很多，那就選

出最輕鬆且符合道德標準的那一個。

以轉換工作跑道為例。先確立優先順序，看看自己做重視的工作價值為何。接著仔細思考，各個選項所附帶的潛在代價。慎思的過程不會一帆風順，因為不同價值時常相互牴觸（見自我矛盾）。有時直覺會助我們一臂之力，有時則會蒙蔽我們的理性判斷。所以，細心審視當下的念頭，以確定它是可靠的觀察抑或是誤判情勢（見直覺）。

羅素勸我們，對每個選項不要吹毛求疵，做了決定也不需後悔：「面對艱難或令人不安的抉擇，準備好所有相關的資訊，通盤思考後，就做出決定。除非出現新的資訊，否則下定決心後就不要反悔。猶豫不決讓人筋疲力盡，更是無濟於事。」

下一次，當你又開始猶豫不決時，不妨想想哲人的建議。找出你所珍視的價值，逐層分析手邊可行的選項，最後選擇一個合理且可行的解套方法。別想要做出完美的決定，或等到有十足把握才行動；也不要反悔改變主意，除非臨時出現新的情況。

—延伸閱讀—

亞里斯多德，《尼各馬可倫理學》與《歐德米亞倫理學》

精神生活 (Inner Life)

運用自己的想法、經驗與洞察來刺激靈魂，就永遠都不會覺得無聊。

盧梭是天才，但同時也是個驕矜自大的偏執狂，朋友都離他而去。最終，他住在法國鄉下過著隱士般的生活，堅信自己是殘酷世界的受害者。不過盧梭咎由自取的放逐經驗也讓他學會了重要的一課：「與內在靈魂對話的樂趣」。

盧梭說：「這是唯一無法被奪走的喜悅。」不過說得準確一點，這應該是他唯一留給自己的樂趣。盧梭如此自憐自艾，卻也道出了豐富精神生活的重要性，因為這是少數不會被搶走的事物。

那麼你我又該如何耕耘精神生活呢？首先是發掘被自己低估或忽略的素質。盧梭寫道：「在人生失去所有希望、以為世上再沒有靈魂的糧食之際，我逐漸學會用精神餵養靈魂，從自己的內心發掘它所需的養分。」發揮想像力，讓心智天馬行空地遊走，也能成為靈感的來源。腦力不斷受到激發，就能化白日夢為現實。

其次，我們可以借助書籍、電影、藝術、音樂滋養心靈，並且留心觀察這個大千世界。這不只是為了激發靈感，更是為了自我反思、與內心對話。要秉持著好奇心看世界，探究世間萬物的道理，不僅能增長知識，還能讓的視角更清明而透徹。

運用自己的想法、經驗與洞察來刺激靈魂，就永遠都不會覺得無聊，生活會充滿樂趣。

所以說精神生活就是自給自足的絕佳泉源，即使不依靠他人的支援，也能獲得幸福。到時候你可能會產生跟盧梭同樣的想法：「一天之中，唯有獨處與沉思的時候，我才能恢復原貌，做自己的主人。」

—延伸閱讀—

盧梭，《一個孤獨漫步者的遐想》（1782）

沒有安全感（Insecurity）

我們自以為營造了安全的環境，但其實是親手打造出自囚的監獄。

當你發現身處在不安全的環境中，顯然就該採取適當的保護措施，以免受到潛在的威脅所害。經濟狀況不穩定時，那就該設法開源節流。飯碗可能不保時，就去找下一份工作。情緒總是感到不安，就該諮詢專業的心理師。沒有安全感的確是個問題，或許有法可解，也或許束手無策。

想要化解自己的不安全感，並不容易，不光是解除實際的困難就好。佛教、道教與斯多葛學派都有志一同地認為，日常生活的變局太多，你考慮得再怎麼周全，也無法百分之百地防患未然。生命本是無常的，瞬息萬變又難以預料，就算做好滴水不漏的防護，還是可能遭逢天外橫禍，一夜之間破產或染病，甚至可能突然被雷劈。

無論你在物質、生理或心理方面的資源有多充足，還是感受不到徹底的安全感。德國神學家田力克認為，「終將一死」的焦慮驅使人類去追求安全感。我們無法全然接受事實，但為人必朽，只能竭盡所能，讓自己越安全越好。然而，我們一手建立的城牆不過是沙堡，時刻得面對浪潮的威脅。我們都劃錯重點了，自以為營造了安全的環境，但其實是親手打造出自囚的監獄，把現實世界隔絕在外。面對形形色色的威脅，最好還是走出監獄，接受事實：「絕對又永恆的安全感並不存在」。

英國精神科醫師連恩（R.D. Laing）提到有一種不安的感覺，再怎麼保護自己也消除不了，他稱為「本體不安全感」（Ontological Insecurity）。若想在本體上覺得安全無虞，就要滿足三個條件。首先，你要有堅定的自我認同和現實感；其實，你的生命經驗要包含不同的經歷，它們會融合成單一又連貫的個人史；最後，你得跟人有連結，但又能獨立思考與生活。反之，假如本體上沒有安全感，你的認同感會變得薄弱。連恩說：「我們的自我認同總是搖擺不定，有時想完全遠離人群，有時又想徹底融入社會。因此，人的主體經驗總是被各種人事物所淹沒，有時會令你一成不變、甚至覺得生活困難重重。」處在這種未知而混亂狀態下，就連日常生活的小事都會令人崩潰。連恩提出「本體不安全感」這個概念，主是為了分析如思覺失調這類嚴重的精神疾病，不過應用在一般人身上也無違和：為了安然生存在這個世界，就必須清楚掌握「我是誰」。

連恩的哲學觀點可延伸為一套有用的原則，以幫助你我化解生命的不安全感。我們不能仰仗外界施捨安全感，唯有自信地找出「我是誰」、列出自己的深藏的信念，才能活得自在而安心。換言之，建立安全感得由內而外，如此才能穩定心神，堅定挺過生命的暗潮洶湧。

—延伸閱讀—

R.D. Laing, *Self and Others* (Tavistock, 1961)
Paul Tillich, *The Courage to Be* (Yale University Press, 1952)

言行一致（Integrity）

孔子說：「君子貞而不諒。」意思是，君子一方面要固守正道，但也不可拘泥於小節。

「有氣節、堅貞不屈」應該是對人最崇高的讚美詞，不過要成為人間楷模並非易事，畢竟人在江湖總有身不由己之時。正如你跟公司的理念大相逕庭，但老闆給你相當優渥的待遇；或是你認為航空器的碳排放量太高，卻得搭長途飛機到處出差。

做人要言行一致很不容易，更深層的原因在於，我們根本不了解它所代表的意義。在英文中，integrity的拉丁字根是integer，也就是「完整」、「完好」之意。當我們用這個字來形容某人，是指他一言一行不違背自己的道德原則，並忠於自己最重視的價值。反之，若某人老是便宜行事，就不免會破壞自己所認同的道德原則。

雖然知易行難，不過要做到言行一致也不是不可能。只要弄清楚，具體上如何一步步實踐，就能成為正直的人。可惜的是，什麼該做、什麼不該做，這些道理大家都聽過，卻很少人可以貫徹到底。

關於言行一致的微妙之處，儒家剖析得很到位。孔子和亞里斯多德都強調，修身養性是善行的根本，有德性的人不管遇到什麼事，都會以至善為原則，可謂正直的最高典範。可是，即使是這些賢明之士，也會視情況而行權宜之計。孔子說：「君子貞而不諒。」意思是，君子一方面要固守正道，但也不可拘泥於小節，為了顧全大局，必要時也得違背諾言，才不會傷害到無辜的人。

「貞而不諒」的奧義在於權衡。「權」原先指「重量」，爾後引申為衡量行動的利弊。相反地，孔子時常批判，有些人只會「照章辦事」，只照規矩辦事而不知變通，所以他強調：「君子顧大節而不計小信。」

相反地，也許多人自以為正直，但其實只是冥頑不靈。一是盲目遵守道德原則而不知變通，淪為哲學家伯納德．威廉斯說的「自溺的道德情懷」（moral self-indulgence）：明知打破成規有利於大局，卻一味堅守道德規範，只為了自我感覺良好。舉例來說，有些記者會因個人的政治觀點而拒絕為某家報社效力，但閱聽大眾的確需要各種立場的報導。或是有環保人士為了對抗暖化而拒絕搭長途飛機去見親人最後一面，家人不但十分傷心，而且這個舉動對改善環境的成效也很有限。

其二，有些人誤以為言行一致就是要無條件地「忠於自我」。首先，每個人都有成長空間，想活出真我，就得克服困難，而非盲從心裡的聲音。再者，「忠於自我」的前提是，人的內在有某種永恆不變的本質，而你的一言一行都以它的特性為依歸（見自我認同）。不過老實說，「自我永遠在變化」，這種想法比較實際。過分執著於「本來的我」，那你就無法全力以赴，活出更好的明天。

當我們談到言行一致，很多人會誤以為，就是要無條件地堅持原則、毫不退讓。可是現實的情況困難多了，既要堅持對的事，也要能因地置宜，以大局為重。言行一致不是天生的德性，唯有持之以恆，才能培養出這樣的技能。

—延伸閱讀—

Bernard Williams, 'Utilitarianism and Moral Self-Indulgence' in *Moral Luck* (Cambridge University Press, 1981) pp. 40–53

《論語》

直覺（Intuition）

經驗老道的專家，的確能幫助我們辨別對錯，雖然他們的說法和見解未必經過驗證。

我們心裡時常浮現強烈的感覺，無法訴諸理性卻也無法拋諸腦後。矛盾的是，我們對自己的直覺堅信不移，卻對別人的直覺疑心重重。試想一下，要是警官在法庭作證實說：「法官大人，我就是知道她有罪。」你能欣然接受嗎？「我就是知道」，這句話對自己是個保證，可是在別人眼裡卻是漏洞百出。

我們總把直覺當作一種不可思議的能力，可以一眼看出真相。某種程度來說，世界有些現象確實如此。多數哲學家都同意，某些基本真理或原則無法驗證。以算術為例，只要你知道「一」、「二」、「加」和「等於」的意義，就會知道「一加一等於二」為真。

亞里斯多德認為，科學知識是經由「推論演證」（demonstrative reason）而來，所以無法用來證明它所依據的基礎原則，這就好比地上的建物無法當作地基。亞里斯多德又提出「直觀思考」（intuitive reason）一詞，它能產出第一手的知識，而不經由推論或證明。無獨有偶，笛卡兒也認為，邏輯推論有其極限，有些事單憑「自然靈光」就能辨別真偽。

問題在於，經由直觀得來的知識範圍有多大。亞里斯多德和笛卡兒都認為，直覺僅用來形成知識的基礎。不過有些古老的東方哲學家堅信，接受特殊訓練後，直覺就會更強大，進而領悟萬事萬物的終極性質。有許多印度學者認為，仙人（Rishi）有無上的權威，他們經年累月地修煉，以探究世間萬物的實相。因此，許多印度經典除了討論邏輯和論辯方法，也納入瑜伽和冥想等修煉法。

十八至二十世紀秉持直觀主義的倫理學家則主張，道德原則就是無法被演證的真理，只能直觀領悟，正如「不可傷及無辜」是不證自明的真理。

然而，在缺乏有力證據的情況下，甚至沒有鮮明的直覺，許多人還是會認定某種判斷是正確的。單憑直覺，我們的確可以領悟到一部分的知識，但絕不可以天馬行空地亂說一通，若情況允許，一定要提出證據或論辯後才做出判斷。

不過，有一種直覺倒是能在日常生活中派上用場，那就是亞里斯多德說的實踐智慧（見智慧）。我們未必每次都能好好解釋或證明自己的判斷，但這不表示只是在瞎猜。面對同一份檢驗報告，實習醫師可能不疑有他，但資深醫師就能察覺有異，這就是實踐智慧的功用。亞里斯多德更主張：「我們要敬重經驗老道到或有人生智慧的前輩。他們的說法和見解未必經過驗證，可靠性卻不亞於正規的科學知識。經驗老道的專家，的確能幫助我們辨別對錯。」

經由歲月歷練而來的直覺千真萬確且毋庸置疑，可是難就難在何時該以它們為準。想依賴直覺實，不妨問自己兩個問題。第一，仔細想想，先前發生類似的情況時，我的直覺是否很準？直覺不是萬靈丹，賭馬可能會中，但以此挑選戀愛對象就是不智之舉。第二，當下的情況別無選擇，沒有任何可靠的方法，只能相信直覺。若有餘裕的話，還是要針對問題提出充分的證據和論述，不可敷衍了事。

順從直覺的時候要十分小心。那股若隱若現的念頭貌似成理，但是結果往往不如預期。理智上做不到的事，有時可以交給直覺去判斷，但它無法完全取代理性思考。

延伸閱讀

亞里斯多德，《尼各馬可倫理學》

J 字首

嫉妒是愛的代價，

得到某人的愛後，就會深怕失去這份愛。

——戈迪——

嫉妒（Jealousy）

嫉妒究竟是偏執還是天真，其實只有一線之隔。

關於嫉妒的歌曲數也數不完，《吃醋愛人》（*The Jealous Kind*）、《疑心病》（*Suspicious Minds*）、《他是誰，是你的誰？》（*Who Is He (And What Is He to You)*）、《嫉妒的傢伙》（*Jealous Guy*）……「嫉妒」一直是流行歌曲歷久不衰的主題，畢竟這是人皆有之的心情。仔細分析這些歌曲，就會發現「嫉妒」是種辛酸、不理性又無法克制的負面心情；既是如此，我們又何德何能馴服這樣一頭野獸呢？

人們往往將「羨慕」和「嫉妒」作為同義詞交互使用，但兩者有所區別。嫉妒通常出現在某種人際關係中，正如你發現自己心儀的對象有其他追求者。嫉妒未必都源於情感關係，但談戀愛的人總有這種心情。

戀人會如此任性又難搞，是因為嫉妒心讓人看不清現實。十八世紀的德國詩人席勒（Friedrich Schiller）說道：「嫉妒就像放大鏡一樣，把小事變嚴重。」英國哲學家戈迪的分析頗有意思。他指出，當事人有時想太多了，其實他的關係沒有出問題，情敵也不存在。但扭曲的想法很難被修正，嫉妒會引我們往壞處想，任由「懷疑」和「輕信」所擺布。一方面，我們會變得疑神疑鬼，將微不足道的小事看作是十惡不赦的犯行。另一方面，只要愛人或對手說點好聽話，我們就會不疑有他地照單全收。就這兩種面向來看，嫉妒究竟是偏執還是天真，其實只有一線之隔。

嫉妒不光會混淆人的判斷力，當事人還會「飲鴆止渴」，做出損人不利己的行為，一步步陷入更大的危機裡。我們還會在無形中養成惡習，將心愛的人視為自己的財產。

說到這裡，我們不禁想問，嫉妒是否一無是處？沒有這種心情的話，是否會活得更好？並非如此，戈迪說：「嫉妒是愛的代價，得到某人的愛後，就會深怕失去這份愛。我們不一定會因此傷害伴侶。在關係中，這是雙方對彼此的合理期待。」照理來說，戀人都期待並相信對方會堅守承諾，一旦對方失信，會產生妒恨也是應該的。

戈迪認為，難處在於尺度的收放。他提醒讀者：「嫉妒心出現時，一定要仔細檢視它的真偽，否則人往往會失去控制。」時時警惕自己，要多觀察現實的情況，否則嫉妒就會變成有毒的情緒了。

—延伸閱讀—

Peter Goldie, *The Emotions: A Philosophical Exploration* (Oxford University Press, 2002)

正義（Justice）

正義可以用來指稱公正的結果、公允的機會或公平的過程；著眼處不同，我們考慮的方向就會有所改變。

被八卦抹黑、沒有拿到應得的遺產、被作弊的人擠出榜單……不義之事不分大小都令人難以接受，然而，這就是每一個人的生命課題。

正義感可不是哲學家創造的，它是你我與生俱來的道德情操。荷蘭靈長類動物學家德瓦爾（Frans de Waal）發現，猴子看到同伴拿到的獎賞比自己多，就會拒絕領賞。小孩也時不時就抱怨：「這樣一點也不公平！」可是在解釋何謂公平之前，我們會先告訴他：「人生本來就不公平。」某種程度來說，這句話沒有錯，可還是讓人難以接受。以撒・柏林說過，哲學家就像小孩一樣，老是執著於一些天真的問題，而其中一項就是「何謂正義」。

第一個回答的人是柏拉圖，可是他不大在意正義是什麼。在《理想國》中，雅典哲學家波勒馬克斯說道：「正義是賦予他人應有的待遇。」蘇格拉底聽完之後把他罵得狗血淋頭，並非他說得不對，而是太過籠統。試問夫妻離婚、撕破臉之後，哪一方會覺得自己活該受罪；他們都會覺得自己受到不公不義的待遇。更進一步說，「何謂正義」，這個問題取決於當事人的處境以及相應的做法。

因此，柏拉圖對正義的詮釋非但不完整而且差強人意。對柏拉圖來說，所謂正義的國家，就是由哲學家發號施令，政府官員、軍人、工人等謹守本分，人人各司其職。《理想國》的主要貢獻在於，它對後世的哲學家發出挑戰，看誰能想出「何謂正義」。

美國政治哲學家羅爾斯（John Rawls）以自由主義為本，提出了最具影響力的正義觀。他設計了一個極具說服力的思想實驗，以揭露我們對正義最深層的直覺。試想，你身在一道「無知之幕」（Veil of Ignorance）的後面，並且有權決定所有國民應得的待遇，可是你並不知道自己屆時所處的社會階層。此外，你也不知道自己會出生在富裕國家的小康家庭，還是發展中國家的貧窮農家。羅爾斯認為在這種情境下，多數人都會選擇公平地分配所有財產。

這個思想實驗可以套用到一般生活的情境：假如你想要一份公允的離婚協議，那就不要去想自己應得的，而是考量對雙方都公平的結果。就算你會不自覺想到自己，也要試著從對方的立場來想。

透過「無知之幕」，我們就能用更公正的角度去思考各項議題，以實現社會正義。有些人覺得，這種正義觀的定義還是不夠清楚，那或許是因為，他們所關心的問題沒有哲學家想得那麼嚴肅。經濟學家沈恩強調，一些學者太拘泥於完美的正義觀，但這世界並非十全十美，而我們多半還是活得好好的。講難聽點，生活中有那麼多不公不義的事，我們也早就知道，正如猴子跟小孩一樣，只能勉強接受。

沈恩認為，正義的標準難以定義，是因為許多價值都是由比較而來。設想，你有三個小孩：老大沒有任何玩具、老二有音樂天分、老三總是準時完成作業，那你應該把意外得到的直笛送給誰？這個問題並沒有正確答案。對你來說，每個選項都有其理由，但對沒收到禮物的孩子來說都不公平。因此，正義可以用來指稱公正的結果、公允的機會或公平的過程；著眼處不同，我們考慮的方向就會有所改變。

若是你有朝一日淪為不公不義的受害者，內心感受到莫大的痛苦與憤怒，不用自責，這是生而為人最自然不過的情感。我們也許可以學著客觀一點，仔細想想，這股冤屈是否只是出於「自利性偏誤」（self-serving bias），把自己的失敗歸咎於環境。倘若不是，那麼你可以借鑑沈恩的觀點安慰自己：世界本就不完美，現實世界沒有任何領導人或組織可以滿足所有人對正義的不同要求。

經過這番長篇大論後，若你發現自己生活中真有殘酷又不公不義的事情，那麼剩下的就是務實地自問：你是否能拿下這場正義之戰，還是說，就算贏不了也值得背水一戰？要是有十足的把握，那就去行動吧。挺身而出，挽救世上的苦人是可敬的，但不要白費力氣對「雞毛蒜皮的小缺失」窮追猛打。

—延伸閱讀—

約翰．羅爾斯，《正義論》（1971）

沈恩，《正義的理念》（2009）

K 字首

從事哲學探討時，

不需要假裝懷疑你確信不疑的事情。

——皮爾士——

知識（Knowledge）

對傳統的西方哲學家來說，或許會猶豫庖丁是否算有知識的人，不過要是說到殺牛，那他肯定勝過任何大學者。

在萬事皆可疑的時代下，我們唯一確定的就是，沒人是全知全能的。科學家、銀行家、醫師、營養師、經濟學家都出包過。在諜報電影《諜影行動》（*Tinker Tailor Soldier Spy*）中，「無人可信，萬事可疑」這句台詞成為新世代的至理名言。

許多人以為，哲學家都支持這種懷疑主義。關於蘇格拉底的事，歷史記載得不多，但我們都知道，他自稱是雅典最有智慧的人，因為他知道自己一無所知，而其他人卻以為自己無所不知。而大家誤以為自己都懂的，就是蘇格拉底那句話的涵義。

柏拉圖的著作多以虛構的蘇格拉底為主角，他假借老師之口，對知識的真實性立下了極高的標準。他說，唯有掌握永恆不變的真理，沒有任何疏漏，才能得到真知。一般人自以為知道的事，從這個標準來看都是假的。對柏拉圖來說，連科學都只是一種見解，因為人所觀察和感知的世界隨時都在變動。

所以，當蘇格拉底說自己「一無所知」時，背後隱含非常苛刻的標準，跟一般人所認知的知識與求知方式不同。今日科學家說，他們「知道」光的速度，但沒有保證這是唯一的現實、永恆不變的真理。科學家承認，我們可觀測的宇宙還很有限，而光速只是一件可測量得出的現象，而這就足以稱為知識。

然而，不是所有哲學家都跟柏拉圖一樣，對知識抱有如此崇高的理想。美國實用主義派的哲學家皮爾士（Charles Peirce）可沒時間思考懷疑論者那些激進的主張。他的名言是：「從事哲學探討時，不需要假裝懷疑你確信不疑的事情。」英國經驗主義者洛克（John Locke）和休謨率先提出，知識不光只有單純的邏輯推論，經驗事實也同等重要；皮爾士便是追隨兩位的腳步。維根斯坦說，如果有人懷疑「我不知道這隻手是否真實存在」，那就回答他「看仔細一點」。這個回答正反映了上述兩種學派的精神。

蘇格拉底也承認，自己理解「知識」的角度稍嫌狹隘了點。「知道自己一無所知」，也算是承認，還有另一種「知識」，雖然無法企及絕對的永恆，但能合理地呈現出當前的現象。

各種學派對於知識的定義莫衷一是，但是西方哲學家大致上都認為，知識包括可以透過語言文字表達的真理。這種「命題知識」（Propositional Knowledge）包括「一加一等於二」、「法國首都是巴黎」、「必比登的推薦餐廳不可靠」或者任何能以句子表達的事。不過，「知識」和「技術」（know-how）是兩回事，後者是一種能力，且未必能透過言語表達。

「技術」在東方哲學扮演核心的角色。在《莊子》的寓言中，有名屠夫丁氏很會殺牛，刀刃所到之處便能讓骨肉分離。只要丁氏開始殺牛，便進入「官知止而神欲行」的狀態。對傳統的西方哲學家來說，或許會猶豫丁氏是否算有知識的人，不過要是說到殺牛，那他肯定勝過任何大學者。

不管哪個文化傳統都會承認，「道德」也是一種「技術」。孔子和亞里斯多德都認為，良善的人懂得如何做好事。光有正確的道德觀還不夠，知道要去做道德上對的事，也是一種技能（見智慧）。

懷疑論者對知識的質疑不是沒有道理。如果有人聲稱，某件事絕對無誤，那麼他內心的蘇格拉底就應該跳出來，去質疑這份過度的自信。抱持謹慎的態度，留下凡事商榷的空間，那就有理由接受當前吸收到的知識。此外，人們應該更重視「技術」，畢竟只有行動派才能完成思想家做不到的事。

—延伸閱讀—

《莊子》

Robert B. Talisse and Scott F. Aikin (eds), *The Pragmatism Reader* (Princeton University Press, 2011)

Ludwig Wittgenstein, *On Certainty*, translated by Denis Paul and G.E.M. Anscombe (Blackwell, 1969)

L 字首

心智需要適當放鬆，絕不可為了照料他人和工作而苦撐。

從本質來看，「時鬆時緊」才是最適合人類這物種的生活方式。

——休謨——

休閒（Leisure）

主動參與、培養技能，這樣的娛樂活動才叫做休閒。

身處萬事皆可「連」的時代，誰不是人手一機，隨時隨地都「準備上線」。偶爾人們會說要讓「身體關機」、「腦袋停止運轉」，彷彿我們像是需要插電的機械設備。這些比喻也暗示了，在工作和雜務之外，我們真正需要的是什麼也不做，直接躺平耍廢。難道這就是所謂的悠閒嗎？

從羅素名著《閒散讚》（*In Praise of Idleness*）的標題來看，閒暇放空的確是件好事。不過，閒散並非懶散，而是暫停有償性的工作，騰出時間從事其他活動。此外，誠如經濟學家羅伯特·史紀德斯基（Robert Skidelsky）和與其子哲學家艾德華·史紀德斯基（Edward Skidelsky）的描述：「休閒活動本身就是目的，而非達成某種目標的手段……主動參與、培養技能，這樣的娛樂活動才叫做休閒。」由此可見，只要行動的首要動機不是金錢，工作也可以是休閒。這意味著，有些休閒名不副實，可能只是為了達到其他目的，比如上健身房是為了搭訕其他會員；有些休閒則過於被動消極，像是癱在沙發上吃零食，無意識地轉著電視遙控器。

羅素也認為，休閒並非消極地什麼都不做。他解釋道：「放空不算是有建設性的休閒，但也不一定要從事『知識分菁英』專屬的活動。」土風舞也不錯。除此之外，看球賽、上劇院、打高球和閱讀也都算休閒。

從心智發展的角度來看，主動式休閒更是不可或缺的一環。美國心理學家契克森米哈伊（Mihalyi

Csikszentmihalyi）提到「心流」這種心理狀態。當我們全神貫注於手邊的任務時，其他的人事物彷彿會自動消音。要進入心流境界，任務的難度必須和自己的實力不相上下。倘若不費吹灰之力就達成目標，那麼一下子就會失去興致；要是費盡全力還差十萬八千里，反倒會令人焦慮起來。最理想的目標是有挑戰性卻不至於令人招架不住。幸福感很難掌握，但只要有意識地引導注意力，就更有機會進入心流狀態。

從事工藝活動，就有助於連結身體和心智，因此很容易就進入心流狀態。可想而知，近年來才有這麼多人重新拾起創作藝品的興趣，因為好處實在很多。比方說，編織物品有助轉移注意力、放下日常的壓力與擔憂，進而培養耐心、實踐創意。學習新技能、從無到有的製造物品，就能提升「自我掌控感」。

亞里斯多德認為，想要豐富人生，絕對少不了休閒活動。可是他所謂的休閒都是些菁英分子的活動。這個想法和一般人的期待有所出入。他認為，最有價值的就是智力活動，尤其是學習和沉思。至於其他領域，例如政治和戰爭，都則只是手段，本身沒什麼價值可言。

讀者應該會覺得，哲學家也太嚴格了，工作之外想放鬆一下、做點娛樂都不行。不過從他們的實際生活來看，會發現哲學家也很重視休閒。維根斯坦熱愛好萊塢西部片，英國分析哲學家艾耶爾（A.J. Ayer）喜歡跳舞，更是托特納姆熱刺足球俱樂部（Tottenham Hotspur）的粉絲。亞里斯多德、羅素和史紀德斯基父子想傳達的訊息是，放鬆、耍廢沒什麼不好，但休息不該僅止於此。

休謨就是很好的例子。他在從事休閒活動時，會適當安排完全的放鬆時間。休謨認為，年輕時太努力工作，身心就會崩潰。他老早就領悟休閒的重要性。生活要取得平衡，就要給自己時間充電並提醒自己，人生不只有工作。他寫下：「心智需要適當放鬆，絕不可為了照料他人和工作而苦撐。從本質來看，『時鬆時緊』才是最適合人類這物種的生活方式。」

身心休息、放鬆，人們才能放開心胸感謝生活的美好，否則工作壓力太大的話，好心情一下子就會消失無蹤。」一如英國詩人戴維斯（W.H. Davies）的詩作〈休閒〉：「如若憂思重重，生命將何如／無暇駐足與凝望。」

戴維斯在詩文中暗示，休閒能夠滋養心靈。齊克果寫得比較直接：「大家都說，工作是為了避免遊手好閒，但如果生活過得充實，閒晃又何妨……這遠遠算不上是惡行，反而是真正的美德。」因為，活動太多的話，就無法專心沉思和內省，只能無意識地被生活帶著走。他說：「過勞工作的人，就無法進入平靜的精神世界。」齊克果所刻畫的人物，今日我們一眼就能認出來：「有些人有天賦異稟的才能，可以將每件事變成商品。他們是天生的業務，不管是談戀愛、結婚、講笑話或欣賞藝術作品，都帶著推銷商品時的那一套熱情。」

過去人認為，生產力是工商社會的至高原則，所以休閒活動不該過於講究。但這個原則早已被撼動，現代人都懂得要安排一些有建設性的休閒活動，正如羅素說：「把閒散的精神巧妙地融入生活中，這就是文明人最關鍵的能力。」至於該怎麼做，就要靠每個人去探索。拋開所有附加的價值，找出能引發你熱情的活動，那就是最好的休閒。

—延伸閱讀—

Bertrand Russell, *In Praise of Idleness and Other Essays* (George Allen & Unwin, 1935)

失去（Loss）

人類天生就不擅長計算得失，所以時常弄錯事情的輕重緩急。

說也神奇，丟了幾十塊或是準備當下午茶的餅乾被吃了，會令人惱怒不已，雖然那只是微不足道的損失。心理學家說，這就是「損失規避」（loss aversion）的心態：比起從沒擁有過，曾經得到但失去了更讓人難受。當你丟失了某個東西而大為光火時，不妨問問自己，要是從來不曾擁有它，那會是什麼感覺？倘若答案是「感覺還好」，那你最大的損失就是花了多餘的時間跟精力在那邊憤恨不平。

人類天生就不擅長計算得失，所以時常弄錯事情的輕重緩急，連失去自我都不知道。對此，齊克果描繪得十分優雅：「人類最悲慘的狀態是，自我悄然地消逝在世界上，彷彿自始至終不曾存在。」少了一隻胳膊、一條腿，丟了五塊錢或老婆跑了，你一定會發現，但失去自我卻無聲無息。

齊克果的論點相當複雜，可是不必深究也能掌握大致的精髓。也就是說，當你隨波逐流、任人宰割，就會忘記真我，失去內在深層的價值與情操。物質上的損失一定會造成不便，尤其金錢，可是只要自己和所愛之人平安健康，那都算小事。

我們也應多提醒自己，每天生活都會失去一些人事物，這是常態。「珍愛的事物終究會離我們而去，或早已不復存在。」塞內卡如是道。

「失去」是日本哲學的核心。岡倉天心（Kakuzo Okakura）指出，日本的花道就在傳遞「失去」的奧義。他《茶之書》中提到：「西方社會奢靡浪費，為了讓舞廳更華美、宴會更盛大，主事者買來不可勝數的新鮮花朵，但活動結束後就丟棄。」他不禁惋惜，西方人對待生命如此漫不經心。反觀日本的花道大師只會折取少許花莖，甚至僅用一枝，等到花謝了，「再溫柔地將她託付給流水，或是慎重地埋入土裡」。他們慎重地對待自然界的一花一草，憐惜世間萬物的存在，並做好心理準備，迎接它們的逝去。

失去某些人事物，確實會令人痛徹心扉（見喪慟、健康與病痛）。不過，若悲傷時能停下腳步，思索生命的意義，你應該會發現，就算它們不在了，自己也能活得好好的。甚至你會領悟到，既然你曾經擁有，就不免要付出失去的代價。花開自有花謝時，最起碼，那傷感的回憶，便是證明你好好活過。

—延伸閱讀—

齊克果，《致死之病：關於造就和覺醒的基督教心理學闡述》（1849）

岡倉天心，《茶之書：日本文化的神髓所在》（1906）

愛（Love）

因愛而生的正面情感，與其對象帶給你的想法密不可分。

「愛」堪稱是人這一輩子最重要的追求目標。英國詩人拉金（Philip Larkin）寫下：「愛，是你我生存的力量。」柏拉圖在《會飲篇》中提到，喜劇作家阿里斯托芬創作了神話來講述愛情的起源。原先，世間凡人分為男人、女人和亦男亦女（man-woman）；男人是太陽的後裔，女人是大地的後裔，亦男亦女則是月亮的後裔。亦男亦女向來力大無窮因而自視甚高，甚至企圖造反。宙斯與眾神經過一番商議後決定將亦男亦女一分為二，這麼一來他們的力量就衰弱了，從此以後所有半人便踏上了尋覓「另一半」的旅程。阿里斯托芬寫下：「無論是純純的愛或黃昏戀情，只要邂逅了另一半，兩人便如天雷勾動地火，陶醉在情愛、友誼等親密關係中，恨不得一刻都不分開。」

阿里斯托芬將戀人合而為一的概念描繪地栩栩如生，基督徒也視婚姻為兩個人「成為一體」。由分求合，顯然是經久不衰的意象，即使到了現在，我們也時常以「另一半」或「靈魂伴侶」來稱呼愛人。休謨對於「自我」的詮釋也呼應了生命共同體的概念。他主張，自我是「一束束知覺」；人是由一生中得到的感知與經歷所構成，所以並非全然獨立於他人而存在。個體不斷與另一個人共享生命的所思所感，身心就會逐漸交融，「你」會慢慢成為「我」的一部分，而「我」也會漸漸成為「我們」。

生命共同體分道揚鑣後，兩方都痛苦難耐，因此我們常用「撕心裂肺」來描述分手的傷痛。遺憾的是，誰都逃不過分離的宿命。縱使感情已經出問題，雙方都走不下去了，我們還是會哀悼失去的另一半自我。越是這種時候，越難回想起交往前開放、有活力的那個自己。事實上，你過去既有能力與另一半磨合，那麼隨著時間過去，你應該能恢復為原先的模樣。

人們常以為，戀愛這類情感根本上都是不理性的，所以陷入情網的人才會無法自拔。「理性無法掌握人心的運作方式。」法國神學家巴斯卡（Blaise Pascal）如是道。一般認為大腦是理性的，但人心不是，然而兩者並非各自為政。在中文中，「心」包括感知與思考，所以我們才有「心智」的概念，它的活動與大腦息息相關。

在歷史上，對「愛」最無趣的詮釋來自荷蘭哲學家斯賓諾莎（Baruch Spinoza），雖然也帶給我們不少啟發。他說：「愛的本質淺顯易懂，那不過是一種愉悅感。它源於外界的事物，令人產生各種想法。正因如此，陷入情網的人必然拚命求愛，確保所愛的對象近在眼前。」

這種枯澀的話語應該不會出現在情人節卡片中，但不可否認的是，斯賓諾莎切中了要旨。「愛」有各式各樣迥然不同的輪廓；除了愛情之外，我們還會愛家人、愛吃巧克力、愛看書、愛地球、愛同胞。然而，無論是哪一種愛都會有其對象，它會喚起你我心中某種正面的情感，但不一定是快樂。愛的對象不限於身邊的人事物。許多研究顯示，小孩不在家的話，家長比較快樂，但還是想知道孩子是否安然無恙；所有人都會想確保所愛的對象完好無缺。

斯賓諾莎指出，關鍵在於「想法」。你與某人相處愉快，不見得可以成為戀人，因為你對於他毫無想法。因愛而生的正面情感，與其對象帶給你的想法密不可分，這就說明大腦與心情是不可分割的，感覺和想法必然緊密交織。

愛火燒得猝不及防、令人難以自拔，你也要試著想想，自己為什麼會有這種感受。有時，以愛為名的情感會把人困在死胡同裡走不出來，落得雙方兩敗俱傷。因某人而生的喜悅越是濃烈，感情消逝的傷痛越是深刻。了解這點，才懂得在感情生變時調節心情。

除了欣賞和迷戀個別對象的愛情，還有一種無私大愛。斯多葛學派認為，既然人類是理性的物種，必然對同胞有普世之愛。因此斯多葛鼓勵門徒發揮同情心，多為他人著想，從家人、鄰居到國民，最終推己及人至全人類。

許多宗教都不約而同強調普世之愛的重要性。基督教主張，每個人都值得接受上帝的愛，並鼓勵信徒以慈愛的心對待鄰人，就算你們感情不怎麼好。「你們應該愛仇敵，為那迫害你們的人禱告。」耶穌如是告誡。

佛教更大力宣揚以慈悲心善待芸芸眾生。《慈經》有云：「對一切眾生應修習無限的慈愛心，猶如慈母用生命保護自己唯一的孩子。讓無限的慈心遍照於十方世界，上、下、左右，不受阻擾、不懷仇恨、不抱敵意。」

普世大愛比較類似於立身處世的態度，而非自然發生的情感。打坐等修行方式都是在幫助人們培養慈悲心。嘗試觀想自己站在山頂吹響大法螺，讓慈悲的光芒照耀四方。對世界萬物抱持憐憫心，學著轉化各種經歷帶來的不同感受，擁抱愛情以及伴隨它而來的喜怒哀樂。

—延伸閱讀—

斯賓諾莎，《倫理學》第三冊（1677）

柏拉圖，《會飲篇》

Simon May, *Love: A History* (Yale University Press, 2011)

熱愛生命（Love of Life）

追求幸福當然很重要，但苦中作樂才是更偉大的情操，讓人欣然接受生命必然的不幸。

參加喪禮時，最令人傷感的段落，莫過於緬懷逝者在世時多麼「熱愛生命」。有時這只是委婉之詞，其實當事人生前過得十分放縱。雖然如此，這四個字依舊道出我們真誠地想活出自己的生命。只要找到熱情，就能擁有生活的動力，就算日子再苦，也能起床迎接每一天的挑戰。

「熱愛生命」意謂著，我們深刻體認到「活著」的意義，覺得萬事萬物都有趣味之處。有些人對世界懷著豐沛的好奇心，有些人則是樂在日常生活中找到小確幸，這些都是熱愛生命的表現。

即使生活不大如意，我們仍舊能享受生活。羅素指出，某些人就是藉由生命的不順遂來延續熱情：「有些人遇到地震會跟自己說：『原來這就是地牛翻身。』當作認識一種自然現象。」

然而，羅素並沒有天真到相信，即使生活再困頓，熱情也會永不止息。他認為，病痛會撲滅對熱情的火苗。的確，人們總會擔心，一旦病痛找上門，人生就毀了。但事實上，就算真的遭逢不幸，也無損我們對生命的愛，有時候甚至會激發我們的意志力。這種切身的痛苦經歷，使得人們格外珍惜自己擁有的一切。

在羅素眼中，灌溉熱情是通往幸福的途徑；著迷的事物越多，就越能感受幸福。這句話說得沒錯，但卻不是熱愛生命的主要原因。追求幸福當然很重要，但苦中作樂才是更偉大的情操，讓人欣然接受生命必然的不幸。

你可能會懷疑，這難道不是基因所決定的嗎？正如有些人生來就特別熱情。這樣想也有幾分道理，他們確實天生就更熱衷於活出生命。可是，除了個性之外，後天所培養的生活方式也是關鍵。也就是說，你可以決定自己是否要活得像行屍走肉一般。因此，不妨多多練習，找出一些美好的事物，讓你慶幸「活著真好」。不少人因此發現，原來活著是如此簡單自然的事，並反省到自己平常太消極了。很多人會因此一時興起，突然變得積極起來。但千萬別虎頭蛇尾，多多發掘生命的美好，熱情自會成長茁壯。

—延伸閱讀—

羅素，《幸福的征途》（1930）

忠誠（Loyalty）

深信對方有進步的空間，能改正錯誤，並幫助他們一起度過難關，這才是真正的朋友。

六〇年代末，美國鄉村歌手泰咪．懷尼特（Tammy Wynette）推出單曲《支持妳的男人》（*Stand By Your Man*），並獲得廣大迴響。懷尼特與製作人共同創作這首歌，以描寫女人對男人死心塌地的愛，並無條件包容對方的過失與缺點。然而，當時正值美國女權運動大鳴大放之際，所以引來不少女性主義者抨擊。其實這首歌的歌詞也並非全無道理：生活遭逢低谷時，總會希望親友、同事們不離不棄。話雖如此，也有不少人是看走了眼，枉費自己多年來的真心付出。忠誠和其他美德一樣，過多過少都不及，唯有恰到好處才是上策。

然而，知易行難，要取得恰如其分的平衡談何容易。事實上，忠心分成兩種，要放在對的人身上。第一種是「義氣」，它僅屬於你自己的人際關係，或有朋友一再令你失望，你可以考慮絕交，但影響範圍僅止於此。而「忠貞」牽涉到更廣的層面，假如朋友涉入犯罪活動，你要考慮的就不只是友情，還有你對鄰里、社群與國家的義務。

在道德上，展現義氣的代價比較小，只要對親友信守承諾、履行責任就好，我們對陌生人沒有任何義務。然而，當某段關係瀕臨破裂時，我們是否還應該不離不棄？此時最好的辦法就是換個角度，看看對方是否在乎這段感情？再者，也可以參考孔子和亞里斯多德的建言，人難免犯錯，再給對方一次機會也行。有些人的缺點就是對朋友太死心塌地，那應該試著放下執著。反觀有些人太容易放棄，那就要挑戰自己、再多堅持一下。

至於忠貞的義涵，則取決於社會期待。在華人社會中，最神聖而不容侵犯的核心價值就是家庭，其他的人際關係都是外圈。過去幾百年來，中國律法一直保有「親親相隱」的制度，禁止親屬之間相互指控或作證，即使犯罪行為屬實。由此可見，對中國人來說，家庭倫理凌駕於社會正義之上。

不分疆界，各地都重視忠誠這項價值，但西方社會更重視普世原則，不允許以私害公。在十八世紀歐洲的啟蒙運動中，倡議者主張，每個人的權利與權益均等，因此裙帶關係和差別待遇都是不義之舉。直到現在，若有政治人物安插自家人作為助手，都會引起爭議；私人公司的員工也不可以走後門幫孩子找工作。忠心如今是屬於私領域的個人特質；身為公民，公允無私才是首要的義務。

可是，凡事都講求大公無私，未免顯得不近人情。人際關係是美好人生不可或缺的一環，要是忽略情感上的羈絆，等於無視親疏有別的事實，否認威廉斯所說的「人際分野」（見利他主義）。換句話說，一視同仁等同於忽略他人的獨特之處，而它正是你我產生連結的關鍵。

義氣和忠貞都很重要，雖然常常難以兩全。試煉降臨時，我們必須考慮兩件事，首先是事情的嚴重性。在正常情況下，好朋友不會因為你亂丟菸蒂就去環保局檢舉你，但你不能妄想在犯下販毒、詐欺等罪行後，親友還會替你掩飾。其次，若沒有任何背叛的證據，你都應該相信朋友。

最重要的是，對朋友忠心，不一定要事事都支持他。若朋友做錯事，就應該請他坦承錯誤，並讓他學著付出代價或做出補償。對公司、團體和國家的忠誠也不外如是。不可盲目追隨親友的腳步，那只是「愚忠」。深信對方有進步的空間，能改正錯誤，並幫助他們一起度過難關，這才是真正的朋友。

延伸閱讀

Bernard Williams, 'Persons, Character and Morality' in *Moral Luck* (Cambridge University Press, 1981)

運氣（Luck）

最好心甘情願地接受，機率才是人生的主宰。

二〇一四年三月八日，馬來西亞航空三七〇號客機原訂由吉隆坡飛往北京，不料途經南海上空後就離奇失聯，至今下落不明。當天空服員陳美足剛好跟同事換班，這種事對機組員來說是家常便飯，但誰也沒想到這一換竟就此逃過死劫。四個月後，陳美足的先生桑吉德．辛格同為馬航員工，因為與同事換班而登上一七號班機，這架飛機途經烏克蘭東方領空附近，遭俄羅斯分離主義分子擊落，機上所有人無一倖免。

這就是運氣，同樣是換班，一個走運逃過一劫，一個不幸踏入鬼門關。然而，一對夫妻先後遇上兩起空難，巧合得離譜而令人難以置信。

大好大壞的情形不常見，但每個人都有走運和倒楣的時候，但後者令人難受。大家為了工作和生活，總是全力以赴，但結果無法盡如人意，好比說賣命工作還是無法升職、苦苦尋覓卻找不到靈魂伴侶。有時我們不經意踏入錯誤的地方，就會感染病毒或是遭逢橫禍，人生就此大變。又或者搬進心目中理想的房子，隔壁卻住著來自地獄的惡鄰居。在這些情況下，我們別無選擇只能自認倒楣。

但有些人不能接受，意外的發生沒有任何道理。他們覺得，事出必有因，人生是掌握在自己手裡，絕沒有偶然的事。確實，自古以來，人們不斷在說服自己去接受各種不順遂的境況，因而想出各式各樣的說法來解釋世事無常。數千年來，印度哲學家都在強調「業」的概念，它是一種「法則」，也是「作用力」。印度人解釋道，每個行動都會產生結果，所以「業」也是道德律。早期的婆羅門認為，只要做人循規蹈矩，就可以心想事成。隨著時間推移，業力的觀念更進化了，印度人強調，每一項作為都會反饋到當事人身上，因此善有善報、惡有惡報。佛家進一步將善惡的念頭納入業力的一環。至今，印度以外的許多地方也有類似觀念，比如中文俗諺：「種瓜得瓜，種豆得豆。」

東方人相信因果業報，也有相關的成語，如「三生有幸」。有些好事是宿世修來的福報，而不是今生所付出的努力。言下之意，此時此刻的境遇不是近期造成的，而好運、壞運則可以經由努力獲得。

我們都知道「人生無常」，要實現美好人生，「好運」不是必備因素。這個說法最早可以追溯到柏拉圖，他分別寫過「好人不會遇到壞事」及「智者用不著運氣」。柏拉圖的意思是，聖者不在乎會受運氣所影響的事，諸如健康和財富。賢人惟以智慧為依歸，這才是恆久不變的真理。

六世紀哲學家波愛修斯（Boethius）也有相同的信念。他出生在羅馬帝國搖搖欲墜的時期，前半生從事學術研究，入仕後風光一時，後來遭控叛國，因而鋃鐺入獄，最終被處決。在獄中等待受刑的那年，波愛修斯完成經典著作《哲學的慰藉》（*The Consolation of Philosophy*），這是一本對話錄，他將哲學擬人化為女神，並與其進行對話。

在書中，波愛修斯說出自己人生的淒慘境遇，並向哲學女神埋怨造化弄人。他感到非常屈辱，這輩子循規蹈矩，好不容易爬到高位，卻不受命運所眷顧，一夕淪為階下囚。哲學女神聽完後提醒他：「命運變化多端。」對人生有錯誤的期待，就會付出悲慘的代價。他接著說：「愚蠢至極的凡人，要是命運之輪停止轉動，世間萬物就沒有動力了。」

哲學女神為自己辯白：「命運是永不止息的大輪盤。我公平地轉動輪軸，使尊者為卑、卑者為尊。想往上爬，那就來吧，可是一旦輪到你掉下來，就別怪到我頭上。」

哲學女神指出，財富、榮譽、權力、名聲終歸是命運的餽贈。智者心知肚明，這些是身外之物，隨時會被收回，只能當作借來的，而非理所當然屬於自己的東西。她還說，波愛修斯其實沒有損失，因為真正有價值的東西無法被奪走，「你是自己的主人，你擁有自我的人格。沒有人願意失去真實的自己，那才是命運搶不走的美好」。

波愛修斯認為，德行是至善、惡行是至惡，這一點強烈呼應斯多葛學派的看法。斯多葛認為，「充分發揮理性」是一種美德，唯有它才能帶你走向幸福的康莊大道。據此，人生其他的事情都是次要的，它們可分為「令人厭惡」和「討喜」的事情：前者包括死亡、疾病、痛苦、醜陋、軟弱與貧窮；後者包括名聲、財富、人際關係、健康，甚至是生命本身。討喜的事情誰不愛，甚至讓人窮追不捨，但它們的價值有限。所以，遇到了不妨好好享受，失去了不必傷心欲絕，縱使天不從人願，也別放棄自己的價值觀。

波愛修斯的想法非常崇高，可惜一般人難以企及，如同亞里斯多德所言：「若有人誇誇其談道：『善人即使遭受酷刑或大難臨頭，也能安然開懷。』那一定是在胡說八道。」

實際上，我們討論的運氣，大多屬於哲學家內格爾說的「境遇運氣」（circumstantial luck）。我們意識到自己的生活環境很好、活在承平的時代並獲得良好的教育。不過內格爾亦強調「構成性運氣」（constitutive luck），也就是說，人的個性、習性和脾氣或受到先天基因以及後天的教養所影響。

人生多半取決於境遇和構成性運氣，而到底是一帆風順或命運多舛，似乎只是機率的問題，就連德性操守也不是你所能選擇的。你能否秉持道德行事，端看其性情，而後者又取決於成長背景和生活環境。受過教育後，你能否融入社會？你的生活條件是好是壞？從本質上來說，納粹集中營的守衛並不是惡人，而出生在和平時代、不曾經歷道德兩難的現代人，也沒有比較高尚。很多人都有過開車打瞌睡或惡意按喇叭的舉動，釀成意外的人會被公審、送入監牢，而僥倖沒事的人則躲過一劫。

還是務實點比較好，最好心甘情願地接受，機率才是人生的主宰。如此一來，看到他人遇到壞事時，才能將心比心；畢竟，會走上歧途或正道，其實只是差在運氣而已。

仔細想想，這個世界如常運轉，而你每日平安生活，這就已經是不可思議的機緣，何嘗不是受到命運的眷顧？欣賞鳥語花香、感受和煦暖陽、品嚐美酒……都要有足夠的條件才能享受，至於人生中不幸的那一面，就當作必然得付出的代價吧！

—延伸閱讀—

Boethius, *The Consolation of Philosophy* (c. 523)
Thomas Nagel, 'Moral Luck' in *Mortal Questions* (Cambridge University Press, 2012)

說謊 (Lying)

我們時常扛著「為別人好」的大旗，以合理化自己的說謊行為。事實上，這只是安慰自己的說詞而已。

「不好意思，我身體不舒服，所才沒去同學會」、「這件衣服穿在妳身上很好看」、「我真為你開心！」這些應該屬於善意的謊言，有利於維繫人際關係。然而，要講真話或假話，背後有許多道德考量。你會跟病重垂危的人說「你一定會好起來」嗎？你曾經外遇的事會隱瞞到底嗎？你會舉報同事的不當行為嗎？

可以肯定的是，自稱沒說過謊的人，絕對在說謊。欺騙者的心態非常複雜。在詳盡剖析後，康德總結道：「無論要做出哪種陳述，保持誠實是理性的至高原則，不應便宜行事。」換句話說，誠實是義務，謊言永遠站不住腳。對此，同時代的法國哲學家康斯坦（Benjamin Constant）則不以為然、嚴加批判。康德則堅持：「若有人在追殺你的朋友，而對方找上門，問你是否有協助藏匿：要是你對兇手撒謊，就算是犯罪。」康德這番言論受到諸多學者詬病，畢竟他沒有明確駁斥康斯坦的質疑。

多數人都認為，說謊沒有絕對的對錯標準，那麼問題來了：在什麼情況下，說謊可被允許甚或是應當的？效益主義者的答案很簡單，要是假話的後果勝於真話，那麼說謊自然是合理的。哲學家彌爾的說法似乎在回應康德與康斯坦的爭辯。關於謊言可成立的前提，他認為：「若隱瞞部分事實，就可以避免無辜的人受害、受傷，那就不應該全盤托出。所以壞人講的話不可照實傳達，醫生說的壞消息也不要馬上轉述。」

彌爾也承認，效益主義的論點有問題。因為，社會要能正常運作，最重要的基礎就是人與人的信任感。只要結果是好的，就可以無所顧忌地欺瞞他人，那麼社會所看重的誠實價值就會被破壞。彌爾闡述道：「任意曲解事實，即使是無心的，也會侵蝕人與人的誠信基礎。要促進社會改革，最重要的原則就是講實話，否則相關政策一定會有缺陷、破壞力更強。文明與道德會因此倒退，人民就不再能享有幸福的生活。」想必孔子和亞里斯多德也會贊同彌爾的看法。他們深信，修身養性、培養誠實可靠的特質，才能成為有德之士。子曰：「知之者不如好之者，好之者不如樂之者。」換言之，要打從心底願意當個誠實的人，把坦率當成習慣，必要時有所變通就好。絕不可以把效益主義作為說謊的藉口，一味地算計人際關係對自己的好處，你的人格就會愈來愈崩壞。

話說回來，如何檢驗謊言的正當性？可以參考美國心理學家姬莉根（Carol Gilligan）提出的關懷倫理學（Care Ethics）。姬莉根認為，西方倫理學的論述，都是從男性中心出發，各種原則均以刻板的理性精神為依歸，女性（尤其是母親）的關懷特質則被無視甚或輕視。因此，姬莉根主張，照顧關係才是道德行為的核心。

關懷倫理學沒有硬性的道德指引，只有建議大家，忍不住想撒謊時，務必捫心自問：在這個情況下，最有同理心的做法是什麼？務必要謹慎、體貼地思考，還有對自己誠實。我們時常扛著「為別人好」的大旗，以合理化自己的說謊行為。事實上，這只是安慰自己的說詞而已。不要自以為了解對方的利益與需求；尊重彼此的欲望與價值觀，就是最真誠的關懷。

姬莉根提醒我們，謊話會侵蝕人與人的信任感，後果非常嚴重。就算是小事，被騙的人也會非常傷心。除此之外，說謊的人難免會覺得自己高人一等，自認為有能力接受事實，而對方禁不起得知真相。

生活偶爾得說謊，否則會過得很痛苦；但也不能充滿謊言，總有一天會東窗事發。倫理學家們提出各種詳盡的論證，他們一致贊同，誠實是首要的美德。除非是無害的謊言或必要之惡，否則盡量不要說謊。

—延伸閱讀—

Carol Gilligan, *In a Different Voice: Psychological Theory and Women's Development* (Harvard University Press, 1982)

Alasdair MacIntyre, *Truthfulness, Lies, and Moral Philosophers: What Can We Learn from Mill and Kant?*, 'The Tanner Lectures on Human Values' (1994), available online at tannerlectures. utah.edu

M

字首

受過適當的教育，永遠都不會無事可做。

——迪格雷——

意義（Meaning）

即使萬事萬物都令人失望，還是能設法化危機為轉機，找到生而為人的意義。

奧地利精神科醫師弗蘭克（Viktor Frankl）說，人類有「尋找意義的欲望」，他稱為「原始驅動力」（primary motivational force）。不過，每當人生陷入黑暗時刻，我們總會覺得生命失去意義，原先讓人興致勃勃的活動，也會變得枯燥乏味。那麼，該如何找回意義呢？這趟旅途十分艱難，因為「意義」相當含糊且令人費解，而生命又該如何「富有意義」呢？

許多人假定，意義是客觀存在的，或許是神聖的造物者所賦予的，讓人類賴以維生。而許多宗教團體都認為，其教義就是普世真理。不過弗蘭克和現代哲學家認為，抽象的生命意義並不存在。他們的見解是否會帶我們走向虛無主義？也就是說，任何事物都沒有價值，我們註定走上荒謬與絕望一途？

幸好，雖說生命本身沒有天賦的意義，但每件事情都可以找到一些價值。弗蘭克說，我們必須自己去發掘意義。每一個人都可以從工作、親密關係、野花或每日小確幸中，找到珍貴的事物，過著圓滿有意義的生活。每個人的生活各有旨趣、獨一無二；對你有意義的事，也許我會不以為然。

每個人的趣向都不同，弗蘭克認為，追尋生命意義的方式大致可分為三種。第一種是「創作或行動」，能寫出曠世巨作或暢銷小說當然很好，但只要是你看重的領域，都值得付出心力去投入。第二種是「經歷事情或遇見某人」，接觸大自然、看畫展、聽演唱會或談戀愛，都會帶來全新的感受。第三種是「勇於面對無可避免的苦境」，弗蘭克是在奧斯威辛集中營體悟到這點。即使萬事萬物都令人失望，還是能設法化危機為轉機，找到生而為人的意義。

當人生遇到低潮時，就可以從這三種管道去探索意義。想想你欣賞的人、喜歡做的事或喜愛的地方，這些培植人生意義的養分。就算眼前一片虛無，只要面對艱難的處境，就能建立內在的力量，找到人生潛在的意義。

—延伸閱讀—

弗蘭克，《活出意義來》（1946）

憂愁（Melancholy）

「我是個不快樂的人……奇怪的是，我的精神還很完好，甚至發展出罕見的韌性。」——齊克果

現代人已經不常說「憂愁」，大家通常都會說自己「情緒低落」，接著就把「憂鬱」（depression）掛在嘴上。人們忘記了，言語十分重要，用不同的詞彙來形容經驗，就會左右自己的感受。說自己有「憂鬱症」，這是種不專業的診斷，搞不好你只是有點難過或沮喪。

心情不好有很多種，現有的詞彙還不足以完全表達。齊克果區分了不快樂（unhappiness）與精神上絕望（spiritual despair）這兩種負面情緒：「從深層的意義來說，我是個不快樂的人，年輕的時候，遭受一次又一次的打擊，將我逼到理智崩潰的邊緣。奇怪的是，我的精神還很完好，甚至發展出罕見的韌性。」許多人會混為一談的狀況，齊克果卻能精準地加以區分。他認為，就算心情不好，還是可以保持堅定的精神。同樣的道理，不快樂、難過、憂愁與憂鬱都是不同的情緒。

比如說，球賽輸了令人難過、不開心，但不至於令人憂鬱；而憂愁的人卻不一定絕望。「憂愁」源於古希臘的體液學說，體內的黑膽汁過多，就會出現害怕與難過的情緒。經過時間推移，它的意思也逐漸改變，在不同時代有不同的用法。有時候它與憂鬱可混用，但就連後者的涵義也不斷在改變。桑塔格打趣地說：「憂鬱跟憂愁差不多，但少了一種迷人的氣氛。」

憂愁與憂鬱當然有重疊的部分，不過基本上，前者很少會被歸為心理疾病。換個角度看，憂愁是種無害

的情緒。我們難免會對人生感到不安，也會覺得世態炎涼，難免都要面對苦境的折磨。聽來讓人意外，但是憂愁的人未必會對世界產生疏離感，也不會阻撓我們去實現人生、享受生命。

你可以把憂愁的心情可以轉成藝術創作，或是走入大自然療癒自己。憂傷的音樂向來動人、悅耳。在日本美學中，「物哀」是用來描述，萬物瞬息萬變，難免會令人有一絲傷感。這種酸甜交織的心情，促使我們深觀、省思自己的生活，並試著開展更豐富的人生。

—延伸閱讀—

Søren Kierkegaard, *Papers and Journals: A Selection*, edited by Alastair Hannay (Penguin, 1996)

回憶（Memory）

人生經驗的意義取決於你的觀點，所以你在回憶過往的同時，就能串連起各個事件。

從傳統的室內電話、無線電話到智慧型手機，電話的歷史實在奇特而有趣。更有意思的是，現代人隨時隨地攜帶手機，通話卻是最不常用的功能。準確來說，時下的智慧型手機應該是「記憶捕捉裝置」。參加活動或旅遊時，人們總不停地在拍照錄影，比起欣賞周遭景色，我們花更多時間在小螢幕上面，為的就是留下回憶。

如今，回憶的價值已然超越實體商品，成為資本主義經濟中最具規模的市場。大型電音派對、養生旅遊團或野外露營活動，這些休閒的費用愈來愈高，想要創造美好的回憶，就得花掉不少薪水。

為何我們如此重視回憶，其背後有非常充分的理由。回憶是形塑自我不可或缺的一部分，思想也大部分都由回憶所構成。洛克認為，時光飛逝，你的身體會老化、個性會改變，但你依舊是你，因為你的自我意識沒變。洛克說：「不管你過去出現在哪裡、處於哪個階段，那都是你，因為你的思維是不斷延續下去的。」一有了回憶才能延續自我意識，記住不同時空背景下的自己，你才能反省並思索人生。一旦徹底失憶了，就會認不得自己過去的身分與作為。

如此說來，只要能運用科技延續回憶，人類的心智就會更完整。英國哲學家克拉克（Andy Clark）和澳洲哲學家喬爾默思（David Chalmers）認為，我們習慣藉由身外之物來擴展心智運作的能力，比如用日記和手帳來記錄生活、擬定計畫。至於數位影像和影片，更可以額外增加大腦的儲存容量。現在我們也像電腦一樣，把回憶存放在「雲端」。

哲學家強調，雖然回憶對自我認同有其必要性，但空有回憶還不足以拼湊自我的全貌。誠如麥金泰爾所言，完整的自我包含一整套的「生命敘事」（narrative unity of human life），回憶與經驗必須合為一體，生命故事才會完整而連續，而主角才會清晰。

理解自我認同與生命敘事的概念，你就會發現，原來自己是人生故事的作者。人生經驗的意義取決於你的觀點，所以你在回憶過往的同時，就能串連起各個事件。否則我們就只會有片段的回憶，並把各個事件當作隨機發生的。

麥金泰爾的論點有其瑕疵，但蘊含著發人深省的道理。光顧著填滿回憶，只能建構出膚淺的生命敘事。想過得多彩多姿沒什麼不好，但真正豐富又深刻的生命經驗，會帶有個人的視角與成長意義。

請你試著回想，在不斷開展的生命故事中，最撼動心弦的是哪一段？參加搖滾天團的演場會固然過癮，但唯有長年支持、每首歌都琅琅上口死忠樂迷，才能體會到現場表演所帶來的獨特意義。去米其林餐廳吃飯時發限時動態，一定會引來網友羨慕的眼光，但除非你對料理有獨到的品味與研究，才能細細體會到那些佳餚的魅力之處。

一張接一張的快照和自拍，只會令人美感疲乏。因此，想體會那些愉快的時刻，就得充分活在當下。越努力想留下回憶，經驗的色彩只會越平淡，最終成為沒有任何意義的畫面，也就更不值得紀念了。

再者，我們幾乎不會去提取存在大腦之外的大量記憶素材，電腦中放著一堆照片再也沒有回頭去品味。於此同時，我們記憶迴路的器官卻嚴重使用不足，搞不好還會逐漸萎縮。

經驗儼然取代物品成為晚期資本主義經濟的消費客體，儘管如此，我們還是改不掉過去錯誤的消費習慣，以為越多就越好。既然要建構一個讓自己滿意的生命敘事，我們就必須更細心地布建回憶，將它安放在自我的生命故事中，賦予回憶經久不衰的意義，而不只是稍縱即逝的一句「很讚」。

—延伸閱讀—

Julian Baggini, *The Ego Trick* (Granta, 2011)

心理健康（Mental Health）

不要對於「何謂正常」做過多的假設。只要記住一點，就算身心狀況有別於一般標準，照樣能活出充實的人生。

近年來，越來越多人意識到心理健康這個議題，據統計，全球每年有四分之一的人飽受相關問題所擾。雖然引起這麼多關注，但大家還是一知半解，畢竟心理健康的概念也不像統計數據般一清二楚。

目前一般大眾的共識認為，精神疾患是真實、客觀的生理疾病，雖然也有不少人質疑這一點。美國精神病學教授薩斯（Thomas Szasz）認為，精神疾病與生理方面的問題完全不同，他解釋道：「針對身體的結構和功能完整性，我們能做出明確的定義與描述，如不符合標準，就屬於生理疾病。」因此，我們知道心臟正常運作的狀態，也明瞭它出問題時的徵狀。另一方面，精神疾病的衡量標準是「當事人有違反道德、法治與社會規範的言行舉止」，因此必然是以價值判斷為基礎。薩斯由此總結，精神疾病不是具體的健康問題。

英國精神科醫師富福（Bill Fulford）則主張，生理和心理疾病的概念都蘊含某種價值觀（value-laden）。他引用英國道德哲學家黑爾（R.M. Hare）的論點。黑爾說，人們解釋自己的價值觀時，會用到兩種語詞：描述性和評價性。舉例來說，「好的草莓就是香甜而沒有長蟲」，「好的」是評價性語詞，「香甜、沒有長蟲」則是描述性的。

關鍵在於，如果大家都使用相同的評價性語詞，它們就會變成描述性的。就算你不喜歡吃草莓，但也知道好草莓的外觀和味道是什麼樣子，因為大家都用同一套說詞描述它。另一方面，如果大家對某事物的評價性語詞過於分歧，就代表各自有其判斷標準，正如所謂「好的」畫作其實因人而異。

富福認為，黑爾的分類法同樣適用於醫學領域。健康是一個主觀和直觀的概念，因為每個人對於「良好」的身體功能有自己的標準，背後也有一種價值判斷。因此，天生失聰的人不認為聽不見是缺陷，而是健康的基準不同。

討論心理健康時，總不免要爭論何謂正常、何謂失常，這背後所投射的價值觀更加明顯。正因如此，社會上才有反精神醫學運動，而沒有反心臟醫學運動。

現行的精神疾病診斷方式，是患者陳述症狀，醫師再從客觀的角度做出評估。然而，醫師的評估難免帶有「何謂正常」的價值判斷，那麼診斷就不只是描述性的，也是評價性的。舉例而言，世界衛生組織是如此定義精神疾病：「患者會表現出『不正常的』想法、情緒和行為，人際關係也會失序。」

但是，所謂的「正常」標準會隨時間改變，因此我們對於「生病與否」的判斷也會調整。直到一九七三年，美國精神醫學學會才將同性戀除名，不再當成是一種精神疾病。目前，許多學者從「神經多樣性」（neurodiversity）的角度出發，不再將亞斯伯格症與弱聽當作疾病，而是歸為不同的生命型態。

雖然大眾對於身心問題的看法有這麼多歧異，但討論時都使用同一套詞彙，這就是維根斯坦所說的，語言文字有其「家族相似性」（family resemblance）。總而言之，生理和心理健康有共同的標準，但也要小心，人與人的差異性依舊存在。

這一點非常重要，從不同的角度思考心理議題，就會改變我們看待自己或他人的方式。假如你現在有心理方面的困擾，生活也嚴重受到影響，那麼就應該尋求幫助。多多提醒自己，不要對於「何謂正常」做過多的假設。只要記住一點，就算身心狀況有別於一般標準，照樣能活出充實的人生。維根斯坦的精神飽受折磨，算不上是心理十分健康的人，但他還是創造了別具意義的人生，甚至在臨終前自評「這一生很精彩」。

根據世衛組織的定義，心理健康是「了解自己的能力、處理一般的生活壓力、工作有生產力及效率，對於其所屬的社群有所貢獻」。這確實是最理想的狀態，只是依此標準，心理健康的人只占少數。放下這種不切實際的標準，才能真正促進自己的身心福祉。

—延伸閱讀—

Thomas Szasz, *The Myth of Mental Illness* (Harper, 1961)

中年危機（Midlife Crisis）

人生沒有所謂正規的階段，只是有些人走得慢、有些人走得快。

一到中年，有的人離開溫暖的家庭、有的人跑去刺青、有的人去印度尋找自己的靈魂，還有人拿出僅有的存款去買了哈雷機車。每個人的徵兆都不一樣，發作的方式千奇百怪，但都是「中年危機」造成的。有的人某天醒來赫然發現，當前苦苦追求的事物失去了吸引力。有些人把人生奉獻給工作，多年以後才驚覺生活毫無意義。有些人實現重要的目標後，只剩下徬徨，不時自問：「下一步要往哪去？」

「中年危機」這個詞會令人產生誤解。首先，人到中年不一定真的會產生危機感。再者，不是所有危機都會在中年時報到，更不要說有些問題一點也不嚴重。話說回來，人難免會經歷躁動不安的階段，會不斷質疑自己的價值觀和生活方式。

在《中年生活的哲學指南》（*Midlife: A Philosophical Guide*）中，美國學者賽帝帶大家一起思索這段徬徨的人生路。他說，生活中的事件和活動可分為兩種，有「存在意義」（existential value）或「改善意義」（ameliorative value）的。如帶寵物去看獸醫、繳帳單和除草，這類待完成的維修和養護工作，都是有改善意義的。在中年人的日常生活中，充滿這些例行公事，每天都有一長串的待辦清單。這些事不是完全沒有價值，只是少了一些深刻的意義。如此說來，解決中年危機的方法之一，就是找出有存在意義的活動，並多花時間投入其中。

有些事情在某個時期看會覺得意義深遠，但人生進入不同階段後，又會覺得索然無味。相反地，我們也會突然開始熱衷某事。柏拉圖就認為，年輕人不需要鑽研哲學，等累積一定的歷練、心智成熟後再開始也不遲。但在印度教的觀念中，人生可分為「四行期」：首先是梵行期，男人要拜婆羅門為師，以學習吠陀經；到了家居期，他必須履行家庭與社會的義務；在第三階段的林棲期，則開始修行生活；最後是隱世期，男人當個托缽僧，雲遊四海，以追求解脫為目標。

英國演員莫克姆（Eric Morecambe）說過一個笑話，他本人鋼琴彈得不錯，音符都能彈對，只是速度跟樂譜標得不一樣。人生也是如此，沒有所謂正規的階段，只是有些人走得慢、有些人走得快。每個人都是獨一無二的，政府也沒有明文規定，什麼階段該做什麼事。因此，要避免中年危機（或是三十拉警報），就是不斷找尋目標和興趣。如此一來，就能隨心調整自己的生命腳步，在任何階段都安然自得。

—延伸閱讀—

Kieran Setiya, *Midlife: A Philosophical Guide* (Princeton University Press, 2017)

正念（Mindfulness）

用心觀照自己的欲望和恨意，就看出它們會造成的後果。我們不該淪為念頭的奴隸，而是有意識地憑著智慧做出選擇。

正念已經不是什麼新鮮的概念了。不少人將其吹捧為萬靈藥，只要懂得正念之道，就能解鎖健康和財富、內心平靜又有幸福感。此外，你的各項能力也會增強，進而邁向成功美滿的人生。諷刺的是，正念起初是一種靈性修行，是為了斷開俗世的雜念。美國學者普瑟（Ronald Purser）在《正念速成班》（*McMindfulness*）一書指出，現今「正念」已經變成一門撈錢的行業了。

對佛門弟子來說，打坐修行是為了追求涅槃的境界，但這些活動對一般人也有幫助。坊間也的確有許多正規的正念課程。在日常生活中，多多運用正念培養觀照力，鐵定是好事。然而，要是只想到修行的實用價值，勢必會錯過正念的內在意涵。

正念的提倡者是佛陀。在原始的巴利文佛經中，正念（sati）這個詞彙是指全心全意地進行冥想。過程中，修行者可以觀察自己的念頭與感受，或是培養慈悲心，也可以思索死亡的議題。

人們總是過得心不在焉，習慣下意識地回應身邊的人事物。我們只想趨吉避凶，對於自己的形象以及所做所為，沒有一絲懷疑，也就是說，內心沒有留白之處。

但只要修習正念，全心觀照自己的身心狀態，就能找到一點喘息空間，不再一頭熱地衝動行事。早期的佛經有記載，正念就像牧牛者，站在遠方看管牛群；或像衛兵一樣，監管村民的進出。

斯多葛學派也有類似的說法。愛比克泰德曾說：「哲學家不時觀察自己，如同在草叢裡監視敵人一樣。我們該感到慶幸，因為只要隨時保持警戒，就能避免犯錯。」誠如佛家主張，用心觀照自己的欲望和恨意，就看出它們會造成的後果。我們不該淪為念頭的奴隸，而是有意識地憑著智慧做出選擇。

在佛家與斯多葛學派的觀念裡，若能在起心動念的那一刻，判定念頭的善惡，就能看穿欲望背後隱藏的價值觀。這麼一來，我們就能了解，自己的言行是否源自於自身的貪欲、嫉妒、不安或一時衝動。遇到問題時，先退一步思考，再做出合理的反應，千萬別不假思索地重複一貫的行為模式。不管是參加打坐、念佛或其他正念活動，都能加強內省和自主的能力，對生活肯定都會有所助益。

—延伸閱讀—

Antonia Macaro, *More than Happiness* (Icon, 2018)

犯錯（Mistakes）

生活中最常出現的思考盲點，就是不小心把不同範疇的事情混在一起，於是弄錯問題的本質。

人都會犯錯，但如何善後，常見的答案都不大管用。有些不無道理，可惜流於陳腔濫調。無庸置疑地，我們都要從錯誤中學習，不過，難道會有人犯錯了然後心想「這種事沒什麼好在意的」？因此，許多跟犯錯有關的諺語，反而會造成誤解。有些人很頑固，認為只有自己親自走一遭，才能有所學習。但聰明人都懂「他山之石，可以攻錯」的道理。正因如此，哪怕是錯誤百出的哲學家也有值得借鏡之處。

人們常說，錯誤已造成，正如覆水難收（見後悔），之後不管你得到任何教訓，都是不痛不癢、為時已晚。再者，想要從中找到啟發之處，也不如電視名嘴說的那麼輕而易舉。很多錯誤顯而易見，不是觀念有問題就是判斷失誤，以致沒看到正確的選項。而且追根究柢，我們之所以會不斷犯錯，是因為懷抱著許多錯誤的信念。

現實與想像會差到十萬八里，大多是因為思考的方式錯了，而非想法本身有問題。英國哲學家萊爾（Gilbert Ryle）所提出的「範疇謬誤」（category mistake），就是最常見的思考誤區。舉例來說，有群觀光客要參觀牛津大學，導遊便帶他們去參觀各個學院：博德利圖書館、謝爾登劇院和阿什莫林博物館。這群觀光客實在摸不著頭緒，便問導遊：「何時會到牛津大學？」原來他們不知道牛津大學沒有單一的校區與建築，而是各個學術單位組成的學園。他們想像的畫面跟實際情況有落差。

「範疇謬誤」大多用於邏輯的探討中，不過廣義來看，它也是我們生活中最常出現的思考盲點。我們常常不小心把不同範疇的事情混在一起，於是弄錯問題的本質。比方說，工作不順時，會以為自己選錯公司，其實是入錯行。或是工作遇到瓶頸時，以為是自己不夠努力，但其實能力有限。

有時，我們對他人的誤解，也是出於搞錯問題的方向。舉例來說，為什麼有些人會有宗教信仰？為何他們要相信那些怪誕的信念？事實上，對方只是為了融入社群，而選擇了某種生活方式。換言之，他們是跟著家人去信教，而不是深信教義。另一面，有時我們認為某同事對自己很冷淡，但對方可能只是習慣對所有人持保留態度。我們以為被排擠，其實是自己想太多了。

每個人都很容易誤入「範疇謬誤」的禁區。只要多留意，就可以在犯錯前偵測到問題。因此，當你發現莫名奇妙犯錯了，自己徹頭徹尾在狀況外，那大概就是思考方式有問題。若是重蹈覆轍，一再處理同樣的問題，那應該就是沒搞清楚問題的癥結。許多人都理所當然地認為，自己知道問題在哪，而不去檢視自己的思考方向是否有誤，最終鑄下大錯。

—延伸閱讀—

萊爾，《心的概念》（1949）

單一伴侶制（Monogamy）

比起和某個不熟悉的人享受強烈的性快感，大部分的人更想要與長期伴侶有愛情的親密感。

繼七〇年代性解放運動後，相關人士一直討論在單一伴侶制的可取之處，但始終找不到共識。在那個自由奔放的時代，克制欲望、只跟一個人發生關係，反倒變成落伍的事。但是，單一伴侶制還是擋住了時代洪流，繼續成為現代人的關係模式。不過差別在於，比起祖父母那個年代，如今鮮少人會「一試定終身」，而是在不同階段有不同的交往對象。另一方面，性解放運動也演變出更新的模式：多重伴侶制：交往雙方都同意，彼此可以擁有一個以上的性伴侶。相較之下，單一伴侶制真是過時古板的觀念？

加拿大哲學家嘉莉．伊奇卡瓦．詹金斯（Carrie Ichikawa Jenkins）不會說得這麼絕，不過她的確覺得，現代社會過分強調「一對一」，實在不合理。她認為，一次跟多人談戀愛比較正常。她沒有說多重伴侶制比較好，只是覺得前者才是合理的生活型態。因此，她和丈夫強納森．詹金斯．伊奇卡瓦（Jonathan Jenkins Ichikawa）便處於這樣的關係。

針對多重伴侶制的質疑，他們一一反駁。首先，有些人認為，那樣的關係對性健康有害，他們駁斥道：「在深思熟慮後，我們約法三章，彼此可以有多重伴侶。這樣的模式長久下來才有益於健康。相較之下，單一伴侶制更不健康。有些人跟另一半的性生活不順暢，又無法解決，只好出軌或偷偷約砲。」

再者，有些人認為：「多重伴侶制有害心理健康有害。一旦知道伴侶跟他人有性愛關係，當事人就很難壓抑自己的嫉妒心，甚至會怒火沖天。最終雙方都會很痛苦，只能選擇分手。」兩人回應說，這是以偏概全的看法。事實上，在單一伴侶制當中，嫉妒的殺傷力更為強大，許多伴侶因此離異。

伊奇卡瓦和詹金斯發現，反對者總是深信「多重伴侶不是自然現象」，但越來越多民眾承認，單一伴侶制是人為的制度。總之，眾說紛紜。根據一項英國調查，百分之四十一的人認為，單一伴侶是最自然的親密關係，百分之三十九的人則持反對意見。但何謂「自然」，關鍵在從哪個角度去看，否則保險套、威而剛和情趣玩具都不是自然產物，但都變成了日常用品。還有反對者主張，文明人不該被原始的欲望牽著鼻子走。但這種想法沒有比較高尚，因為動物本能多得很，包括想把仇人痛扁一頓。

可以確定的是，單一伴侶關係要維繫並不容易。其中一個原因就像羅素講的：「性的熟悉度遲早會抹消彼此的熱情。」言下之意是，單一伴侶的生活總會變得乏善可陳。話雖如此，世上很多寶貴的事物也都持之不易。和固定伴侶做愛，樂趣會逐漸消退，但大部分的人依舊選擇單一伴侶制。這個道理很簡單，比起和某個不熟悉的人享受強烈的性快感，他們更想要與長期伴侶有愛情的親密感。

這兩種關係很難分出高下，但也沒必要比較，所謂最好或正確的選擇，答案總因人而異。真正應該好好檢視的，是自身的情況，包括想法。若你想嘗試多重伴侶制，得確認自己是否過於一廂情願，以為魚與熊掌可兼得，並深信不必付出任何努力，就能克服相處時的各種難處。不管你的結論是什麼，親密關係的最高道德原則自始自終都一樣：無論你有幾個伴侶，都要以誠實、有信且可靠態度對待他。

—延伸閱讀—

Carrie Jenkins, *What Love Is: And What It Could Be* (Basic Books, 2017)
Bertrand Russell, *Marriage and Morals* (George Allen & Unwin, 1929)

心情（Moods）

體會世界的方式有千百萬種，但是心情只有一種，就是當下。

閱讀海德格的書，心情就會從天堂掉入地獄。英國哲學家布雷克本（Simon Blackburn）說：「這個人糟糕透頂，老是喋喋不休。」美國分析哲學學家卡納普（Rudolf Carnap）批評說：「他寫的都是毫無意義的假命題。」海德格的作品的確艱澀又難懂，可是不管你怎麼想，內容都有值得借鑒之處，他對心情剖析尤其獨到。

在海德格眼中，心情不是主觀的心理狀態，也不是一般人所想的憤怒或喜悅等情緒。心情源自於個體和世界的共鳴，既然我們活在這世界，一定會有所感觸。他說：「心情既非來自外界，也非出自內在，而是萌發於寄居於世的存在（Being-in-the world）。」心情就像生活事件的背景一樣，「有時心情會缺乏色彩，伴隨我們度過不黑不白的一天」。

心情仿若濾鏡，為你我所感知世界的添加色彩、改變風貌。在不同的時空下，世界會以各種方式呈現在我們眼前。好比說，你無聊的時候，看什麼事情都會覺得灰濛矇的，對於各種刺激都沒反應。有趣的是，德文的「心情」與樂器調音有關，也就是說，心情能調整我們看待世界的角度。

心情能凸顯某些事物的存在，但也會遮蔽它們。心情好的時候，我們頓時覺得，眼前的一切散發鼓舞人心的光芒，於此同時，就看不見世界陰暗的那一面。反之，要是心情跌落谷底，我們就會覺得人生是黑白的。體會世界的方式有千百萬種，但是心情只有一種，就是當下。

我們時常覺得，心情難以掌控，海德格卻不這麼認為：「我們能主宰自己的心情，也應該視情況轉換它們；這是做人的義務。」心情總是會來來去去，所以「我們要成為它的主人，以其人之道還治其人之身」。換言之，唯有削弱壞心情才能轉成好心情。若你困在負面的情緒中，不妨換個濾鏡看世界，看看之前被你忽視風景。如此一來，世界就會以截然不同的風貌呈現在你眼前，心情自然也會不同。

—延伸閱讀—

Martin Heidegger, *Being and Time* (1927)

終將一死（Mortality）

說到底，死亡當然不是什麼好事，但好過永恆又乏味的生命。

在法國劇作家尤涅斯科（Eugène Ionesco）的《國王退場》（*Exit the King*）中，主角貝倫格國王吶喊道：「遲早會死，何必活著？」他難以接受為人必朽的事實，不少人也都為此所苦惱。面對生死的大哉問，我們是否有好答案？

有些哲學家認為，這沒什麼好擔心的，畢竟人類不會真正死去。柏拉圖寫到，面對死刑，蘇格拉底坦然以對，因為他堅信「靈魂會在死亡來臨之際，從肉體的束縛中解脫，並且朝無形的世界前進，到達神聖不朽的理性境界（見來生）。」

許多印度哲人也主張，死亡並非真我的終結。事實上，凡人內在的自我與大梵（Brahman）是同一的，自我就存在宇宙萬物之中，一旦超脫生死輪迴便能回歸真我的懷抱。

多數現代哲學家都對來世不抱期望，但還是有不少學者相信，人類可能可以實現永生的夢想。這些「超人類主義者」（Transhumanist）相信，在科技助威下，人類將克服肉身的極限而永生不死。又或許，我們能將心智上傳到虛擬世界，這麼一來，自我就不受老、病、死和意外的威脅了。

超人類主義者拒絕接受「人終將一死」的事實。有限的生命令人憂懼，所以人類應該用盡全力「抵擋生命的洪流」。牛津大學的哲學教授伯斯特隆姆（Nick Bostrom）說：「人類終歸要設法解決老化的難題，這不光是一種願景，更是迫在眉睫、不容忽視的道德命令（moral imperative）。」

柏拉圖說，永生是自然狀態；斯特隆姆說，永生代表人定勝天，而且我們很快就會實現這目標。但有些人不同意他們的看法，認為永生一點好處都沒有。捷克作家恰佩克（Karel Čapek）的劇作《馬克羅普洛斯事件》（*The Makropulos Case*）便是在討論這個議題，並被捷克作曲家萊楊納傑克（Leoš Janáček）改編成歌劇。故事主人公是一個獲得長生不老藥的女人，她活到三百四十二歲時最終明白，永生不是福氣而是詛咒。最終她放棄長生藥，欣然走向死亡。伯納德．威廉斯在文章中援用該劇的內容，以說明永生不是個理想的目標。他感嘆道：「看不見盡頭的人生一點趣味也沒有，冷冰冰的，無法令人燃起生活的熱情。」

威廉斯表示，面對死亡，人類不會喪失生存的意念，反而會激起的求生的鬥志，「只要還有一口氣，我就不願死去」。而且，人類也許不適合擁有永恆的生命。說到底，死亡當然不是什麼好事，但好過永恆又乏味的生命。

但不是所有人都接受這個道理。英國老人學專家迪格雷（Aubrey de Grey）就不斷努力想解決老化問題，他慨嘆道：「只要受過一定程度的教育，永遠都不會無事可做。現在我就有一堆待辦事項，少說要一千年才能通通解決，到時候，又會多出一千年的事等著我去辦。」

有的人贊成威廉斯的想法，也有人支持迪格雷的主張，但無論如何，就可預見的未來而言，人類別無選擇，只能盡力與死亡和平共處。不妨提醒自己，生命的降臨令人喜悅，但死亡就是不可避免的代價。人生不過是生老病死，無常隨時到來，終點即在眼前。

東方哲人特別強調生命的無常。在《莊子》〈至樂篇〉中，作者談到：「生者，假借也；假之而生生者，塵垢也。死生為晝夜。且吾與子觀化而化及我，我又何惡焉？」（編按：所謂的生命，只是假藉他物而存在；藉由他物而有生命的物體，就跟塵垢一樣。死亡與生命的循環就跟晝夜一樣。況且，我跟你一起觀察萬物的變化，自己也逃不過這循環，沒什麼好厭惡的。）

莊子有感而發的這段話，不禁令人點頭稱是。儘管如此，多數人還是像尤涅斯科筆下的國王，即便聽盡撫慰的話語，始終放不下心中大石。於是，有人向貝倫格國王講述了另一種永垂不朽的方法：「您的大名將永遠銘刻在宇宙的青史之中。」國王回答：「誰人會去翻閱那些斷簡殘篇呢？」皇后則安慰道：「人生就像流亡一樣，暫時逃離那不存在的自然狀態。」「那我寧可永遠都在流亡。」國王堅持道。

尤涅斯科認為，劇中所呈現的只是一種哲學精神，觀眾不見得能因此接受自己有限的生命。他說：「人類永遠無法接受現實的模樣。我寫下這齣戲，是為了學會如何死去，但我還在努力。」不過，就算理解這個事實，也不需要感到多麼雀躍。

—延伸閱讀—

Bernard Williams, 'The Makropulos Case' in *Problems of the Self* (Cambridge University Press, 1973), pp. 82–100

動力（Motivation）

「想要達成某個目標，就等於想要投入追求它的過程。」——康德

每年你都會立下目標，要參加馬拉松、重新裝潢廚房或學日語，可是不知道為什麼，你始終沒有踏出第一步。也許是因為你的意志薄弱（見自制），或者你得老實承認，其實心裡的動力沒那麼強大。

動機不容易出現。柏拉圖認為，知道某件事是好的，自然而然就有動力去做。那麼照道理來說，知道事情有益還不去做，是不可能發生的。

但柏拉圖太小看人類心智的運作方式。大家都知道，欲望和信念時常相互抵觸，每天都陷入天人交戰的窘境。因此，若行事缺乏動機，必須先檢視你的目標清單是否有矛盾之處以及哪些細節不能相容。

首先你要問自己，雖然嘴上說得很堅定，但心裡真的想做嗎？也許，你只是覺得「應該」要去做。畢竟大家都在做，就算你心裡不那麼想，只好半推半就去實行。正因如此，你才沒辦法努力工作，因為你心裡不覺得那對人生有什麼幫助，但眾人都在高唱「愛拚才會贏」，你只好勉強自己去上班。

假如你動機非常強烈，真的想完成這些事，但還是遲遲下不了決定，那就要問自己，這些欲望是否互相抵觸、難以抉擇？正如你真心想學好日語，可是也想在下班後多鍛鍊身體。強烈的動機狹路相逢時，就會癱瘓你的選擇能力，最後你乾脆什麼也不做。

第三個問題是，你的行為動機是為了達成某個目標，或是完成的過程很吸引你？有些事情很有趣，就算

最終沒有成果，你還是樂在其中。可惜的是，我們大多只是把重心放在目標。因此，雖然過程很難受，但為了減肥，只好忍痛戒甜食、上健身房。在這種情況下，你只好發揮意志力堅持下去。

最後一個問題是，你是否有決心付出努力達成目標嗎？康德說：「想要達成某個目標，就等於想要投入追求它的過程。」倘若你打從心底想要某樣東西、某件事，就必須持之以恆、付出一切努力得到它。衝過馬拉松終點線的成就感令人興奮不已，但你一定得花時間訓練體能，才能享受那種愉悅。否則你就只是嘴上說說而已。

思索這些問題，你才會發現，原來自己不如想像中的動力十足。因此，先挑出自己最重視的目標，接著下決心，並找出可行的辦法去實現它。倘若你意志薄弱，就多找出一些事情來激勵自己、鞭策自己。說到底，動機強大、欲望強烈，你就會找到實現目標的方法。

—延伸閱讀—

Antonia Macaro, *Reason, Virtue and Psychotherapy* (Wiley- Blackwell, 2006)

N
字首

人終究無法超越大自然。

——曾我量深——

自然（Nature）

不妨試著觀察隨手可見的自然現象，包括每日的天氣變化、綠意盎然的盆栽，就連電力也是大自然的贈禮。

十七世紀時，住在阿姆斯特丹的斯賓諾沙指出，上帝即自然，但他因此被貼上無神論者的標籤。如今，宗教離我們生活越來越遠，但自然環境卻成為神聖的境地。在希臘神話中，大地女神的名字是「蓋亞」，我們現在用它來指稱被人類破壞殆盡的自然環境。而人類與蓋亞女神交流，就能得到救贖。許多研究指出，多接觸自然環境，有益身體與心理健康。許多人深受大自然感動，體會到自己與叢林峻嶺、野水溪流及野生動物的連結。「生物愛」（Biophilia）與「生態愛」（Ecophilia）這些概念就是在展現人類對大自然的熱愛之情。

話雖如此，在已開發國家中，人類與自然環境的疏離，比我們所想像得還嚴重。一般來說，我們不會在城市中找尋自然環境，而是會往沒有建築物和人煙稀少的地方去。「自然」和「人造」變成對立的概念，越是沒人為干預的地方、食物和產品就越天然。當然，「人類」和「非人類」是不同的領域，但「自然」和「非自然」的界線有沒有那麼明顯了。

挪威生態哲學家內思（Arne Næss）認為：「不應該區分自己和周邊的環境。」生態學的核心觀念是：「世間萬物和其所屬的環境緊密相連，硬要分開來看的話，一定會帶有主觀上的偏見。」包括人在內，自然的每一個部分都蘊含重要的價值。他所說的「生態圈」（Ecosphere）包括「河流（流域）、地景、文化、生態系統以及『活的地球』」。在西方世界之外，許多哲學家都認為自然萬物互有聯繫。澳洲西部加菱英（Ngarinyin）部落的耆老莫瓦加賴（David Mowaljarlai）說：「『自然萬物息息相通』是原住民的思考模式。」澳洲人類學家羅絲（Deborah Rose）也提到：「原住民的世界觀不以人類為中心，所以非常具有生態學的精神。『人』沒有特別崇高，跟植物、動物以及大自然都是一家人。」

從這個主觀的視角來看，大自然少了點浪漫色彩，但我們才能意識到，自然的元素無所不在。放眼英國各地，到處都有人類走過的痕跡，但蔥鬱翠綠的自然地貌依然還在。不妨試著觀察隨手可見的自然現象，包括每日的天氣變化、綠意盎然的盆栽，就連電力也是大自然的贈禮，它為家家戶戶提供生活所需的能源。

日本人具備這種精神，因此才能同時熱愛自然又對科技痴迷。東京是如此現代化的城市，與自然環境好像扯不上關係。日本人真的崇敬自然嗎？二十世紀的思想家曾我量深這樣說：「人類終究無法超越自然。」在日本思想中，自然的地位無比崇高，遠遠凌駕在人類之上。世間萬物一樣渺小，諸如城市、機器都只是自然的一部分。而且，與「自然」對立的概念是「超自然」，而非「人造的」。

自然與人類有別，這應該是古老宗教所遺留下來的世界觀。以前的人認為，上帝和人的靈魂屬於更高的層次，而非物質世界。這種想法有其脈絡，我們必須稍加釐清，才能思索當前的環境危機。如今，已有不少立意良善的神學家在重新理解耶穌的教誨，但我們的文化仍深受創世神話所影響。因此，還有許多人認為，上帝賦予人類主宰大地的權柄，而自然環境只是眾多可用資源的之一。

內思提出「深層生態學」，就是要駁斥這種傳統思維。他主張，自然環境有其自己的內在價值，所以不是為了人類而存在。因此，生態學的首要原則是：「人類和任何生物都有各自的價值，也都應該欣欣向榮。任何生命的價值都跟對人類的意圖與用途沒有關聯。」

雖說大自然有其內在價值，但它們不見得對萬物有益。再怎麼熱愛大自然的民族，都不會對它懷抱浪漫的想像。畢竟日本很常發生颱風、地震和海嘯這些災難，沒人會天真地以為這些是好事。當然，自然現象沒有所謂好或壞，它們是中立的。生與死、痛苦與樂趣、健康與疾病，這些命運會落到誰身上，大自然都是隨意挑選，毫無道理可言。

有些人將大自然視為至高的存在，有些人將它視為任人取用的資源，但這都是誤把它當成自身以外的客體。事實上，大自然與人類密不可分，誠如紐西蘭的毛利人所言：「我是河流，河流是我。」別問你可以為大自然做什麼，而是想想，身為地球的一分子，要怎麼做才能確保萬物共榮。要是人類找不到保護環境的方法，就等著滅種吧！但蓋亞仍會活得好好的。

—延伸閱讀—

Arne Næss, Ecology of Wisdom (Penguin Classics, 2016)

需求（Needs）

「需求是有限且客觀的，欲望則是心靈所創造的標的，在質量和數量上都會無限膨脹。」

——史紀德斯基

大家常常把「我需要……」掛在嘴邊，說到連自己都膩了：金錢、鞋子、放假、大醉一場。我們隱約知道「需要」和「想要」的差別，但不大會去反省，那些「需要」的事物是否「必要」，而得不到的話又會有什麼影響。

「我需要什麼？」這個問題其實很複雜。有特定目標的話，就比較能容易確定自己的需求。比方說，要成為醫生，就必須拿到學位；要買房子，就必須有足夠的存款。然而，除了這些特定的目標，身為人類的普遍需求是什麼？除了飲食和氧氣等維持生命的要素之外，其他需求都比較複雜。比方說，人生若想要得幸福美滿的人生，有哪些基本需求是一定要滿足的？是否存在放諸四海皆準的必備條件？

基本需求的清單百百種，不同的文化有其特色，但都涵蓋生理需求、人身安全、社會歸屬感、自主權和獲得尊重等條件。最近，經濟學家史紀德斯基和他的哲學家兒子愛德華也列出了一張清單，他們稱為「體面人生的必要條件」，若少了任何一項，生活品質就會降低。

這對父子列出了各種常見的生活要素，比較特別的是加上了「休閒」與「親近大自然」這兩項。當然後者的定義比較模糊，可是和動物、植物及鄉村建立連結十分重要，尤其是現代人大多住在城市，很容易就和自然環境疏遠。

放鬆也是一種需求，雖然有些人不認為休息是必要的。不過，史紀德斯基對休閒的定義比較接近希臘哲學家的看法，也就是說，休閒活動本身就是目的，而不是達成其他目標的手段。

史紀德斯基父子也同意，需求清單會因為個人及文化而有所不同。英國哲學家韋斯科特也提醒道：「隨著時空條件和社會階級的不同，需求會改變，想要的東西也是。相比二十一世紀的紐約客，第歐根尼那個時期的雅典公民所需的生活配備就少得多了。」

就算是基本需求也因人而異，有些人就不認為自己需要住處。有些哲學家對於美好人生的必備條件，其看法可說是有違常理，最極端的例子就屬禁慾主義。佛陀在世時代，禁慾風氣盛行，有些苦行僧甚至斷除基本的生存需求。

「需要」和「想要」很難區別，很多時候，我們只是想擁有某些奢華的物品，好比說貂皮大衣或雙門跑車。反之，有些東西確實是維持生活運作的必需品，比如下半身癱瘓的人需要輪椅。那車子呢？住在大城市搭公車地鐵就好，不過住在鄉下的話就需要自己的交通工具了。智慧型手機呢？為了確保新鮮度，許多開發中國家的農夫都需要透過手機來確認，自己的農產品有在指定時間內送達市場。

因此，最好的辦法就是拋開二分法，而是將「需要」和「想要」放在光譜的兩端：一頭代表賴以維生的絕對需求（食物、水、容身處、空氣），另一頭則是隨心所欲的個人喜好。至於光譜中間的選項，則有各種比例的需求和欲望，有些是美好人生的必要條件，有些則是可有可無的嗜好。

以光譜來檢視生活所需，就不必硬是在「需要」和「想要」間取捨，也有助於我們認清，想要的老是比需要的多。史紀德斯基父子寫道：「需求是有限且客觀的，欲望則是心靈所創造的標的，在質量和數量上都會無限膨脹。」最後我們就會覺得，鄰居有的、電視廣告推薦的，自己也一定要有，而且怎麼買都不滿足。

這麼一來，就會被難以滿足的空洞感牽著鼻子走。所以不妨多多問自己，真正需要的東西有哪些。

「參考文獻」

韋斯科特，《簡樸的哲學：為什麼少就是多？》（2016）
Robert Skidelsky and Edward Skidelsky, *How Much is Enough?* (Penguin, 2012)

噪音（Noise）

「噪音」是指令人不快的聲音，所以如果我們保持心情愉快，那麼它就不會是噪音，而是單純的背景音罷了。

窗外卡車一輛接一輛呼嘯而過、隔壁震天價響的音樂聲和爭吵聲、打洞鑽孔的施工聲、洗衣機、冷氣機和各種不知名的機械運轉聲……身處在擁擠的城市與滿是電器的家中，要想從各式各樣、不計其數的噪音源中找到一絲靜謐，實在是難上加難。我們早就習慣了噪音，甚至一有罕見的寂靜時刻，還會感到毛骨悚然，刻意打開電視或廣播作陪。如此說來，打破死寂實在是輕而易舉，那麼該如何擺脫煩人的噪音呢？

塞內卡討論過噪音的問題。他住在澡堂的樓上，「精神受到五花八門的恐怖噪音所摧殘」。有人運動時鬼吼鬼叫、有人一邊洗澡一邊唱歌、還有人被拔毛發出淒慘的叫聲。塞內卡說：「那位美容師老是要拔光別人的腋毛，搞得對方嚎啕大哭，疼痛不已。街上還有酒鬼的咆哮聲、烘焙師傅的口令聲，以及許許多多叫賣煮食的聲音。」

身為斯多葛的忠實信徒，塞內卡解釋說，問題不在噪音本身，因為真正的平靜是源於我們的內心。他接著說：「倘若心情躁動不安，周圍環境再安靜又有什麼用？因此，我把焦點和專注力都放在內心世界，不被任何外在事物所影響。」只要內心寧靜平和，不管外在世界有多喧囂，都不會擾人。

想要達到塞內卡的境界，就必須訓練自己，不被噪音擾亂心情。平時，我們總是一股腦地想「吵死了、是在吵什麼」，然後責怪鄰居。但現在，你可以試著觀察這份惱怒的情緒，然後把精神放在更重要的事情上。提醒自己，「噪音」是指令人不快的聲音，所以如果我們保持心情愉快，那麼它就不會是噪音，而是單純的背景音罷了。

不過就連塞內卡也承認，說得比做得容易。他出其不意地總結道：「有時候不如直接遠離喧囂的環境。」所以他離開房間了。

一般的辦法就能解決問題的話，沒道理不照著做，不過有時就是沒那麼簡單。塞內卡說得沒錯，平和來自內心，所以不妨練習調節自己的反應，學會面對日常生活中惱人的事物。就像聖人一樣，不管是鄰居的超低音喇叭聲，或是畫眉鳥的唧唧啁啾，都一視同仁。

—延伸閱讀—

Seneca, *'Letter 56'*

字首

該如何看待人性？

不論是面對自己或他人，都不能將其當成是工具，

而是要視為唯一的目的。

——康德——

物化（Objectification）

物化未必是負面的，關鍵在於社會是否以平等、尊重與同意等前提。

有些人以為，「物化」是新興的女性主義觀念，不過它的核心原則是來自十八世紀的哲學家康德：「該如何看待人性？不論是面對自己或他人，都不能將其當成是工具，而是要視為唯一的目的。」一旦違背這條原則，我們就會貶低他人的價值。為了達成目的，我們把他人當工具、物件，而非有生命的主體。

不過，在買賣關係中，是以彼此的能動性與人性為前提，所以請服務生點準備餐點，這不是物化的行為。也就是說，人有時會帶有工具價值，但這不是唯一的價值。

在性關係方面，物化的效應尤其複雜。康德在〈論身體之於性衝動的義務〉（Duties towards the Body in Respect of Sexual Impulse）中指出，單純為了生理需求而進行性行為，是刻意忽視對方的人性、需求與想望，使其淪為發洩性欲的工具，「一旦胃口獲得滿足，就會把對方棄之一旁，如同把檸檬榨乾一樣」。

所以康德認為，把性愛當成交易（如賣淫），是降低它的價值。他解釋道：「你無權將自己當成物品供他人使用。滿足他人的性需求以取得利益，這是不道德的事情。」換言之，下海就是以人性為祭。不光是性交易，康德也無法接受「納妾」。雖然這沒有牽涉到金錢交易，但小妾其實是被當作物品，也得不到合法伴侶應有的權益。

根據康德的說法，婚姻是滿足性欲唯一的正當做法，唯有在相互許諾的關係中，性欲與愛情才能融為一體。婚姻是互惠的協議，「不單單獻出自己的性生活，而是奉上全部的自己」，康德所言既天真又狹隘。想要建立平等且真心相待的性關係，不一定要透過婚姻。話雖如此，這個樸實的原則仍舊挺過時代試煉，傳承到開放自由的年代，繼而產生新的意義。

正因如此，不少當代女性主義者同意康德論點中所包涵的基本價值，除了傳統的家庭觀。以美國女性主義者安德麗亞．德沃金（Andrea Dworkin）為例，她對物化的見解與康德十分雷同：「透過社會手段消抹人性，將人轉變為買賣的東西或商品，就是物化。」多數女性主義者認為，父權社會的物化程度，遠比康德觀察到的還嚴重。

有人認為，甘願把自己當作物品交給他人，這應該是個人的自由。但康德駁斥道：「你不能對自己為所欲為，包括去填補他人的性欲，以換得某些利益。把自己變成他人欲望的對象，就等於把自己變成隨手可丟的東西。你無異於一塊牛排，只是拿去給人充飢、滿足口腹之欲。」

當代女性主義者所爭論的核心議題是，女性是否能自願被物化。有些學者借用馬克思的「虛假意識」（False Consciousness）概念來說明，女人的思想已經被父權社會的價值觀所滲透，所以她們才會藉由穿著展現吸引力，而且還以為這樣是在做自己。假如女性的政治意識更加完備，就可以察覺那些隱藏的父權價值。這個論點獲得廣大迴響，只不過也有不少人懷疑，有些女性並不清楚怎麼做、怎麼想才對自己最有益。

這個問題的關鍵在於，人是否會在無意中把自己當作物品。西蒙．波娃認為，過度仰賴他人的眼光，就會把自己物化。她在《第二性》中寫道：「在社會的要求下，女人把自己變成激發性欲的物品。」在龐大的社會壓力下，女人不得不打扮成某種樣子，把自己當作物品好取悅男人。波娃感嘆道：「時尚潮流主宰了女性的生活，但目的不是為了彰顯的女人自主性與個體性。相反地，女人被改造成為男性的獵物。在時尚的壓迫下，女性覺得綁手綁腳，無法實現自己的人生計畫。」

當然，不分性別，總是會有人過分在意外表。性別的界線正在逐漸變淡，男性修容和除毛也日益時興。可惜，現代女性為了符合某些理想標準，仍舊承受到社會的莫大壓力。有些女性在自我梳理時，會做一些事情來增強信心與能力，但一小不心就會踏入父權文化所設定的美感與價值觀。

不過，最近不少哲學家挺身捍衛愛美的權利。英國理查茲（Janet Radcliffe Richards）認為，在平等的條件下，不管男人或女人，「想要去取悅對方」並沒有錯。在開放的社會中，男女都有這樣的選擇權，而不應該單方面只要求女性要打扮。

美國哲學家納斯邦進一步解釋，物化未必是負面的，關鍵在於社會是否以平等、尊重與同意等前提。只要做人的尊嚴沒有被否定，那物化就不是壞事。

物化的問題遠比康德當初所評論的還要複雜。在現實生活中，我們難免要以特定的方式把自己或他人當作物品。不過，還是要記得康德和女性主義哲學家的警告，把自己或他人當成洩欲的工具，肯定有危險。

—延伸閱讀—

西蒙．波娃，《第二性》（1949）

辦公室政治（Office Politics）

團體要共榮、共好，成員就得了解彼此的關係。而上班族之所以會明爭暗鬥，就是沒有保持友善的距離。

對於上班族來說，職場中最討厭的事情，大概就是「辦公室政治」吧！哪怕是有理想、有抱負的非營利組織，內部也會有明爭暗鬥的派系或小團體。

辦公室政治無所不在，你我躲也躲不掉。幸好，孔子的智慧這時就派上用場了，從儒家經典中，便能找到應對進退之道。

「禮」是儒家的核心思想，它包括「禮儀」或「禮制」。「禮」有種陳舊感，彷彿與現代社會脫節。如今我們很少事事注重禮儀規範，遑論是在工作職場。除了正統的儀式外，「禮」還涵蓋各式各樣的社交禮節，比如參加會議時與他人握手問好、穿著得體服裝、不打斷別人說話等。

孔子深知，每一個人都清楚自己的位階，禮才能發揮作用。在他的時代，階級是國家社稷的根本，每個人都有一套符合身分的言行規範。

今時不同往日，社會階級日趨扁平，現代人強調的是親切感，身分和地位不是那麼分明。即使如此，我們還是有基本的待人接物之道。團體要共榮、共好，成員就得了解彼此的關係，以找出相處的方法，採取適當得宜的舉止。而上班族之所以會明爭暗鬥，就是沒有保持友善的距離。在這種情況下，我們只能遵循孔子的建議，恪守本分，把工作做好。不過，閉上嘴巴、唯命適從，並不是明智的辦法。孔子認為，對於過時的禮節，就要勇於挑戰它。要有效達成這個目的，就必須清楚箇中的權力關係，繼而根據情況採取相應的行動。

孔子也承認，有時同事們的算計太過陰險毒辣，好人也無能為力去對付。孔子也只能務實地說：「邦無道，則可卷而懷之。」你已經努力要顧好本分，但辦公室的明刀暗箭卻不曾停歇，那你就只能睜一隻眼閉一隻眼，或乾脆收拾包袱走人。

—延伸閱讀—

《論語》

樂觀主義（Optimism）

「提醒自己，目前的生活條件還充足，還有些良性的基礎。只要持續思考和努力，就有機會創造正向的改變。」——杜威

在電影或電視劇中，樂觀積極的通常是好人，反派則是悲觀消極。美國歌手平・克勞斯貝（Bing Crosby）這麼唱著：「你得展現光明面，消除黑暗面！」不過對於知識分子來說，不苟言笑反而是冷靜沉著，滿臉笑意是膚淺庸俗。

樂觀的人會覺得，自己活在所有可能世界中最好的一個。不過他們很容易被淪為笑柄。在啟蒙運動時期，伏爾泰寫下短篇小說《憨第德》，並諷刺了數學家萊布尼茲的樂觀主義。主人公憨第德的導師名叫邦葛羅斯，專長是「形上學、神學兼宇宙論」。邦葛羅斯無視生活中的各項證據，堅信這是可能世界中最好的一個，就連里斯本發生大地震、導致近三萬居民被壓在瓦礫石堆下，他還安慰倖存者「現在的一切是最好的」，當然沒半個人信他那套。

美國認知心理學家史迪芬・平克（Steven Pinker）指出，邦葛羅斯的想法其實很悲觀；既然萬事萬物已經是最好的，那就無法再更上層樓了。想想看，全球近半數的人每天靠新台幣不到五十三塊過活、至少有七點五億人沒有乾淨的飲用水，這絕非最好的世界；有心想改變環境，才是真正的樂觀態度。

還有一種樂觀人士認為：「每件事必然往好的方向發展。」這種精神沒有萊布尼茲那麼極端，但一樣不

可靠，專家稱之為「開創者謬誤」（Moving Spirit Fallacy）。英國政治哲學家史克魯頓（Roger Scruton）歸納出社會常見的思考盲點，包括「開創者謬誤」，意思是說，大眾時常以為時代會不斷進步，沒有倒退的可能。

樂觀人士多少有點不理性，總會高估事情的發展。但那又如何？雖然不少研究指出，帶有一點悲觀精神，有助於判斷事實，但正向心理學家也證明，多一分樂觀，就會多一分健康和愉悅感。真相和快樂若只能擇一，憑什麼非得選擇前者？

這是因為我們重視真相，誰也不想淪為樂天卻無知的蠢人。然而有些人也辯稱，長遠來說，對真相視而不見也是件好事。史克魯頓認為，這就是所謂的「烏托邦謬誤」（Utopian Fallacy）：理想主義者捏造幻象，讓人們以為烏托邦即將到來，屆時人們將生活在完美無瑕、有秩序又合理的世界，所有的不公不義終結。史克魯頓指出，抱持這種樂觀主義的人，只會走入險境。有些人迷信理性，想以它打造完美的社會，而歷史上會不斷出現可怕的獨裁者，正是這群人促成的。

值得慶幸的是，雖然多數人都寄望於美好的未來，但沒有陷入思想的謬誤。大家都明白，改革可能會失敗，必須付出心血才有實現的機會。美國哲學家杜威認為，我們應以「淑世主義」（Meliorism）來取代樂觀主義。他解釋道：「提醒自己，目前的生活條件還充足，還有些良性的基礎。只要持續思考和努力，就有機會創造正向的改變。」他強烈評批樂觀主義者：「他們聽天由命、滿足現況。社會上有許多問題與缺失，我們應該加以正視，而不是默然接受。唯有激發改革的能量，才能推動社會進步。」

因此，有些人彷彿是盲目的樂觀主義者，實際上卻是淑世主義者。美國民權領袖金恩（Martin Luther King）博士有句名言：「道德宇宙的軌跡雖漫長，但終會朝向正義。」回顧其生命歷程，金恩博士相信，公義不會憑空出現，唯有眾人齊心協力，才可能推動社會進步。無可救藥的樂觀主義還是有其用處，它是為了激勵人們勇往直前，可說是夢幻版的淑世主義。記得，成功不是必然，更不會從天而降。抱持著務實的心態，相信自己有能力採取行動，朝良善的目標前進，就不會變成無知的傻瓜（見希望）。

事實上，哪怕是艱苦的環境，也會讓人生出務實的樂觀主義。奧地利精神科醫師弗蘭克是納粹大屠殺的倖存者，他提出「悲劇式樂觀」（Tragic Optimism）的概念。痛苦、罪咎與死亡組成了「悲劇三角」（Tragic Triad），當它們衝著你來，而你又閃躲不掉，就只能「接受命運的安排」。你之所以做得到，是因為「人類有能力發揮創意，將生命中痛苦又黑暗的經歷，轉化為正向且富有意義的動力。」

在樂觀主義者的光譜中，最令人欽佩的就是淑世主義者，因為他們看得清世界的原貌：哪怕只擁有一杯水，也要令它發揮最大的功效。

—延伸閱讀—

弗蘭克，《活出意義來》（1946）

伏爾泰，《憨第德》（1759）

Roger Scruton, *The Uses of Pessimism* (Oxford University Press, 2010)

他人（Other People）

我們自願被他人的觀點所縛，還內化成為自己的特性，等於是親手建造囚禁自己的牢房。

沙特說：「他人即地獄。」由這句至理名言來看，沙特把「他人」的地位貶得一無是處。的確，跟所有的事物相比，他人最能把你我折磨得半死。不管是由個人經驗來看，或是基於無數的科學研究，都不得不承認，生命的意義建立在人際關係上。如此說來，他人既是美好人生的源頭，亦是痛苦的根源。這句警世格言出自沙特的這個結論看起來有點弔詭，但只要進一步探究這句話的涵義，就能豁然開朗。這句警世格言出自沙特的劇作《無路可出》（*No Exit*）。在故事中，三個鬼魂剛下地獄，發現沒有酷刑在等著他們，也沒有熊熊燃燒的業火。原來，他們所受到的詛咒是，三人一起被關在密室，永無止盡地忍受對方加諸的折磨。

沙特解釋說，人際關係當然也有好的一面，我們的確有能力把他人整得生不如死。自我形象的建構過程中，他人的詮釋佔了很大的比例，比如「馬克蠻固執的」、「珍妮很好相處」。人們因此畫地自限，以為「我」是固定不變的實體，不能自由選擇和改變自己的樣貌。我們自願被他人的觀點所縛，還內化成為自己的特性，等於是親手建造囚禁自己的牢房。在沙特的劇中，最終密室的門開了，然而誰也沒踏出去半步。其實我們應該更勇敢一點，拒絕以他人的眼光定義自己。

斯多葛學派也對他人有點感冒，只是原因不同。塞內卡和奧理略所見略同。他們認為，人際關係一定很難處理，所以每天都做好心理準備，才是明智之舉。「早上起床先告訴自己：今天我要打交道的人會很雞婆、難搞、自大、虛偽、暴躁，還見不得別人好。」奧理略如此建議。

進一步想，斯多葛學派其實非常寬宏大量。塞內卡解釋道，從他人的眼光來看，你也比自以為的還糟糕。因此，時時提醒自己人非聖賢，就能對旁人的過錯與惡行多一分理解。看清人性，不會讓你變得厭世，反而會因為同病相憐而產生同理心。你我他通通同在一條船上，多多少少都有點愚昧無知，對彼此的不足之處，就不妨多寬待點。

亞里斯多德對他人的態度比較正面。他以長篇大論來講述人與人之間的「友愛之情」（Philia），這是美好人生不可或缺的成分。在英文中，字尾phile是指「熱愛某事的人」，比如法國文化愛好者（Francophile）、科技迷（technophile）。而「友愛之情」這個字不限於朋友，還包括所有正向人際關係的情感，如家人、鄰居、同事、健身同好，甚至是小吃店老闆。我們總會找到方法，和對方建立起友善的相處模式。亞里斯多德認為，不管是哪一種群體，會都存在這種友愛之情。

斯多葛說，這種普遍的情感根植於彼此的善意，你不需要對人性有任何美好的幻想，也能培養友愛之情。你知道自己不完美，所以不希望他人對你有錯誤的期待；他人也是這樣想的。所以我們該秉持著同理心和慈悲心，好好對待彼此。奧理略所言甚是：「即使對方犯了錯，你還是真誠地關心他：這就是人性最可貴的一面。」

—延伸閱讀—

沙特，《無路可出》（1944）

P字首

難忍的痛苦自然會走到盡頭，

至於斷斷續續的苦痛總是經久耐受。

——奧理略——

痛苦（Pain）

我們無法逃避痛苦和折磨，而它們會增強或減弱，全取決於我們的回應方式。

在一生中，我們得不斷忍受身體和情感的痛苦。時不時的痛楚就讓人吃不消了，遑論二十四小時不間斷的煎熬（見折磨）。縱然哲學無法消除人生的苦痛，卻可以教你如何好好面對它。

伊比鳩魯給了一些務實且常見的建議，包括回憶美好時光，以點亮內心黯淡的一面。他自己也身體力行。在臨終前，伊比鳩魯寫信給友人伊多梅紐斯：「對我而言，這是幸福的一天，也是生命的最後一天，而我在此寫下這封信。腎結石與脾胃病帶給我無以復加的折磨，但只要想起與你促膝長談的時光，心中漾起的喜悅便抵消了一切痛苦。」

這些話也許有點浮誇，不過，心理學家弗蘭克也是靠類似的方法，才能在奧斯維辛集中營撐下來。他說：「我拚命在腦海裡描繪妻子的模樣，一筆一畫，絲毫不苟。我彷彿能聽到她的回應，看到她的笑容。那神情真是率真動人。她在為我加油打氣，那張臉龐彷彿比初升的太陽還耀眼奪目，是真是假都無所謂了。」

另外，伊比鳩魯要人們謹記：「疼痛不會長久不消。極度的痛苦極其短暫。身體一痛起來，任何愉悅感都會消失，但這情形不會持續很多天。」無獨有偶，奧理略也相信：「有些劇痛令人難以忍受，但自然會有消退的時刻。有些疼痛斷斷續續出現，但日子久了就習慣了。」這種態度看來瀟灑，但確實如此，輕微疼痛多半還受得了，劇烈的痛楚也總會消退。明白這點後，我們應該會放心多了。

佛家認為，有的苦難是生之必然，有的折磨是自找的。佛祖有個十分出名的比喻：「譬如士夫身被雙毒箭，極生苦痛，愚癡無聞凡夫亦復如是。增長二受，身受、心受，極生苦痛。」（編按：正如有男子被連續被兩隻毒箭射中，痛苦至極。同樣地，愚癡又未修行的凡人，其身體與心靈的痛苦也會不斷增強。）

這兩支毒箭是什麼呢？第一支是身體覺觸到的痛苦，第二支則是受痛苦所縛的心靈。人們每天不斷想著，身體病痛有多可怕、人生中有多少折磨、世間有多不公平、自己無法承受、不該受苦……。佛祖告訴我們，不必再折磨自己，只要經過修行，就能學會接受痛苦，不再自尋煩惱。

佛祖講的是身體的痛，不過同樣適用於令人難受的內心世界。我們時常自責、不允許自己有某種感受，因而導致內心更加煎熬。不管是哪一種情況，我們能做的就是拔走插在心上的第二支毒箭，也就是改變自己面對苦痛時的反應。覺察自己的感受，接受它們的存在，就能了解到，它與世間萬物並無不同，既無常又短暫。

這些建議看起來都很簡單，但你必須反覆練習，才能學會從痛苦中尋得慰藉。伊比鳩魯、奧理略和佛陀的建議，當中反映出一條普世通則：我們無法逃避痛苦和折磨，而它們會增強或減弱，全取決於我們的回應方式。

—延伸閱讀—

Epicurus, *The Art of Happiness* (Penguin Classics, 2013)

爲人父母（Parenthood）

詭異的是，不生小孩的人往往得向外人解釋自己的考量，想當爸媽的人卻不用思考。

想要向哲學家討教為人父母的祕訣，得有先心理準備。首先，有一大堆哲學家沒有小孩：尼采、齊克果、沙特、波娃、康德、霍布斯、洛克、柏拉圖、休謨、彌爾、叔本華、斯賓諾莎、阿多諾（Theodor W. Adorno）、卡爾．波普（Karl Popper）和維根斯坦。斯德哥爾摩大學的副教授賽德斯多羅姆（Carl Cederström）盤點了二十位偉大的哲學家。他發現，其中十三個沒有生兒育女，兩個有小孩，但跟沒有一樣。

再來你要知道，很多哲學家即使當了爸媽，也跟所謂的模範父母相差甚遠。羅素的兒子康拉德在年輕時，有長達十年的時間沒和父親說過一句話。羅素的女兒凱薩琳則寫道：「父親挺拔的背影與專注於工作的態度，如同一道無形的牆將我們隔開來。」

最糟糕的反面教材就屬盧梭。他和妻子生了五個孩子，卻把他們都丟到孤兒院。他的理由很多，有時說自己養不起孩子，這會令妻子蒙羞；又說孤兒院可以給孩子更好的教育。反正沒一個理由站得住腳。

但還是有哲學家養育過小孩，包括偉人中的偉人——孔子與亞里斯多德。兩人都談到，和諧的家庭關係相當重要。儒家強調孝道，而家庭要和諧，就必須長幼有序，父母、兒女各自有不同的角色定位（見家庭）。正因如此，父母疼愛孩子之際，也不可過分寵溺。

話說回來，哲學家之所以不生小孩的原因很明顯，除了會睡不飽，更重要的是，很難有時間和心力專注於學術研究。英國作家康納萊（Cyril Connolly）說：「最會破壞家中藝術氣息的，莫過於客廳裡的嬰兒車。」這段評論好像也適用於哲學界。但有許多哲學家證明，自己還是能當個稱職的父母。事實上，只要全心全意投入工作，就很難兼顧教養方面的需求，畢竟人的時間有限。波娃體會到這點，所以才會說：「正因沒有小孩，我才能達成自己的學術使命。」

現代人什麼都想要，所以才會忘記（或刻意忽略）一天只有二十四個小時。某些人生目標確實得耗費絕大部分的心力，因此你無暇去追求其他有價值得事物。籌組家庭前，應該多想想，之後該如何分配時間與精力。

不過，有妥善規劃的人並不多。不知為何，社會上盛行一種觀念：不生小孩的人比較自私，成為爸媽後，就能擺脫狹隘的自我中心。這根本就是亂扯一通。亞里斯多德說過：「父母愛子如愛己，子女就是自己的一部分。」成為父母又不會變成聖人，而是自我會延伸到下一代身上，可稱為「二重自我」（double-ego）。比起單身的人，父母會更堅定地將二重自我視為宇宙的中心。對孩子最好的事，我們自然會去做，哪怕要犧牲他人的利益。許多父母搶破頭也要把孩子擠進好學校，但這實在談不上是任何大愛或慈善的表現。

另外有些人認為，生小孩是自私的行為，只是為了製造自己的翻版，但對孩子一點好處也沒有。南非哲學家大衛．班奈特在《寧可不曾存在過》（*Better Never to Have Been*）一書中，詳述了他的反生育論點。他援引大量數據證明，世上絕大部分的人，都在過著痛苦不堪的生活。現實有多殘酷，從以下數據便可得知一二：從一九〇〇到一九八八年間，全世界約有 點七億到三點六億人被槍殺、虐待致死、砍死、燒死、餓死或被自家政府以殘忍的方式殺害；在二十世紀，有一億零九百七十萬人死於暴力衝突；至於二十一世紀的現在，每年約有八十萬人自殺身亡。

班奈特總結道：「人世間一點好事也沒有，到處都是災難。」他的論述非常簡單，「不要來到這世上，就是最保險的選擇」。生命交織著各種的痛苦與喜樂，沒有降生的話，就不必承受痛苦，這是好事。雖然沒機會體會到喜樂的事，但也沒什麼損失。想想看就知道，哪個盤算對你最有利。

他向準父母傳達的訊息很明確：「不生小孩，人生的確不大圓滿。但為了滿足自己的想法，而創造生命來世上受苦，算是非常自私。」

班奈特這番見解顛覆了主流的想法，但沒有引起廣大的共鳴。儘管如此，他的考量確實有其道理，社會不能一味地提倡生育。如此看來，當個單身族或頂客族是很理性的。不過詭異的是，不生小孩的人往往得向外人解釋自己的考量，想當爸媽的人卻不用思考，為什麼要把生命帶到這個過度擁擠的世界。

為人父母都得承認，生小孩一點也不理智。但叔本華解釋道：「繁衍下一代當然是出於欲望，過程也會產生愉悅的感受。否則只根據理性來考量，人類這物種就不可能存在了。」

—延伸閱讀—

David Benatar, *Better Never to Have Been: The Harm of Coming into Existence* (Clarendon Press, 2006)
Jean Kazez, *The Philosophical Parent* (Oxford University Press, 2017)

愛國主義（Patriotism）

有責任的父母會糾正孩子的錯誤，愛國人士會推動國家改革，而不是一味護航政府。

有國際比賽時，大部分人都會為國家隊搖旗吶喊，平時也以自己的國家為榮。但是也有不少人認為，「刻意展現的愛國行為」看似天真，實則仇外，只是民族主義在作祟。

大家都認為，愛國精神是理所當然的高尚情操，至少放眼世界各國，成功的政治人物會說自己愛國。然而，哲學家通常會秉持第歐根尼的處世精神；有人問他從哪裡來，這位希臘的哲學家總是說：「我來自世界。」

美國哲學家納斯邦也是世界主義者，自認是「世界的公民」。她認為：「愛國情操在道德上大有問題；我們應該效忠的是全人類與廣大的社會。」愛國當然很好，但我們應該先尊重普世價值、擁抱全人類，其次再考慮自己的國族認同。

不過有學者認為，愛國主義者絕非盲目的民族主義。美國哲學家麥金泰爾說：「真正的愛國者不會愚蠢地效忠國家，而是會重視國家所具備的特質。」有責任的父母會糾正孩子的錯誤，愛國人士會推動國家改革，而不是一味護航政府。美國已故哲學家羅逖（Richard Rorty）相信，有愛國心的人，才會深入批判社會內部的問題。他說：「既然我們認同自己是國家的一份子，當國家做錯事時，我們也應該感到羞恥。」

父母愛子天經地義，這點我們都很清楚，可是為什麼愛國主義者更看重國家的利益，而非全人類的福社？麥金泰爾認為，每個人現在的樣貌，全有賴於自身生長的社群與文化。國家是自我認同的一部分，「我來自哪裡、我是誰」，這兩個問題緊密相連。若有人說，父母對孩子沒有影響，那肯定是無稽之談。就算你對國家沒有抱持深刻的情感，也得承認它多少形塑了你的樣貌。當然，我們都有遺傳自父母的地方，即使有不甚滿意之處。

羅逖強調，社會要團結與和諧，人民就必須具備正確的愛國精神。那如何打造國家認同呢？小社群層層相疊，組合成最大的社群，這就是國家。如羅爾斯所言：「何謂良序社會（Well-Ordered Society），就是各個小社團（Social Union）結合成大社團。」唯有明確的國家認同，不同的族群才能意識彼此在同一條船上。

另外有學者提出多元文化主義（Multiculturalism），以「差異政治」為基礎原則，來凝聚國民的歸屬感。但有些人擔心，如果沒有愛國主義，社會就會支離破碎、難以團結，對此，羅爾斯澄清道：「尊重文化差異，同時也能保有愛國主義，兩者不相衝突。」

記住，國家不斷在變動與進化，除了愛國情懷，我們更要培養兼容開放的心胸。義大利人素以自家的傳統食物為榮，可是他們非常清楚，如果當初沒有亞洲來的香料羅勒、沒有美洲新大陸來的番茄，他們也研發不出世界一等的美食。愛國主義者應該慶幸，自己所繼承的不是僵化、刻板的國家認同，所以不應該限制多元價值的發展。

可想而知，哲學家和知識分子總對愛國主義抱持懷疑態度，正如休謨所言：「暴君是被愚民拱出來的，暴政則是被愛國主義養出來的。」保持理性，愛護自己的國家，就不至於陷入狹隘、昏昧的仇外心理。這兩種態度天差地遠，務必小心謹慎。此外，世界主義和愛國主義不是互相排斥的選項，你可以是世界的公民，也可以是熱情的愛國者。

延伸閱讀

'The Unpatriotic Academy', Richard Rorty, *New York Times*, 13 February 1994
'Patriotism and Cosmopolitanism', Martha C. Nussbaum, *Boston Review*, 1 October 1994
'Is Patriotism a Virtue?', Alasdair MacIntyre (The Lindley Lecture, University of Kansas, 1984) in Igor Primoratz (ed.), *Patriotism* (Humanity Books, 2002)

完美主義（Perfectionism）

從無常中領悟到善性，並試著從不完美的事物中看到美的一面。

現代人事事力求完美，舉凡身材、性生活、假期、手機、家具等，都希望它們毫無瑕疵。要是達不到百分之百的標準（向來如此），就理所當然地認定，一定有哪邊出錯了。

當然，大家都不會天真地以為，完美的狀態唾手可得。儘管如此，人們還是習慣將完美作為評斷自我的標準。不妨看看日本人的美學觀點，學習擁抱生命的缺憾，以緩解追求完美的焦慮。禪宗的核心教導在於，從無常中領悟到善性，並試著從不完美的事物中看到美的一面。這種開懷的態度體現在「侘寂」的美學中，也就以素樸、簡約和缺憾來作為創作的特色，以展現生命的能量。

鎌倉時代的詩人頓阿寫道：「裱絹上下邊緣磨損了、螺鈿工藝品的貝片掉了，這些都是可喜之事。」吉田兼好盛讚頓阿「見識非凡」。甚至也有些人刻意追求侘寂的美感。有位知名的茶道大師獲贈一幅精美的中國書畫，他刻意將捲軸裡金光閃閃的織錦換成暗淡的紋織，並以刺梅的樹枝取代象牙卷軸。

曹洞宗的鼻祖道元禪師認為，一般人的觀念總是很扭曲，只看重完美無瑕的事物、瞧不起有瑕疵的東西。不妨捨棄先入為主的看法，放開心胸去欣賞萬事萬物原始的模樣：「享受春日如春而秋日如秋，接納春秋內蘊的美與孤寂。」

除了美學的視角，誠如岡倉天心所說，不完美更是茶道的核心。在外行人眼裡，沒有必要對一杯平淡無奇的茶水抱持虔敬的心，然而這正是茶道的精髓。岡倉說：「從精神層面來說，茶藝就是要體現不完美的價值。在無常的人生中，用柔順的態度去實現可能。」

另一方面，縱使人類無法成就完美，也應該趨向至善，畢竟，追尋理想、挑戰自己的能力範圍確實相當重要。英國哲學家克里奇利（Simon Critchley）認為，正因如此，基督教的道德觀才歷久不衰。耶穌說：「所以，你們要完全，如同天父完全一樣。」即使他明白，沒有人能達到上帝的境界。這點與康德的見解相抵觸，他認為「應該」（ought）意味著「能夠」（can）。當我們說，應該完成某事，便表示那件事確實在能力範圍內。克里奇利進一步認為，「應該」也意味著「還沒做到」。道德標準應該高於自身的能力，這樣我們才會鞭策自己前進，而不只是做到「夠好就好」。

克里奇利說得很有道理，雖然完美無可企及，但精益求精仍是好事。維根斯坦就是很好的例子。他是個完美主義者，但其個性不妨礙他創作出不完美但有哲理的作品。在《哲學研究》（*Philosophical Investigations*）的前言中，他寫下對這本書的期望：「最重要的是，這些思想必須自然而然從一個論題進入到下一個論題，不能停止、斷裂。」可惜的是，他試了好幾次，但就是無法統整出思想的架構。最後他意識到自己不會成功，於是總結道：「我原想著寫出一本好書，最後卻沒能實現願望；如今，修訂、重新撰寫的時機也已然過去了。」我們十分慶幸，在完美主義的驅使下，維根斯坦動筆撰寫這本曠世巨作，但他最終也願意接受當中的不完美之處。

經濟學家沈恩也認為，完美主義不是理想的標準。他的論述極具說服力。沈恩認為，西方政治思想家總是假定，所有人先在理念上有共識，接著再盡力去達成目標，但第一步太困難了。不妨逆向操作，就算沒有完美的輪廓，只要先行動，也能能朝著至善前進。即使眾人對正義的概念各有見解，但每天都有悲慘、不公不義的事情發生，這點大家都同意。因此，聚焦在能力範圍內可改善的具體目標，就更能實踐理想，從自身的處境為起點，朝完美邁進。這個道理適用於生活各方面的事情。

日本的侘寂美學、維根斯坦的治學態度和沈恩的哲學精神，三者背後都有一條通則：擁抱不完美不等於降低標準。相反地，解開完美主義的蠻橫束縛，我們才能竭盡所能做到最好。爬山登高的祕訣就是不要越級打怪，循序挑戰就好。

—延伸閱讀—

岡倉天心，《茶之書：日本文化的神髓所在》（1906）

毅力 (Perseverance)

「只有順利踏出第一步，腦袋才會靈活運轉，第一次讀不懂，再撐下去也不會想得透澈。」

——蒙田

人類十分重視毅力，按照現代的說法就是「意志力」（grit）。一方面，我們欽佩那些鎖定長遠目標、不為眼前利益所動且不輕易打退堂鼓的人。另一方面，我們輕視那些缺乏毅力的人，罵他們是半途而廢的懶蟲，只知道享樂且一點也不負責任。

休謨力讚，毅力是有用的特質，但也要小心，別低估了它的負面效應。堅持不再具有意義的事是執迷不悟；聽不進別人的意見是固執己見；拒絕接受自己做錯了則是死不悔改，而這些都是毅力的反面教材。叔本華曾說：「不該把意志力用在抵抗新知識，那叫做頑固。」但叔本華本人就非常固執。

老是半途而廢，其實也沒什麼大不了。比方說，若有些書老是讀不到幾頁就放下（希望不是這本），那不妨跟蒙田學學。他寫到：「讀書卡關時，我不會咬牙苦撐。只要翻再個一、兩次還是讀不下去，我就會放棄。非要坐下來把書看完，就是在浪費時間和精力。只有順利踏出第一步，腦袋才會靈活運轉，第一次讀不懂，再撐下去也不會想得透澈。思緒不靈光，什麼都辦不到。就算想破了頭，也只會讓令人困惑、憂慮和疲倦。」

蒙田說他容易半途而廢，也許只是謙虛。但承認吧！有時候馬上喊卡才是正確的。想想亞里斯多德所說的中庸（見平衡），適當地展現毅力，不要輕言放棄，也不要執迷不悟。功虧一簣當然不是好事，但頑固到不願放手，就可能會血本無歸了。

—延伸閱讀—

蒙田，《蒙田隨筆全集》（1580）

悲觀主義（Pessimism）

評估的結果和你行動時的感受是兩回事。正如你預期這次參加路跑的成績會很差，但還是可以保持愉快的心情去運動。

悲觀主義者在一開始，就認定自己會失敗，考試會不及格、面試不會通過、談的感情不會開花結果、打個噴嚏會得肺炎、人性都很扭曲、這個世界註定會毀滅……。其實最糟的不是悲觀，是又悲觀又恐懼，「杯子只剩半杯水，而且還被下毒了」。現在更有研究指出，悲觀對人類有害，不僅會減少壽命，還會降低做事的成功機率。

悲觀之所以會造成這些後果，原因有很多。首先，既然你預期結果一定會出錯，就不會採取必要的行動保護自己；正如病入膏肓，何必多此一舉照X光？在某些情況下，懷抱失敗主義的心態，反而會導致負面的後果真的發生。有些人去參加聯誼時，心想著自己一定不受青睞，所以心不在焉，也不積極與人交流。

儘管如此，也不該矯枉過正，一味否決悲觀的作用。悲觀的表現方式很多種，有些可能十分受用。對很多事情感到絕望是可理解的，比方說對自己的前途、世界局勢等等。有些人擔心地球的暖化現象，有些人煩惱物價上漲。對人生悲觀，腦袋就會自動過濾掉正面事物，只看到負面跡象，或總是預期最糟的結果。習慣朝壞的方向想，就會不自覺地毀滅自己的生活，內心也始終感到無比的悲傷。

不過，評估的結果和你行動時的感受是兩回事。正如你預期這次參加路跑的成績會很差，但還是可以保持愉快的心情去運動。既可以悲觀地看待事情，但又不感到憂鬱，也不會危害自己的福祉，生活可以繼續前進。

從這方面來看，斯多葛的建言最有幫助：不妨把各式各樣的災難當作成長的基礎。斯多葛學派最出名的思考練習是「負面觀想法」（Premeditatio Malorum），也就是刻意地想像悲慘的事情，包括流亡、被虐待、發生戰爭或船難」。愛比克泰德說，任何恐怖的事，尤其是死亡，更要好好想一遍。這個練習不是為了製造恐慌，而是要提醒我們，壞事總在意料之中，盡量以平和的心態去看待它們。

不過，要完全體會斯多葛的哲學，就必須看清楚，這事上沒有真正的壞事，唯有「邪惡的性質」。這個境界太高深了，只需要記得，把「評估」與「感受」分開來看。有些人老是覺得「一放假就生病」，這個預期心理令人害怕，但既然如此，只要說服自己，放假感冒也沒關係，那麼心情就不會變壞，反倒會有一股平靜的感覺。因此，別太苛求未來要完美，所以不妨跟自己說：「這個週末會生病，我不喜歡這樣，但就當成休養的好時光。」

這個方法應該不太符合斯多葛的原則，但至少把預期心理和應對方法分開來了。這麼一來，就不會提前感到憂鬱，並能務實地面對可能發生的情況。我們不需要把假日看的太完美，非得要開心出遊才行。英國哲學家史克魯頓提出了強而有力的論述，以捍衛悲觀主義。他說：「重點在於，不要說服自己一切都會很美好，未來總有出乎意料的變化，應以客觀的視角去評估實際的情況，並學著與悲觀的看法和平共處。」

這個道理同樣適用於對當下局勢與未來發展悲觀的人。審慎、理性地評估情況，避免有粉飾太平的錯誤心態。觀察周遭的環境，從歷史及人性的角度去思考，並做出合理的預期。

不管你是否為悲觀主義者，應該都會同意，世界上每天都在悲慘的爛事：車禍、傳染病、戰爭、社會不公、勞工受到剝削、生態環境被破壞，每一天都有數不盡的苦難。電視上每天都在討論，局勢會不會變好？

當前繁榮的社會能維持多久？人類會有光明的未來嗎？

意外的是，關於前兩個問題，樂觀主義者和悲觀主義者的答案應該差不多。認知心理學家平克說，從各種研究數據來看，人類的生活條件確實有所改善；這一點悲觀的人應該不會否認。樂觀主義者也同意，社會很容易走向崩壞。正如平克教授認為，前進的道路上不可能一帆風順。

悲觀主義者的糾結之處在於，事情不但會變糟，還會一路滑落到谷底，且絕不可能有解決之道。樂觀主義者則相信，社會和環境的問題終究會有解方。美國作家約翰．葛瑞（John Gray）認為，這種自我安慰的信念是不理智的：「除非有確切科學的根據，否則『進步』不過是一種信仰或迷思。」

不管你對未來樂觀或悲觀，都能找出合理的論述來支持。最重要的是，哪怕你判斷世界要毀滅了，也不要漠然以對。悲觀的人也能付諸行動改變世界，哪怕你只是個尋常百姓。但改變也許很微小、付出的努力也可能白費。有些人認為，需要一丁點的悲觀，才能激發正確的動機。畢竟，「人性禁不起考驗、社會也可能瞬間倒退」，保持這種務實的看法，就能把心力投放在正確的事物上。

—延伸閱讀—

Roger Scruton, *The Uses of Pessimism* (Atlantic, 2010)

寵物（Pets）

動物一起生活的感覺很美妙，雖然彼此的心智結構不同，卻能以特殊的方式相互連結。

如今，養寵物已不再是只是個人的生活選擇，還多了一層倫理考量：你是飼主還是照顧主子的奴隸？許多國家數年前就不流行養寵物鳥了，因為人們覺得把生來要飛的小鳥關起來太殘忍了。《動物倫理學》（*Journal of Animal Ethics*）的編輯認為，「寵物」這個字帶有貶義，並強調：「嚴格來說，『飼主』一詞在法律上是成立的，可是它令人想到，在過去動物被當成是財產或工具，收養或使用不須接受道德的約束。」近年來，以環保為考量的素食主義（Ethical Veganism）興起，大眾也開始思考動物倫理的問題：為了吃而圈養動物是不對的，而為了個人愛好而豢養動物，也應該沒有道理。

為了人類的嗜好，反而讓動物受苦，這是嚴重的道德問題。不過看看貓咪和小狗這些熱門的寵物，牠們很享受跟人類彼此陪伴的生活。牠們通常有機會跑走，可都寧願待在人類提供的環境，至少吃得飽、睡得好還有溫柔的呵護。比起那些野生的貓狗，寵物吃得更營養而且活得更久、更健康。倫理學家辛格雖然提倡動物權益，大力呼籲，千萬不可讓動物受到折磨，卻鮮少談到寵物的議題。（不過，他沒養寵物的原因之一是沒興趣。）

若動物能獲得妥善照顧，那在倫理上就站得住腳。第二個有意思的問題就來了，我們怎麼知道牠們過得快樂？有些動物跟人類相差十萬八千里，不可能收養當寵物。美國哲學家內格爾問道：「當一隻蝙蝠的感覺是什麼？」這個問題引發廣大的迴響，因為那真是太難想像了。有的人自稱了解蝙蝠，知道牠們在想什麼、有什麼感覺，但應該只是在幻想自己變小後於暗夜裡飛行。

有不少動物跟人類比較相像。早在十八世紀，休謨就提出論證，說明動物具備理性（但不包括算數或邏輯推理）。話說回來，一般人在生活中也不常發揮理性來做算術和邏輯推理。若說理性是一種能力，包括能透過經驗理解事物，並歸納出事物的因果關係，那動物也有。不同之處在於，人類的思考能力比較有結構、視野較廣，能整理出更多事情的因果關係。

寵物的心智大約介於蝙蝠到人類間。貓狗與人太相似了，彷彿彼此有某種連結，所以我們很難說清楚這之間的差異。第三個問題便由此而生，就實質上來說，動物算不算是人類的朋友？亞里斯多德認為：「友誼是對等的。要是不知道彼此的感受，怎麼稱得上是朋友？互相了解、帶著善意祝福對方，才是真正的朋友。」

不過，寵物畢竟不是人類，當然不可能建立對等的交流關係。雖然如此，和動物一起生活的感覺很美妙，雖然彼此的心智結構不同，卻能以特殊的方式相互連結。英國哲學家格倫丁寧與母親的狗「蘇菲」感情很好，她細膩地寫下這種微妙的互動關係：「我發現，不管我有什麼想法和心情，蘇菲都有反應。這打破我們對互動關係的刻板印象。有些人的想法太狹隘了，以為人與人才能交流互動，人與其他生物其實也能互相理解。」養寵物最有趣的地方，不在於誰是主子、誰是奴隸，而是每一天都能見證到生命的奇蹟、神祕與多樣性。

—延伸閱讀—

Simon Glendinning, 'Human Beings and (Other) Animals', nakedpunch.com

樂趣（Pleasure）

「身體沒有病痛，內心沒有受到折磨，這也是一種快樂。」——伊比鳩魯

樂趣令人愉悅（pleasing），兩者出自同個字根，意義是相通的。然而，過分重視樂趣是好事嗎？把美好人生建立在享樂上，是否太膚淺？更不要說，樂趣本身有其限制，不僅持續時間短暫，還會讓人上癮。塞內卡說：「樂趣一開始是友善的朋友，但沒多久把我們掐死。」以上種種顧忌是否合理？看來，這些保守、刻板的人拒絕接受凡人肉慾的一面。

英文的「享樂主義」（hedonism）一詞源自希臘詞彙「樂趣」（hedone）。邊沁認為：「痛苦和樂趣是至尊、是主人。我們該做什麼、會做什麼都是由它們決定的。」就本質上來說，唯有樂趣是好的。其他美好的事物如愛與知識，本身都不具價值，除非能創造樂趣。

那麼，有哪些樂趣特別有價值嗎？邊沁說那不重要，重要的是樂趣越多越好，不管是玩桌遊、聽音樂或寫詩，通通都可以嘗試。邊沁的追隨者彌爾則認為，除了數量，樂趣可區分高下。感官體驗是低等的，知識、道德和美學則需要高等而複雜的能力。彌爾確信，只要體驗過兩種樂趣，就會選擇後者。他顯然不考慮那些貪吃、嗜酒又縱欲的讀書人。

享樂主義者老是被當成自私的人，可是像邊沁和彌爾都嚴格執行效益主義的價值觀與道德觀。他們不只看重自己的玩樂，也盡可能希望滿足所有人的樂趣。由此，人們應該採取行動，為最多數的人創造最大的樂

趣或幸福。為了實現這個目標，邊沁想到一個不切實際的點子——幸福計算法，也就是綜合強度、持久性、確定性、時間上的遠近、繼生性與純度來計算行為所創造的樂趣與幸福數值。

現代人的想法比較貼近希臘的昔蘭尼學派（Cyrenaic）：每個人都要追求自己的樂趣，尤其是感官上的。不過，最知名的享樂主義者伊比鳩魯比較謹慎。他精準地觀察到，過分放縱會出問題。他說：「樂趣本身都是好事。但有些娛樂雖然令人開心，卻也會帶來更多倍的煩惱。」

伊比鳩魯認為，適當的享樂和放縱有所不同，前者是簡約的生活方式，令人免於生理和心理的痛苦。他說：「樂趣是目的，但不可揮霍無度，一味沉溺於感官與肉體的愉悅。身體沒有病痛，內心沒有受到折磨，這也是一種快樂。酗酒、跳舞、做愛、餐餐大魚大肉，算不上是充滿樂趣的人生。人生最快樂的事情，就是保持清明的態度，理性進行思考。拒絕有害的想法，以免內心充滿混亂的念頭。」

關於這個核心議題，哲學家提出各種見解，多少令人摸不著頭緒，但其中還是有共同的原則。其一，享受感官娛樂要有技巧，否則難免會出現肥胖、病痛或內心空虛的感覺。伊比鳩魯的批判可能太嚴格了，生活偶爾大魚大肉、唱歌跳舞也不錯。不過，長遠來看，有些樂趣的確會演變成折磨。

其二是，除了邊沁以外，人們大都同意，樂趣的確有高下之分。該如何挑選休閒項目，亞里斯多德的建議很有用。他認為，樂趣的種類非常多，從感官享受到哲學研究都有，而我們是血肉之軀，生活想過得美好，必然要包含適度的感官娛樂。但是，不要過分沉溺在其中，否則反會被它所奴役，因而過得像動物一樣。亞里斯多德還認為，人類難以抗拒味覺與觸覺的樂趣，所以很容易就無所節制，導致暴飲暴食或性愛成癮。相對地，欣賞歌劇或觀賞藝術的危害就不大了。

以身體和智力來區分樂趣，其實太過簡略了。有時，體驗樂趣的方式比樂趣本身重要。有些人用餐時總會狼吞虎嚥，但饕客就會注重用餐的環境和料理的精緻之處。有些人去看歌劇是為了顯示自己的社會地位以及優越感，但藝術愛好者就只是為了欣賞表演。

從事休閒時，唯有全身心投入其中，才能帶來最深層的愉悅；它們所帶來的快樂還是其次。對亞里斯多德來說，全心全意投入本身具有價值的活動，才能帶來最有深度、最持久的滿足感。衝著好玩才去做的話，熱度很快就會消失。

哲學家從不給我們簡單明瞭的答案，而會留下一些好問題，讓我們繼續鑽研。什麼樣的樂趣最重要？它們在你我的人生中具有多深的核心地位？面對萬事萬物時，都講求樂趣就好嗎？還是說，有些嗜好本身就具備特殊的價值。不管你的結論是什麼，只要留心，切莫過度沉溺於肉體享樂中，變成貪得無厭的人。

—延伸閱讀—

彌爾，《效益主義》（1861）

政治（Politics）

反對民粹不代表支持菁英主義。畢竟，經驗與能力是不爭的事實，而齊頭式的平等絕不可行。

不久以前，大家都還很清楚自己和周遭人的政治立場，即使分屬不同的陣營，也能互相尊重。現在，各國人民的意識形態日趨分裂，政治局勢也更加動盪而難以預測。難道現行的政體分類已經跟不上時局？是否必須有一套新的新的政治學？

過去數百年來，哲學家一方面爭論君主政體、貴族政體（由賢能者而非權貴統治）孰優孰劣，一方面貶低民主政治的價值。直到二十世紀初期，自由主義的民主體制才開始占有一席之地，此時共產主義作為後起之秀也冒出頭來。馬克思主張激進的平等主義，社會資源應平等分配，私人財產是不允許的；人民只需「各盡所能，各取所需」。可是，政府首先要集中、擴大統治權力，才有可能實現這樣的社會願景。然而，東歐的共產國家破敗後，我們才發現，自由和權力滔天的政體互不相容。自由主義經濟學家海耶克點出問題所在：「假設我的鄰居是地方首富，而且我還在他的公司上班。但他對我的控制力還遠不如一個行使公權力的小公務員。因為我的生活模式以及工作資格，完全取決於這個官僚體制下的小螺絲釘。」

在民主政體下，對於政治制度的優劣大家都有共識，所以爭論的焦點就放在具體的政策。民主政府有些偏保守、有些偏社會主義，政治光譜也是顯而易見。

雖然民主社會主義與共產主義還有一走的距離，但兩者都在追求全面的平等及資源公共化。對此，自由主義者諾齊克則反駁，勞動成果應該歸當事人所有，這是最首要的政治原則。他解釋道：「最正當的統治機關就是低限度政府（Minimal State），它的功能只能侷限在：保衛人民免於外敵侵擾，防範竊盜與詐欺等犯罪行為，保障與執行民事契約。政府功能太多的話就不正當，它會侵犯人民的權利，強迫我們做某些事。」

保守派出於其他的理由也反對社會主義。這些傳統人士追尋英國政治學家埃德蒙・伯克（Edmund Burke）的腳步。他們認為，社會是個有機的生態系統，它不斷在變化，無法根據理性的政治原則隨意地重新建構；只有專制政府才會強推平等。英國政治哲學家史克魯頓也指出：「人類所建立的文明得來不易，也非常脆弱。上天沒有賜予我們權利去破壞傳統。我們必須保持耐心，努力維持有秩序的社會，以為後人樹立典範。」社會制度確實有它不平等、不完美的一面，但是也好過不切實際的改革者，後者想要創造完美的平等世界，結果卻破壞了當前安定的社會。

政治與經濟上的自由主義者，以及伯克式的保守主義者都被歸類為右派，因為他們反對國家過分管控經濟市場。話說回來，他們之間還是有著重要的差別。從命名就能窺得一二，老派的保守主義者傾向維持現狀，反對劇烈的政治改革；自由主義者則力倡，在政府鬆綁下，人民和市場可以帶來創造性的破壞力。

自由主義者在政治光譜上來回游移，他們想實現更平等的社會，又希望政府不要過度限制人民的自由。政治哲學家羅爾斯便因此主張，如果每個人都不清楚自己的社會位階，就能一起決定出最公平的財富分配方式。他相信，身在「無知之幕」背後，就能接受一些不公平的分配方式，因為「它能確保人民獲得應有的補償，尤其是弱勢族群」（見正義）。

初邁入二十一世紀時，很多人認為自由民主是唯一可行的政治制度。誠如政治學家法蘭西斯・福山（Francis Fukuyama）說的：「人類到達了歷史的終結。」話雖如此，二十世紀剛開始，放眼世界只有寥寥幾國施行民主政體；直到兩千年全球已有將近九十個民主國家，彷彿專政體制遲早會被淘汰，到時就看政府會傾向右翼或是左翼。

接著離奇的事發生了，許多傳統政黨的鐵票支持者，紛紛跳船去支持新的派系，甚或轉投對手陣營。階級變為其次的問題，文化差異取而代之。在全球化的浪潮下，都會區的世界主義者取得聲量，小鎮鄉村的住民被狠甩在後，兩方人馬頓時成為死對頭。於是，嶄新的政治勢力應運而生，如今有許多「草根」政治家誓言要教訓「權貴」人士。

一堆政客聲稱自己代表左派、右派和中間選民，實際上通通都是民粹主義者。他們聲稱，那些政治權貴為了私利，所以把「人民意志」擺一邊。面對複雜的政治議題，民粹主義者總是用簡單的口號來回應。事實上，所謂「人民意志」，不過是其追隨者的一廂情願罷了。

尼采絕不會浪費一分一秒去評論民粹主義者的看法；對他來說，民粹意味著平庸。哪怕是銷量最多的漢堡、排行榜冠軍的歌曲或最暢銷的書，都還是有人討厭至極，所以怎麼可能有「人民都支持的政見」，那頂多就是廣受歡迎、卻又膚淺的政治宣傳罷了。尼采形容，民粹主義者都是烏合之眾，只能當砲灰，卻還沾沾自喜。他批判道：「這些小人物只想要挑戰那些專精而有力的先行者。不過，後者可是社會上少有的菁英，他們具有高貴的靈魂，有獨特的個性、能力超人一等，更願意肩負重責大任。」

柏拉圖和亞里斯多德也唾棄民粹主義，不過他們認為，這是民主制度的自然結果，權力一集中在無知又偏頗的人民身上，就會淪為民粹。從近代各國的重大選舉看來，獲得絕大多數人支持的政見或領袖，絕非沒有問題。

不過，批判民粹的知識分子很容易會被視為菁英主義者。現代人強調平等與民主，任何有階級意味的言論都會被否決。事實上，某些人的確懂得更多、判斷更精準。經驗與能力是不爭的事實，而齊頭式的平等絕不可行。因此，反對民粹的論述有其道理。不過，菁英分子有自己的專業批判，但庶民也是真實地反映心聲。從民主精神出發，我們既不支持暴民統治，也不主張專家治國，而是要同時採納兩者的觀點。

要維護民主制度，不能單純地所有事都回歸到「人民的意志」。民主制度要健全，就得仰賴各個陣營的人一同調解分歧。而不是把問題交給贏得選舉的人。贏者全拿的話，社會就會分裂、痛苦跟著指數上升，全民都是輸家。

唯有不斷地協商與妥協，才能達成政治上的共識。這些討論過程非常複雜，也很容易陷入混亂的爭論。可以肯定的是，隨便開選舉支票的政治人物不是騙子就是傻子。可悲的是，這樣的政客總是充斥在政壇上。

—延伸閱讀—

尼采，《善惡的彼岸》(1886)

色情媒體（Pornography）

觀賞太多色情片後，青少年會產生不切實際的性幻想，並會為了無法實現當中的「性規範」而感到焦慮。

你介意伴侶瀏覽色情媒體嗎？你自己看會有罪惡感嗎？其實，現代人對此已經司空見慣了。研究顯示，進入了二十一世紀後，越來越多國家對色情媒體的態度日趨開放，包括英國和美國。二〇一一年，百分之三十二的美國人覺得這種休閒在道德上沒有問題。二〇一八年，這個數字上升到百分之四十五，而且我們很確定，剩下百分之五十五的人顯然也不是清心寡欲的聖人。

很多人認為，色情媒體的接受度與社會的自由風氣有關。人們漸漸意識到，除非內容涉及控制、強迫、欺騙或危害健康，否則「性趣」純屬個人的事，在道德上沒有疑慮。許多女性主義者也支持「女性向」的色情片，前提是女主角在拍攝過程中保有自主權。

女性主義者藍騰（Rae Langton）則有不同見解，她援用英國哲學家約翰．奧斯丁（J.L. Austin）的「言語行為理論」。她強力反對色情媒體，嘗試推翻大眾既有的觀念。奧斯丁的核心論點是，語言不僅可以拿來溝通，還具有行動的效力。因此，牧師能宣告伴侶結為夫妻，能用來罵人、煽動暴力以及挑戰權威等等。藍騰認為，色情媒體也有一樣的功能，它除了表演性行為，瀏覽者甚至社會大眾的言行都會受到影響。

藍騰的論點其來有自。長久以來，女性主義對色情媒體的主要批判在於，那些內容都在物化女性。色情創作者不把女性當人看，而是把她們塑造為供男性取樂的性感形象，既沒有自主性，也沒有個人的想法。

不過，這個論點稍嫌無力，畢竟其他類型的創作者也時常把人塑造成各種負面形象。但藍騰指出，色情片的物化形象會對女性造成實質的影響，不管她們自己有沒有在看。在這類文化中，女性被塑造成性方面的工具，而許多人以為，現實生活中的女性就有那樣的功能。藍騰說：「有些人因此把女性當成性對象，還振振有詞地歧視女性。」

再者，在色情影片中，女主角常常要表現「欲拒還迎」的態度。藍騰認為，這就是在否定女性的自主性。常見出現的橋段是，不管女人怎麼拒絕，其實內心都想要。在色情片的推波助瀾下，這種觀念彷彿越來越合理，不管女人怎麼推卻或拒絕，其主張都沒有效力、沒有價值。

藍騰說，色情片是否帶有這些負面作用，取決於它是否為「權威性的語言行為」（authoritative speech act）。舉例而言，公司的新鮮人不經意地在閒談中發表了性別歧視的言論，但影響不大。要是這番言論是出自總經理之口，恐怕就會打壓女性員工的權益。

從這方面來說，色情媒體是否為「權威性的語言行為」，其實很難判定。但研究資料顯示，色情媒體的確對社會與道德規範造成傷害。有些人認為，青少年陽痿的人數呈現上升趨勢，這和色情媒體的氾濫有關。觀賞太多色情片後，青少年會產生不切實際的性幻想，並會為了無法實現當中的「性規範」而感到焦慮。在伴侶的要求下，許多年輕女性被迫要做出不舒服的性愛體位，因為在色情片中，不管是哪種姿勢看起來都很享受。女性要是拒絕配合，就會被說是假正經。

藍騰相信，色情媒體改變了人們對性愛的態度，因此它是「權威性的語言行為」。她說：「社會大眾的信念和欲望會受到常見的色情媒體所影響。我們隨處可觀察到這些現象。許多男人瞧不起女人，不但認為性侵受害者活該，甚至會同情加害者。」

就算你不接受藍騰的論點，也會同意，她戳破了大眾的既定思維，並提醒我們，不要以為色情媒體無害。在色情產業中，不斷有演員指控遭到性剝削。除此之外，我們一旦把物化的情節看做常態，類似的現象就會現實生活中上演。

—延伸閱讀—

Interview with Rae Langton in Julian Baggini and Jeremy Stangroom (eds.) *New British Philosophy* (Routledge, 2002)

自豪（Pride）

做人應該要自豪但不要虛榮……前者是對自己的評價，後者則是希望別人怎麼看自己。

「自豪」是一種值得引以為傲的態度嗎？狂妄自大的人不免招致批判，古人更警告：驕兵必敗。話雖如此，現代人已經把它當成正面的態度，正如多元性別族群時常舉辦的「同志驕傲大遊行」（Gay Pride parade），還有維護非裔美國公民權益的「黑色驕傲」（Black Pride）活動。

自豪是好是壞，就看你以哪些事情為傲。在珍・奧斯汀的小說《傲慢與偏見》中，盧卡斯小姐如此描述達西先生：「他雖然驕傲，卻不像其他驕傲的人那樣使我生氣。他的態度還不至於惹人厭……要我說，他的確有資格驕傲。」

這聽起來與亞里斯多德的想法雷同：「有的人自認才華出眾，值得享有優渥的待遇。若事實證明的確如此，那他就可名正言順地自我標榜一番。」因此，重點就在於名副其實，也就是說，他確實擁有某種特質、價值或成就。因此，多元性別族群和非裔美國人的倡議團體便能名正言順地爭取權益，縱使主流社會輕視、打壓他們的自我認同，他們也有權以群體的核心價值為榮。

反之，名不副實的自豪就不對勁了，那叫做虛榮。亞里斯多德說：「明明沒實力，卻自認應該得到優渥的待遇，那就是虛榮。」此外，過分謙遜、妄自菲薄也不好，也就是缺乏自尊心。因此，在自滿與自卑之間要找個平衡點。

休謨認為，自豪和虛榮僅有一線之隔，一定要慎防。他解釋道：「當然，世人都讚賞貨真價實的自尊心。秉持那樣的精神，舉止才會得宜。否則，人們總是在不經意間說出無禮又虛榮的話，還跟其他浮誇的人針鋒相對起來。」

但既然虛榮跟自豪的差別很小，休謨也不會苛求太多。他解釋道：「虛榮與美德是非常親密的盟友。所以我們常常分不清，自己做了一些眾人稱道的事，究竟是為了博得美名，還是純粹出於個人興趣。」換個角度來看，既然有些行為值得推崇，那行為者自然也應獲得讚揚；這樣的虛榮其實無傷大雅。

說到自豪與虛榮的差別，奧斯汀說得最為一針見血。在《傲慢與偏見》中，班奈特家的第三個女兒瑪莉說：「做人應該要自豪但不要虛榮……前者是對自己的評價，後者則是希望別人怎麼看自己。」

由自己的價值觀出發，做出善美的舉動並引以為傲，這就是自豪。相反地，自認為比他人優秀、做事只在乎得到讚美，甚至沒來由地驕傲起來，這就是虛榮的人。

—延伸閱讀—

珍．奧斯汀，《傲慢與偏見》（1813）

問題（Problems）

活到長命百歲的人，要面對的難題更多，而且沒得選，只能默默承受。

人在一生中會遇到的問題五花八門，舉凡生病、老化、爭吵、失業、孤獨、天花板漏水、出軌等，通通都讓人一個頭兩個大。然而，於佛祖眼中，世間之所以有形形色色的難題，歸根究底都是因為眾生不滿足。我們總是抱怨已有的，也奢望得不到的，還把所有的不順遂都歸咎於整個世界。其實我們心知肚明，世界沒道理要繞著自己轉，可是那些不如意的事，實在讓人難以接受。

生活不順遂，大家都難以接受，因為內心總隱約覺得，這不該發生在自己身上。有些人總以為，只要多一點運氣、努力，或是花更多時間練習正念、冥想，就能避開重重難關，過上一帆風順的人生。

塞內卡說得對極了，人生根本不是這麼一回事。要是有任何煩惱，不妨翻翻塞內卡的書信集。他在寫給魯西里烏斯的信中說到：「膀胱問題總令人痛苦難耐。收到親友憂心忡忡的慰問信，更是讓人忐忑不安，鬱悶的心情不斷發酵。」這番提醒的話，對我們也有啟發性。只要活著，總會遭遇各種疑難雜症，生命自然會遇上不幸的事情。塞內卡說：「在漫長的人生路途上，各式各樣的困難不時出現。正如長途跋涉、前往外地，路上必定塵土飛揚或是大雨突然滂沱而下。」

有的人老是祈求上天，希望能活得長長久久。但他們真知道自己求的是什麼嗎？活到長命百歲的人，要面對的難題更多，而且沒得選，只能默默承受。塞內卡便說：「那些令人哀號、懼怕的事情，都不過是人生應繳的所得稅。」有些人還異想天開，自以為能逃過一劫。

因此，我們只有一個選項，既簡單又直接——要就接受，不要就拉倒。塞內卡總結道：「世上有各種生存條件，你可以遵守遊戲規則，也可以選擇拒絕，然後走出自己熱愛的人生路。」

遇到問題時，儘管絞盡腦汁去解決。可是千萬記得，解脫都只是一時的，嶄新的挑戰總會在轉角處恭候大駕。難題沒有消失的一天，除非你人生走到盡頭。既然如此，就把各種挑戰當作是生命的脈動吧！

—延伸閱讀—

Seneca, Letters

抗議（Protest）

有的人說：「我強烈不認同某條法律或某項政策。」但這種主張沒有效力，他必須指出哪些內容違反正義原則。

在民主體制下，人民要參與政治，主要方式就是透過選舉。但有些時候，人們總想採取更激烈的手段。研究顯示，潛在的革命分子越來越多。英國史上規模最大的兩次政治遊行就發生在二十一世紀；二〇〇三年的反伊拉克戰爭遊行，以及二〇一九年的脫歐示威。

參與合法的示威活動，就沒什麼好擔心的，只要訴求正當，就不會遇上武裝衝突。而且，你還有機會擋下有爭議的議案。不過要參加活動與否，就純屬個人的選擇了。

至於違法的陳抗行動就比較棘手，除非國家快崩壞了，否則沒必要走上那一步。法律是民主的基石。就算對政府有諸多不滿，也不能隨意挑戰法律，否則法治就毫無意義了。亞里斯多德認為，法律比民主體制更重要，「它比任何一位公民都還適合治理國家」。有了法律，我們才能防範暴政於未然，以保障多數人民的安全。而且，它還能預防多數人殘害少數人。

儘管如此，很多環保人士仍主張，為了避免氣候災難，負責任的公民都應該挑戰法治。。英國社會運動組織「反抗滅絕」創辦人哈勒姆（Roger Hallam）大聲疾呼：「唯有發起大規模的公民不服從運動，人類才能免於滅絕的命運，我們要號召成千上萬的人違抗法令，直到政府被迫採取因應措施，以保護自然環境。」

哈勒姆強調，他們不是無理取鬧，而是遵循甘地和金恩博士的人權理念。

金恩博士和甘地之所以得號召群眾，是因為公民不服從運動有時是必要的手段。而政治哲學家羅爾斯提出三個檢驗原則，以證成非法的抗議行動。首先，有的人說：「我強烈不認同某條法律或某項政策。」但這種主張沒有效力，他必須指出哪些內容違反正義原則。第二，所有合法手段用罄、沒有其他有效的申訴管道，抗議者才有理由違法去表達訴求。第三，抗議過程必須公開透明，而且抗議者必須準備好承擔任何法律後果。一九二二年，甘地接受審判時表示：「法官對我處以最高刑罰，我欣然接受，因為我明顯犯了罪，而服從法律是我身為公民的最高義務。」甘地的正義訴求是建立在對民主制度的信念上，所以他的公民運動是合理的，而陪審團判他無罪。

在你準備以身試法、參加抗議前，必須先捫心自問，自己是否師出有名。全球的氣候變遷問題如此嚴重，許多倡議人士認為，上述三項標準已經成立。許多人居住在環境不好的地區，下一代也會受到影響，所以氣候災難也跟社會正義有關。然而，當前各國的政策與法律遠不足以保護環境，所以抗議者必須挺身而出、自願被逮捕，才能表達訴求。若能以和平、合乎比例原則的手段來抗議，那麼公民不服從便是一種可行的辦法，也是國民的義務。你會加他們的行列嗎？

—延伸閱讀—

羅爾斯，《正義論》（1972）

目的（Purpose）

內格爾表示，只要你用心經營，日常瑣事自然就會產生意義，變得很有價值。

生命中很多事都沒有意義，所以我們老是提不起精神、覺得煩悶。那找點別的事做吧，搞不好有幫助。可是如果生命本身就不具意義呢？哪怕去投胎轉世也沒有用，畢竟生命橫豎沒有目的。既然如此，唯一可行的選項，便是找出生命那些難以捉摸的意義。

人生漫無目的，所以我們通常會去找尋某些能超越自我的事物，比如上帝或拯救地球，並且與之形成生命共同體，藉此為生命注入目的與意義。不過美國哲學家內格爾提出警告：「這種方法大有問題。為了超越自我並尋求自我定位，而投身於某項志業，是無法找到生命意義的；除非那項志業很有意義。」內格爾提出一項思想實驗來論證他的看法。假如我們像牛豬一樣被集中飼養，以供應給食人獸享用，而且牠們特別愛吃新鮮的人肉。這件事會賦予我們的生命任何意義嗎？答案是不會。因為我們對於食人獸的生命目的一無所知。滿足牠們的需求並非人類的生存目的。

內格爾的重點是，目的能帶來其他有價值的成果，才值得我們去付出，也才有意義。正因如此，推動某種理想（如科學和人權），可以為人生注入意義。

此外，哪怕目的在遙遠的盡頭，也可以帶來人生的意義，只要它具備某種終極的價值。挪威生態哲學家內思談到：「生命豐富多樣、自然風貌五花八門，而它們建立密切的連結，就是一種人生目的。在其中，我們可以覺察到，自己非常接近某種超越自我的存在，因而產生一種單純的喜悅感。大自然已存在數百萬年，未來也會再延續數萬個世紀。」

除了追尋超越自我的存在、扮演舉足輕重的角色，其實還有其他方式可以找到目的感。早上起床時，有許多簡單的事情可以做，只要你認為值得就好，如澆花、餵貓或讀書。內格爾表示，只要你用心經營，日常瑣事自然就會產生意義，變得很有價值。

只要投入偉大的志業，自然而然就能重拾目的感。關鍵在於，這項活動最好跟我們的人生以及相關的人事物有關聯。所以，我們的行動應有明確的目的，且必須符合我們的價值觀。不過，具體的目標（如結婚或寫小說）一旦達成，清單就會少一項，其意義也就消失了。在有價值的志業（如藝術創作或慈善工作）中，我們能找到行動的方向，而且沒有結束的一天。

—延伸閱讀—

Thomas Nagel, 'The Absurd', in *Mortal Questions* (Cambridge University Press, 1991)

R 字首

若能再走一回人生路，我還是會照著來時路的軌跡。

我既不埋怨過去，也不懼怕未來。

我已見過生命的嫩芽、鮮花與果實，如今那美好的一切悄然凋萎，

我猶然欣喜，這一切不過是順乎自然。

——蒙田——

理性（Rationality）

「理性是激情的奴隸，也應該如此。」——休謨

「你這個人根本不講道理」，這句話絕不是讚美之詞。而我們也都相信，生命中很多事都是不理性的，尤其是愛。當然也不要矯枉過正，凡事講求一板一眼。所以，問題不在於要變得更理性，而是適時「保持理智」。

我們對理性（或理智）有許多既定的印象。首先，它和情感完全不同，如同在電視影集《星際爭霸戰》中，史巴克凡事都以理性為依歸，總是不帶一絲感情地說：「報告艦長，這麼做不合邏輯。」此外，理性也令人想到自利原則和工具性思考。根據經濟學的理性選擇理論，只要人類依照理性行動，就可以為自己取得最大的經濟效益。

這兩種對理性的看法都不正確，其背後的原因相同。休謨戲劇化地說：「理性是激情的奴隸，也應該如此。」理智本身不過是工具，協助人類推敲真理、找出實現目標的最佳手段，並且釐清自相矛盾的訊息。理性無法產出行為的初始動機。「沒有情緒就不會有暴力的念頭」，這句話史巴克只說對了一半，他應該要再補充一點，但若沒有情緒，就不會產生行善或關愛的動機。

因此，理性選擇理論的名稱有誤，「追求個人最大的經濟效益」，這個舉動沒有理性或不理性的差別，一切都取決於個人的目標和動機。有的人一心追求公平正義，所以會不吝於分享自己的所得，而不是一味地

累積財富。

因此，休謨的主張言過其實了。我們可以運用理性來檢視自己的價值和動機，並適時做出調整。舉例來說，多多思考公平和正義的價值，也許你就會改變立場。休謨大致上是對的，說到底，人的欲望不是由邏輯推論或科學發現而來。因此，光憑理性論證，也無法說服他人變得有愛心，或者喜歡上討厭的事。

除此之外，理性本身也有侷限。想要去做某事，但知識不足，就無法透過理性思考來擬定最好的做法。這時我們只能用猜的，憑著主觀偏好甚至是擲硬幣來做決定。然而，依據理性以外的標準來行事，我們稱為「非理性」；而刻意違背理性思考後的結論，才叫做「不理性」。兩者的差異至關重要。你到了一家昂貴的餐廳，故意點自己不喜歡的料理，這就是不理性的行為。不過，若你對這家餐廳的菜單不熟悉，隨便選了名稱很特別的燉飯，那就是與理性無關的選擇。

休謨點出了理性的侷限，不過對大部分的西方思想家來說，理性的力量還是很強大。其他地區的哲學家則還是持懷疑的立場，尤其是禪宗。他們一針見血地指出，人類沒有辦法透過理性了解世界的實相。日本禪學家鈴木大拙寫道：「接受事實吧！知識有其極限。有些事物超乎理智的範疇，必須從內心世界中去探索。」想要開悟，還要用心觀照事物，光憑理性思考是不夠的。

理性思考是人類獨有的能力，有需要就該派它上場，可是該它坐冷板凳的時候，也不要客氣。事實上，理智的人反而更能了解，理性有其侷限與不足，不會用它來解決所有的問題。

—延伸閱讀—

Julian Baggini, *The Edge of Reason* (Yale University Press, 2016)

後悔（Regret）

不必再糾結於當初會有更好的選項或行動，因為每個環節都是環環相扣的。

有些人總說自己這輩子無怨無悔，算他們幸運。多數人回頭看自己的所做所為，無不感到錐心刺骨般的痛楚。有的人做出致命的財務決定、有的人欺騙朋友，還有人回絕大好的工作機會；這些事情都令人後悔莫及。我們不斷在心裡重演當時的情境，滿腦子想著，只要當時改變心意，現在的處境就會好得多了。「我其實有能力採取不同的行動」、「我本來做得到」，「我本來有別有選擇」，這些念頭把我們折磨得生不如死。

「當時有機會做別的選擇」，這就是後悔的感覺。這句話究竟是什麼意思？美國哲學家丹尼特借用英國哲學家奧斯丁的比喻來說明。有位高球選手因為錯失進洞的機會而自責不已。他心想，「在所有條件都相同的情況下」（包括本身的球技和體能，以及當天的心情、天氣狀況、競爭對手和身心狀態），若再重來一次，他一定能成功進洞。然而，再認真檢視一下，你就會發現，這位選手的想法大錯特錯。若能回到當下那一刻，那些令他出錯的因素（手滑、或突然起風或是頭痛）也會再次出現，於是他又錯失了低於標準桿的契機。因此，我們在事後想像另一個結果時，其實不是假設情況「會跟當時一模一樣」，而是帶有些微的差異。

這就是我們的思考模式。而我們總以為，當初有機會採取不同的行動。然而，只要追溯一下因果關係，你就會發現，在「完全相同」的情況下，你不可能做出另一種選擇。所以你只能想像，在能力所及的範圍內，自己所能取得的最佳成果。這的確是一種反省過去的方法，但實際上，那卻不是一種正確的思考模式。所以你就不必再糾結於當初會有更好的選項或行動，因為每個環節都是環環相扣的。

話說回來，檢討過去的錯誤當然是有益的，只要別深陷懊悔的情緒中而無法自拔。當時出了什麼問題，導致我做出錯誤的選擇？我從這次教訓中學會什麼？為了實現目標，下次行動前我可以做些什麼努力？保持客觀，審慎反思過去的經驗，就能避免重蹈覆轍。

後悔的時候不妨提醒自己，現在看來更勝一籌的選項，在當時的狀況下，不見得能帶來最好的結果。事實上，你無法準確預知它所帶來的結果是好或壞。

人生有這麼多後悔的事情，而尼采給了我們一個測試，看看我們是否真的對人生那麼有把握。想像有人跟你說：

> 你將不斷重演此刻的生活以及過往的人生，絲毫沒有新意。所有的痛苦、煎熬、喜悅、困惑、感歎和說不上來的人生大小事，都會依序循次回到你身上。就連牆上的蜘蛛、樹影間乍現的月色，以及此時的閱讀時光，都會再次出現。永恆的生命沙漏會不斷翻轉，而你不過是其中一粒塵沙。

你會怎麼做？尼采認為正確答案是全然地擁抱這一切，他稱之為命運之愛（amor fati）。他解釋道：「不企求其他的可能性，不寄望於未來，也不戀棧過去，更不去奢求永恆的事物。承擔生命的必然結果，面對它、熱愛它。」

這是一個難上加難的要求。當然，人生總會下錯決定或是做出不道德的事情，接受是一回事，但肯定這些錯誤又是另一回事。當然，我們都勉強滿意目前的人生，也承認一路以來犯的錯。可是尼采的要求更高。

蒙田也願意接受生命的挑戰——「若能再走一回人生路，我還是會照著來時路的軌跡。我既不埋怨過去，也不懼怕未來。我已見過生命的嫩芽、鮮花與果實，如今那美好的一切悄然凋萎，我猶然欣喜，這一切不過是順乎自然。」

其實，我們也不用那麼偉大，非要去肯定所有做錯的事情，只要願意承認就好了。人生在世，等著被接納的事一大堆，包括自己的個性、不完美的地方以及力有未逮之處。有些事情能順心如意，而有些決定無法挽回，就算時光倒流，當初也未必能預見之後的發展。更重要的是，「人類無法改變過去」，這是我們少數能確知的真理，除了記取教訓、努力彌補錯誤之外，我們也無能為力。說到底，接受事實才是化解後悔的不二法門。

—延伸閱讀—

Daniel Dennett, *Freedom Evolves* (Viking, 2003)

Friedrich Nietzsche, *The Gay Science* (1882)

戀愛（Relationships）

若有戀愛的疑難雜症，最好不要去諮詢哲學家。

尼采曾言：「只有喜劇才會出現已婚的哲學家。」但看看齊克果的戀愛經歷，肯定令人笑不出來。就在結婚前不久，他逕自解除婚約，以為狠心一點，就能勸退未婚妻，讓她心甘情願地離開。齊克果以為，女方會像守活寡一樣度過餘生，但後來得知她另嫁他人，齊克果只好在日記裡冷嘲熱諷一番。齊克果不斷跟自己和別人說，解除婚約是為對方著想。事實上，他是為了追求自己的學術生涯才拋棄對方。

齊克果的戀愛史慘不忍睹，可是他不孤單，哲學界有的是情路坎坷或母胎單身的人。話雖如此，還是有兩個與眾不同的例外——波娃與沙特，兩人活著的時候是終生伴侶，離世以後則共葬在巴黎的蒙帕納斯墓園。這對情侶能愛情長跑數十年，祕訣在於保持彈性。兩人都同意接受開放式關係，並充分享受這種樂趣。他們的相處模式令人擔憂也不太穩定，但的確是開放式關係的成功案例。

彌爾和妻子哈莉特（Harriet Taylor Mill）的戀愛過程比較符合社會規範。兩人初邂逅時，哈莉特是已婚的身分，不過彌爾一直耐心守候，直到哈莉特的丈夫約翰．泰勒死後兩年，兩人才正式結為夫妻。如同沙特與波娃，彌爾和哈莉特也非常尊重彼此的思想與獨立性，這就是維繫感情的關鍵。這段婚姻之所以美滿，是因為兩人在學術上相輔相成，不會成為對方的絆腳石。哈莉特本身也是才氣出眾的哲學家，身後留下不少經典作品。許多學者相信，彌爾的某些作品，尤其是《婦女的屈從地位》（*The Subjection of Women*）應該是夫妻共同完成的作品。可惜志同道合的伴侶寥寥可數，不大能作為婚姻美滿的必勝方程式。但至少，伴侶間若有共同興趣，的確有助於培養感情。

哲學家都懂，智慧的根本在於承認自己的無知。事實上，誰有能擔保自己掌握了真理呢？從哲學家的戀愛經驗中，我們獲得不少啟發。不過虛心建議讀者，若有戀愛的疑難雜症，最好不要去諮詢哲學家。

—延伸閱讀—

Clare Carlisle, *Philosopher of the Heart: The Restless Life of Søren Kierkegaard* (Allen Lane, 2019)

宗教（Religion）

宗教真理不是科學知識，而是一種「實踐知識」，是透過神祕的方式顯現出來。

在這個年頭，向哲學家請教信仰問題，就有點像問素食主義者怎樣煎牛排最好，畢竟大部分的相關工作人員都不信神。一項大型研究指出，在三千兩百二十六名哲學從業人員（其中有一千八百零三名教職員）中，百分之七十三的人傾向於無神論，另外只有百分之十五信仰一神教。

哲學界並非一直以來都是如此，許多偉大的現代西方思想家，包括笛卡兒和洛克都是基督徒。另外，所有伊斯蘭世界的哲人都有宗教信仰，因此他們的研究被稱為是「伊斯蘭哲學」。印度哲學的研究者也同意，正統派具有宗教色彩。

既然社會大眾都有宗教信仰，那麼哲學家也不例外。儘管如此，他們的主張依舊有別於傳統，因此常常被視為異端。休謨抱持不可知論的懷疑態度，所以世人稱他為「傑出的異教徒」。斯賓諾莎主張「上帝即自然」，這與猶太教所理解的耶和華相去甚遠。中國哲學家從自然界中獲取智慧，對超自然的觀念敬而遠之。

雖然如此，哲學家還是能幫助我們去思考信仰的特性與本質。最起碼他們都強調，透過絕對的理性去證明信仰，這是沒有意義的。更有意思的是，有些哲學家還提出嚴謹的論述，為信仰騰出一席之地。美國基督教哲學家普蘭丁格（Alvin Plantinga）指出，從事各項科學研究時，有時會追溯到源頭，也就是發現最基礎的事物，不需要再去探討它的真假。演化學家與物理學家都承認，基礎的事物都是穩定規律的，正如自然界有恆常的定律、人類的生活會受到四季影響等。普蘭丁格認為，上帝就是基礎的事物，那麼，當人們說自己感覺到上帝存在，也是合理的。當然，這種體驗不能成為上帝存在的科學證據。普蘭丁格進一步解釋，但至少這種感覺足以產生合理的信念，讓你確信上帝存在。同樣的道理，既然你有各種感官知覺，那你應該可以確信自己有身體。

普蘭丁格的立場和心理學家詹姆士類似。兩人都主張，我們找不到決定性的證據來證明上帝存在，可是也無法提出有力的論述證明上帝不存在，因此運用理性以外的標準去決定自己的信仰，這沒有什麼問題。由此說來，宗教信仰並非「不理性」，而是「與理性無關」。

有些學者強調，信仰並非不理性的信念，從宗教語言的使用脈絡來看，其實都是說得通的。維根斯坦主張，宗教語言屬於某種特定的整體生活架構，所以有它的脈絡與作用，所以不能適用於世俗生活。維根斯坦反問到：「無神論者說沒有『審判日』，但基督徒說它一定會到來，這兩個人的討論會有交集嗎？在宗教脈絡中，信徒說他相信某事會發生，但這種信念跟科學無關，也沒有那種意義。」基督徒說，在聖餐禮上，餅與酒會變成基督的身體與寶血，這不只是一種比喻，餅與酒真的會有所轉變，但無法藉由科學方法觀測到。要了解這點，你必須了解基督徒的生活形式與生命意義，親眼見證到日常生活中神聖的一面，並在有限的人生中追尋無限。

有一派哲學家和神學家主張，人類沒有辦法描述上帝的樣子。維根斯坦說：「就我所知，關於神或上帝存在的問題，無論用哪種方式討論，都不像在討論一般的人事物。」這就是所謂的「否定神學」，我們用排除法來說明上帝的性質：祂不是人類、不是有限的存在、不是物質和不會有缺陷。我們之所以不用肯定詞（如無限、超自然、非物質的和完美）來討論上帝，是因為我們永遠無法徹底理解它們的含意。因此，上帝就是謎。關於祂的本質，我們只能旁敲側擊，無法完全領會。

如此一來，我們就能超越理性，在心靈中為上帝騰出一席之地。對此，現代許多哲學家不以為然。但從宗教議題的討論中，我們也發現，在科學與理性當道的世代，信仰還是非常重要。有些科學家主張，演化論需要加入造物主的因素，而量子物理學的奧祕只有在神的幫助下才能解開。可是這些論述都有瑕疵，因為論者是以科學工具證明超自然的存在。尼采說：「上帝已死。」但到了二十一世紀祂還活得好好的，信徒是藉由信念賦予上帝生命，而不是透過理性。

話說回來，上帝存在與否，也許不需要透過神學討論。有些堅定的信仰者認為，宗教的核心價值不在於信念，而是實踐，包括儀式與行為守則。超越時空、賦予終極價值的上帝，在信徒的行動中成形。英國宗教學家凱倫・阿姆斯壯（Karen Armstrong）支持這種看法，她主張，宗教真理不是科學知識，而是一種「實踐知識」，是透過神祕的方式顯現出來。因此，哲學家和神學家長久以來的爭論才會沒有交集，因為宗教的本質與屬性並不重要，重點在於如何在生活中實踐。

—延伸閱讀—

Karen Armstrong, *The Lost Art of Scripture* (Bodley Head, 2019)
William James, *The Will to Believe* (1896)
Alvin Plantinga, *Where the Conflict Really Lies: Science, Religion, and Naturalism* (Oxford University Press, 2011)
Ludwig Wittgenstein, *Lectures and Conversations on Aesthetics, Psychology and Religious Belief*, edited by Cyril Barrett (Blackwell, 1966)

名譽（Reputation）

「不必羨慕那些大名鼎鼎的人物，他們付出了自己的生活，才換來那些精神上的錦繡華服。」

——塞內卡

有的人非常在意別人對自己的看法，有的人覺得不需要想太多，多數人則在這兩種心態間搖擺不定。人之所以甩不掉惱人的偶包，也許是受到演化所影響。對史前時代的先祖來說，獲得部族認同是生存的關鍵，因此求取名聲變為一種本能。

話雖如此，哲學家仍強烈建議，試著掙脫名聲的奴役，可以帶來許多好處。名聲是虛偽的價值，無論是要追求名譽或社會認可，都不值得你我勞心傷神。

原因很多。首先，名聲不是可靠的價值判準。亞里斯多德認為，榮耀是膚淺的，因為它「多半取決於外人的誇獎而非當事人的自信」。換言之，別人會看得起你，跟你個人的內在優點無關，反而取決於運氣、大眾喜好和外表長相。至於你是否真的值得尊敬，很少人認真去探究。

從更宏觀的角度來看，名聲十分空洞，來得快去得快，花心思去博得讚賞，也不過是虛榮心作祟。奧理略的見解最精闢，他打趣地說道：「你是不是被自己的聲譽纏著不放？瞧，世間萬物多麼快被遺忘。無底的時間漩渦將吞噬一切，在掌聲過後，什麼也沒留下。渴求讚美之人不但心胸狹隘，想法也恣意善變。」

有些人滿腦子想著建立名聲，只要活著一天，就不斷到處巴結討好外人。塞內卡認為，有名望的人都有這個通病。他說：「不必羨慕那些一再就任高位或人名鼎鼎的人物，他們付出了自己的生活，才換來那些精神上的錦繡華服。」

蒙田的看法足以總結哲學界的共識，他認為：「名聲是最無用、浮華且虛假的貨幣。」但也有少數人持不同的看法。亞里斯多德提醒人們，多留心榮譽的價值，好名聲若源於自己真正的優點，那當然應該為此感到高興。想想看，為何有人會被敬重，若有好的特質，不妨加以效法和學習。

因此，我們應把重點放在被稱讚的長處，非那些讚美的話語，誠如孟子云：「恭敬而無實，君子不可虛拘。」奧理略也說了，擔心別人怎麼想，惶惶不可終日，就什麼事也成不了。他補充道：「記住！就算你成為了不起的人，卻還是可能默默無名。」重點在於把事情做好，要是有人認可你，就當作額外的收穫吧！

—延伸閱讀—

奧理略，《沉思錄》

韌性（Resilience）

生命苦難多，習慣就好。

現代人大力推崇、不斷鼓吹要培養的人格特質，就是韌性。有了韌性，我們就能迅速地克服逆境，它對生活來說十分管用，問題是如何獲得這項能力？市面上有琳瑯滿目的相關課程和書籍，事實上，培養韌性的基本原則很簡單。

塞內卡在〈致瑪西亞的慰問〉中寫道：「成千上萬的痛苦夾雜在人生中，除了肉體和精神上的折磨，還有戰爭、竊盜、毒害、船難等天災人禍，而摯愛離世時，更是令人憤恨和哀慟。就算在這些懲罰與虐待中倖存下來，死神還是輕而易舉地找上門。」這些生命的苦難足以測試人類的韌性。塞內卡的建議是，逆境是生命的常態，要想活下去，就得「照著遊戲規則走」。

「生活就是那麼艱難，不要廢話那麼多，想辦法活下去就對了」，這種論調太過直接又粗暴。其實，我們還有很多資源和方法可以用來克服逆境。但話說回來，有時遇到問題，苦思冥想也不見有答案，也很難用理性思考去找出當中的意義。不如賞自己一巴掌，清醒一下，生命苦難多，習慣就好。

—延伸閱讀—

Nelson Mandela, *Long Walk to Freedom* (Little, Brown, 1994)

責任（Responsibility）

事件的成因和責任不可混為一談。

在科幻小說《銀河便車指南》中，作者道格拉斯．亞當斯（Douglas Adams）發想出一種隱形裝置，名為「別人的問題場域」（SEP field），只要你認定當前的狀況是「別人的問題」，大腦就會形成保護機制，讓你免於負責。

這也可以稱之為「錯不在我場域」，表示責任不在自己身上。總之，推諉卸責是人類無法戒掉的習性，錯的永遠是他人或這個體制。

透過哲學探討，我們就能從另一個層次來探討逃避責任的合理性，畢竟我們沒有能力對所有事負責。所有人應該都同意，在某種極端的情況下，當事人的責任可以減輕。科學早已證實，外傷、疾病或藥物所引發的大腦變化，會導致性格和行為產生劇變。令人咋舌的例子比比皆是。據研究，有個男人長出腦瘤後，突然開始喜歡觀看兒童色情片，在手術移除腦瘤後，這個新的癖好也隨之消失。有一些帕金森氏症的患者服用某類藥物時，會產生嚴重賭癮。

除了這些引人注目的醫學案例，對一般人來說，自己成為什麼樣的人，也大多取決於基因及生命經驗。個性、性別、性向、父母以及生長環境，這些因素都不是由你選擇而來，但都形塑了你的人格。說到底，你無法自由選擇成長後的樣貌。

這麼一來，人類就不需要為自己的人生負責嗎？難道人生走錯路，都是因為先天基因和後天教養所影響的嗎？英國分析哲學家史卓森（Galen Strawson）便是這麼認為的。他強調，當事人不應該因為自己的言行受到獎賞或懲罰，因為個性和行事作風就像天生的髮色或臉型。

但大家不要太快下結論，即使你無法百分之百主宰自己的言行，還是有能力發揮自制力，不斷自我修正。而且人難免會無法控制自己，有意或無意間做錯事，但這都是正常的。不過，「衝動控制疾患」的患者就真的常常會失控了。

因此，美國哲學家丹尼特說：「我們身上背負的責任只能稍微減輕而已。」儘管如此，適量的個人責任對社會來說不可或缺。正如家長要有一定的責任感，才能督促孩子成長。得到讚美或被責備時，我們也該適時回應。丹尼特說：「勇於承擔責任，是活在人世間最基本的選擇。」

推卸責任的確是常見的壞習慣，但我們也要避免矯枉過正，承擔過多責任。我們時常把某個事件的成因和責任混在一起談，認為自己是始作俑者，把責任攬在自己身上，感到無比愧疚。

在英國情境喜劇《神父泰德》（*Father Ted*）中，主角打電話給達福神父，後者一邊滑雪下山一邊接電話，卻不慎跌倒，後來只能拄拐杖走路。毋庸置疑的是，若是主角沒有打那通電話，達福也不會摔個狗吃屎。撥電話是該事件的成因之一，但主角不需要為此負責。要歸咎責任的話，當事人得有為惡的動機，或者有明確的過失。

但就算當事人沒有責任，依舊會產生負面感受。英國哲學家伯納德．威廉斯提到更嚴重的例子。某個人開車時輾到小孩，可是錯不在他。不過，要是他一點都不覺得難過，那就顯得毫無人性了。這種負面情緒跟責任沒有關係。但唯有做錯事，才需要有和懊悔和罪惡感。因此，在這個車禍的例子中，當事人只需要感到遺憾，而不用負責。

亞里斯多德說得很對，若某事是經由外力或無意間造成，那我們就無須背負美名或惡名。不過，有時候我們沒有傷人的動機，也要為自己行為疏失負責，比如酒駕或者違反其他交通規則。

人生不該逃避責任，也不用把過錯全攬在自己身上。當然，我們確實沒有辦法為大部分的事負全責，這樣的要求太嚴格了。但至少，面對外界的讚美、責備、獎賞和懲罰，我們都要適度做出回應。懂得責任的歸屬，才能扮演好自己的角色。

—延伸閱讀—

Daniel Dennett, *Elbow Room: The Varieties of Free Will Worth Wanting* (MIT Press, 1984)

退休（Retirement）

退休不會令你一夕之間換了個人，你只是離開工作而已，而原本的生命繼續延續下去。

有些人害怕退休，也有人終其一生都在等著退休那天到來。不少人早就退休了，有的人覺得永遠也離不開工作。退休究竟是等待實現的目標，還是避之唯恐不及的命運？我們有必要浪費時間思考這件事嗎？

這些問題的答案取決於你現在所處的生命階段。美國哲學家大衛．路易斯（David Lewis）提出的思考方向很管用。他的生命概念乍看之下很複雜，卻好似有幾分道理。一般來看，人類是生活在三度空間中，雖然時間不斷在前進，但當下的每一刻都是真實而穩定的。這就是目前的主流觀念。不過路易斯認為，人類是跨越時間而活在四度空間中。不論任何時候，你都存在於某個「時間片段」，自以為身處當下的三度空間，但其實屬於四度的時間線上。也就是說，當你想像未來的自己時，那人便是未來某個時刻或階段的你，而不是現在的你跳到未來。

因此，當你在想像自己退休後的樣子時，那人不是穿越時空，而是經歷大半人生才到了未來，而那個人和你現在意識到的自己一樣真實。聽起來很詭異，因為我們現在無法意識到未來的自己，不過這只是時間的問題罷了。好比說，火地群島和阿拉斯加相差上萬公里，但它們都是美洲大陸的一部分；同樣地，年輕的你和年老的你是同一個人，只不過差距很多年。

這個邏輯讓人暈頭轉向，可是倒給了我們嶄新的視角去思考退休這件事。當然，退休是很重要的事，花點時間去思考，並不為過。既然我們活在四度空間中，過去、現在和未來的自己都一樣真實存在，為未來打算，才算是對自己負責。另一方面，我們也不敢保證未來的自己會有什麼樣貌和目標。現在我認為鄉村的獨棟別墅比較適合退休生活，可是搞不好到退休時，會比較想住在城市裡。嚴格說來，搞不好未來那四度空間的自己根本就不存在，也許我的人生撐不到退休那時。

因此，最理智的策略是為將來的自己安排不同備案，不要斬釘截鐵地設下單一的人生目標。沒有人知道以後會發生什麼事情，所以才需要規劃退休生活，以作為未來生活的藍圖。因此，最好不要隨波逐流地生活。務實地規劃人生，把退休目標視為應變方案，做好準備，以預防各種可能的情況。

既然我們活在四度空間，那就得接受這殘酷而顯然的事實：退休不會令你一夕之間換了個人，你只是離開工作而已，而原本的生命繼續延續下去。有些人的生活完全建立在工作之上，那麼一旦離開職場，就會突然無所適從。在生命的某些階段，全心奉獻給工作，確實會有所回報，可一旦退休的腳步悄悄逼近了，就應該開始去思考工作以外的選項。做好退休的心理準備，才不會困在僵滯固化的身分當中，比如「經理」或「負責養家的人」。不要忘記，人生有許多事物可以追求，多多培養自己的興趣和喜好。

有些人非常幸運，退休生活跟自己預先規劃的一樣。德國在一八八〇年才推出世上首個退休金政策，所以這是非常晚近的議題。

一旦開始領取退休年金，你未來的可能發展就會變少，而留下一大段的人生可供回憶。這也是一種安慰。從一輩子來看自己各方面的經歷，你做過的事情就是你的一部分，就跟當下體驗到的一樣真實。除了令你感到挫敗、失望和心碎的事情，也包含你的工作成果和資歷。與其把它們當成陳年往事，不如看作延續到現在的影響力。相片裡年輕的你從未消失，有一部分還在你身上，隨著時間流逝，你們依舊緊緊相連。進入退休生活後，我們就不難發現，生命要從整體來看，而不只是當前這個階段而已。

—延伸閱讀—

David Lewis, 'Survival and Identity' in *Personal Identity*, edited by Raymond Martin and John Barresi (Blackwell, 2003)

對與錯 (Right and Wrong)

面對「好或壞」議題時，應該勇於提出自己的論點。

什麼是對的、什麼是錯的？多數人都認為自己分得清，卻不願意提出自己所依據的道德標準。我們不想得罪人，所以總說「我憑什麼講別人」、「我認為對的事情，不能適用在別人身上」。這麼說來，對錯的客觀標準也許並不存在。

尼采應該不會為人們解決這道難題，畢竟大家都說他是「超越善惡」的哲學家，透過「權力意志」的理論，蠻橫地了摧毀道德價值。不過事實上，他對這個議題的看法很有啟發性。

尼采主張，「善與惡」不同於「好與壞」。在日常生活中，「好或壞」的標準是令人開心或難過、有益或有害、滋養生命或削弱活力，所以健康、藥物、音樂和美食都是好的；疾病、毒藥、噪音和垃圾食物是不好的。有些東西好壞兼具，比如美味但不健康的爆漿巧克力蛋糕。所以，儘管眾人對於好壞沒有共識，但個人都了解它們所代表的意義。

另一方面，尼采認為，善惡之說源於基督教傳統，是為了吸引身在水深火熱之中的市井小民，他們長期被打壓卻無力改變現況。老百姓沒有辦法過好日子，擁有幸福自由的人生，所以神職人員才把「好的」詮釋為「善良」，用以安慰溫順而軟弱的人。至於有權有錢的人，則被扣上「邪惡」的帽子。從這個角度來說，善惡成為上帝的審判標準，不再跟人的生活福祉有關。因此，性愛和享樂在道德上是壞事，而受苦、奉獻是德行。

這套說法的細節和結論在此不詳加討論，重點在於你的個人選擇。有些人透過上帝的話語來建立道德觀，確保自己的一言一行遵循神的旨意。有些人從世俗的角度出發，以促進生活福祉為行動的目標。休謨認為，某事在道德上是「對的」，等同於對自己或他人「有用」或「有趣」。美國哲學家派翠夏・徹蘭（Patricia Churchland）承繼休謨的思想，將道德定義為「人類共有的一套心態與作法，用於規範個體的行為，藉此促進群體的凝聚力與福祉」。

在道德議題中，只要能拿掉宗教成分，人與人就更能達成共識。今日有許多議題都是出自於信仰上的分歧，各個陣營也都有嚴密的論述。安樂死、墮胎、同性婚姻等等議題之所以僵持不下，就是受到宗教因素所影響。

除了牽涉到宗教的議題外，我們都同意，信守承諾、品行端正、接受教育、保持健康、擺脫貧困、有能力工作、生活在和平的國家等，都是好事；反之則為壞事。我們也都同意，對的行為會帶來好的結果，錯誤的行為會衍生壞的後果。我們都期待好事會發生，但對於「好壞」的標準莫衷一是，所以才有那麼多道德爭議。

所以，面對「好或壞」議題時，應該勇於提出自己的論點。舉例來說，有些泯滅人性的舉動會汙染環境、破壞人際關係或影響社會的穩定性，那我們就應該勇於指正。環保人士因此主張，面對氣候變遷問題，我們不該袖手旁觀，因為後果是下一代在承受。看吧，談論對錯就是這麼簡單。

好與壞的標準，也許就在於對人類、動物以及地球是否有益。以此標準來判斷是非對錯，自然就會更有意義。有些人想當爛好人，所以老是避開敏感話題，表面上看來是不隨便論斷是非，可是實際上只是自欺欺人，假裝一切都沒有好壞之分。

—延伸閱讀—

Friedrich Nietzsche, *On the Genealogy of Morals* (1887)

Patricia Churchland, *Conscience* (W.W. Norton, 2019)

冒險（Risk）

雖然你不確定風險有多大，但各種結局的確有不同的發生機率。

凡事都有風險，有時一想到，不免令人打退堂鼓。關鍵的那一步老是踏不出去，就只能留在原地瑟瑟發抖了。也許，人生就是不斷冒險的過程。

不妨想想，什麼是人生最大的風險。「不信上帝的話，就會錯過永恆的救贖」，這是哲學家巴斯卡最著名的論點。他強調：「上帝存在與否，這個問題根據理性是無法判斷的。」你必須賭一把。

假設你賭上帝存在，「贏了就會得到一切，輸了也沒什麼損失」。換句話說，上帝存在的話，天堂的大門則為你敞開；假如祂不存在，那死後塵歸塵、土歸土，你也沒什麼好煩惱的了。相反地，假如你賭上帝不存在，贏的話什麼也得不到，一文不名地死去；輸的話會錯過了永生的機會，還可能被打入地獄。很顯然地，你應該賭上帝存在，這是唯一獲得恩典的機會，跟祂作對只會輸不會贏。

這番論述滑頭又可笑，但給了我們不少啟發（好的壞的都有）。首先，巴斯卡犯了一些基本錯誤。他聲稱，這場賭局的賭注很高，所以不用在乎賠率。因此，不管上帝存在的可能性有多高，只要相信就會獲得無限的報酬，不信就完全沒有回報。這種詭辯跟賭場老手的至理名言「不想賠掉的東西別拿去賭」沒兩樣。下賭注時，我們絕不可能假設一定會贏，所以最好確保輸了也能安全退場。

可是在這場賭局中，上帝存在的可能性非常重要。許多人認為，光憑信仰就能換取救贖。但是，哪有神明這麼好的，所以絕不可能存在。這種賭局太荒謬了，風險和回報都很低，不值得認真看待。此外，巴斯卡顯然沒有納入所有的可能情況。搞不好上帝只接納無神論者，而非渴望永生的虔誠信徒；祂未必會懲罰下錯賭注的人。

不過，我們也可用正面的角度解讀巴斯卡的賭局。未來的運氣誰知道，不管勝率大小，有時只能放手一搏。新工作有展望嗎？房價會不會再漲？搬到鄉下之後才發現生活大不便？這些煩惱沒完沒了，就算想破頭也理不清頭緒。這時，我只能坦然面對，自己對當前的情況一無所知，只能選擇冒險一試。評估風險、面對未知，這樣在行動後才能承擔後果。

記住，要是有人又在扯「人生最後悔的不是做過，而是錯過」，那不妨叫他去安慰蹲苦牢的犯人。同樣地，你不應該低估房貸的壓力，以免最後承受不住。

話說回來，雖然你不確定風險有多大，但各種結局的確有不同的發生機率。巴斯卡的賭局太過粗糙，彷彿一翻兩瞪眼一樣。哪怕未來有許多不確定因素，我們還是應該審慎做好評估，不管結論有多籠統。

因此，我們必須避免一些常見卻大有問題的思考模式。其一是「損失規避」：我們都會覺得，某些事物與其到手了又失去，不如不曾擁有。既然我手上已經有一隻雞，就不必冒險再去林子抓另外兩隻，以免兩頭空。為了保險起見而不再行動，是一種合理的規避損失心理。可是有些人過分執著到手的東西，無法邁開腳步去尋求更好的機會，那就太不明智了。

另一種扭曲的思考模式是「賭徒謬誤」：有些人相信，未來會受到先前不相關的事件所影響。許多人在擲硬幣時連續出現三次正面，就會覺得下一次一定是反面。這個感覺一點根據也沒有，不管之前出現的順序如何，下一次出現正面和反面的機率還是不會變，都是一半一半。在賭徒謬誤的影響下，我們會說服自己，某些事比較不具風險，或是覺得自己準備中頭彩了。

就「生產者風險」來看，敢於冒險的人往往比保守的人容易贏。冒險王會被當成浪漫主義者，彷彿人生只有今天、沒有明天；規避風險的人則是保守派，拖著死氣沉沉的腳步、眼看機會擦身而過。但那些果敢大膽的人一旦輸個精光，就會被當成草率的莽夫。唯有獲得實質的回報，或是成本很低，才是真正的贏家。一般人總是小心謹慎，不分青紅皂白就往前衝，是很難解決問題的。

—延伸閱讀—

巴斯卡，《沉思錄》（1670）

慣例（Routine）

人們覺得僵化的例行公事把自己壓得喘不過氣，非得從中解脫才能迎來嶄新、創意的生活，可是另一方面，這些慣例也帶有撫慰身心的作用，所以我們才會擺脫不掉固有的日常，騰不出空間改變生活的面貌。

話說回來，許多哲學家、作家和藝術家都過著極其規律的生活。康德四十歲開始便過著照表操課的人生：五點起床先喝杯茶、抽根菸，接著準備上課要用的教材，再動筆寫點東西；七點到十一點結束講課去吃午餐，吃飽就去散散步、找朋友，之後回家繼續工作和寫作；十點一到準時上床。

叔本華住在法蘭克福的二十七年裡更是遵循著極其嚴謹的日常作息。七點起床洗個澡、喝杯咖啡就開始寫作到中午，然後練習長笛半個小時，之後到英吉利霍夫飯店（Englischer Hof）解決午餐，接下來一路看書到四點；不管天氣好壞都要散步兩個小時，接著到圖書館閱讀《泰晤士報》（*The Times*），隨後上劇院看戲或是去聽演奏會；在外面吃完晚餐後約莫九點到十點回家，接著上床睡覺。

他不是唯一一個奉行規律生活的德國哲學家。波娃一天的例行公事是喝茶、獨自工作、和朋友在外面吃午餐，接著和沙特一起安靜工作幾小時，然後才開始社交方面的活動。

類似作息的哲學家一大堆，我們還可以繼續說下去。重點是，對這些哲學家來說，慣例是他們得以發揮才華的原因——不必花時間去想日常生活的瑣事，使得他們可以專注在真正重要的事情上，也就是哲學研究。

詹姆士談到培養「規律習慣」的重要性，他指出維持日常作息十分困難卻非常有意義：

把越多的日常細節交給無意識的行為處理，越有更多心智力量去做該它們做的事。沒什麼比一個沒有規律習慣、只能猶豫不決的人還悲慘了，對這種人來說，每點一根菸、每喝一杯酒、每一天起床和上床、每一次開工都必須先經過一番天人交戰。

似乎是因為這樣，據英國經濟學家約翰・凱因斯（John Maynard Keynes）的描述，維根斯坦才會說「吃什麼不重要，重要的是都吃一樣的就好」。

反思自己需不需要調整日常作息時應該要先思考，這些例行慣例是否有益於生命本身：它會麻木、消耗我們的能量和活力，還是會提供我們必要的支持去進行有創意的活動。假如我們的結論是必須做出一些調整，那也不代表要完全捨棄生活中的例行公事、隨心所欲去生活，而是學習把玩日常作息的拼圖，拼湊出有助於充實生活的模樣。

—延伸閱讀—

Mason Currey, *Daily Rituals* (Picador, 2013)

S

字首

意志不堅的人容易分心或灰心，
老是在找藉口說服自己下次再做，
也找不到有力的理由去督促自己行動。
——吉爾伯特．萊爾——

專注自我（Self-Absorption）

「實現自我不過是超越自我的副作用而已。」——弗蘭克

一天二十四小時，我們都跟自己相處，所以很容易陷入個人的世界中。好的話就是致力於追尋成就，壞的話就會鑽牛角尖。活在自己的象牙塔中，有些人會變得過於自我中心，有些人會感到無聊而乏味。你會不會覺得，有時真的受夠自己了？

這時，不妨多多向外探索，才不會陷入死胡同。羅素說，他年紀越大越幸福，主要是因為「較少沉浸在自己的思緒裡」。對他來說，培養自得其樂的興趣，比如科學、大自然或文學，就能走向快樂人生。

心理學家弗蘭克認為，應該培養熱情，專注於拓展視野，達到忘我的境界，能成為真實的人。他說：「實現自我不過是超越自我的副作用而已。」

當然，想要成為更好的人，就要不時反省自己，不過要小心，別老是把焦點放在自己身上。說起來真矛盾，當人一心執著於自己的需求和欲望，反而無法得償所願。

—延伸閱讀—

霍金，《時間簡史》（1988）

自我實現（Self-Actualisation）

你原有的能力與屬性都很有限，必須時常學習新的技能和知識。

將潛力發揮到淋漓盡致，是許多人的渴望。以心理學家馬斯洛（Abraham Maslow）的「需求金字塔」來看，最底端是基本的生理需求，接著是安全、愛與歸屬、尊重，而最頂點的需求正是發揮潛力與自我實現。

就算你不認同馬斯洛的理論，但也無法否認，自我實現的確是種真實而強烈的渴望。一般人常說，想要成為完整或真實的自己，這個渴望看起來很合理，卻犯了兩種錯誤。首先，人們假設有個真我潛藏在體內，只要被召喚出來，就能發揮潛能；但這種真我是不存在的。其次，有些人會因此變得太自我中心，甚至太過自戀。

所幸，儒家思想有助我們追求自我，卻又不會落入迷思。儒家聖賢向來勸誡人們「修己」，不斷持續培養德性與好習慣，就能成為最好的自己。儒家的「自我實現」有三種特色。

首先，儒家所倡導的心性與舉止都具有道德意義。禮儀、音樂、射箭、騎馬、駕車、書法與計算等六藝，都是傳統社會的核心能力。除此之外，我們要成為君子，集仁義道德於一身。如此一來，就能實現自我。因此，就算你登上喜馬拉雅山、成為企業總裁，只要個性自私又霸道，就算不上是實現自我。

第二，我們不該假定「真我」已然存在，只是等待被發掘；你應該親手創造自己的模樣。儒學思想家安樂哲（Roger Ames）認為，每個人都是未完待續的篇章，唯有透過學習，才能成為真正的人，這正是「學以成人」的含意。

第三，想充分揮發自我的潛力，不能靠單打獨鬥。你原有的能力與屬性都很有限，必須時常學習新的技能和知識。安樂哲說：「你是誰？你的家庭、所屬社群，你在人世間扮演的角色及人際關係，都是你的一部分。我們需要他人才能存在，沒有人能自外於社會。」再怎麼頂尖的棒球運動員，也無法憑一人之力參加球賽，還要有隊友、裁判和觀眾。要是沒有讀者，再怎麼偉大的著作也是廢紙。各個領域的佼佼者都要靠著眾人的支持，才能不斷超越顛峰。

「潛力」（potential）的拉丁字根是「力量」（potentia）。儒家教導我們，想要發揮自我的潛力，不能光靠一己之力。人類是社會動物，齊心協力永遠勝過單槍匹馬。畢竟，你本來所擁有的「自我」，其實比你以為的要少很多。

—延伸閱讀—

Roger Ames, Confucian Role Ethics: A Vocabulary (University of Hawai'i Press, 2011)

照顧自己（Self-Care）

要為完整的人，就需要全方位的自我照顧，發展德性是首要任務，而健康飲食、適當休息與體能活動則同樣不可或缺。

「照顧自己」是各大書系與部落格的熱門主題，不少讀者趨之若鶩。這沒什麼不好，每個人都要多照顧自己，關鍵在於怎麼做。醫生會鼓勵你多注意健康，好好對待自己的身體。有的人從社群媒體找到動力，認為活得光鮮亮麗、開心快樂才對得起自己。

柏拉圖在兩篇對話錄中，透過蘇格拉底的提問，重新詮釋了照顧自己的含意。在〈艾爾奇比亞德斯篇〉（Alcibiades）中，蘇格拉底主張，重點不在於保養身體或管好財務，而是要努力滋育靈魂。在〈申辯篇〉（Apology）中，蘇格拉底則重申：「不要過分在意健康或財富，多多照料靈魂，才能帶來最真實的幸福。」換言之，日子快不快活不是重點，而是要多做公義、善良的行動。對柏拉圖來說，照顧自己有道德上的含義，而不是縱情享樂或是保養身體。

因此，培養德性十分重要，這樣就不會變得自我中心或自私自利。事實上，唯有修身養性、多跟外界交流，才不會變得自以為是。

柏拉圖強調靈魂的重要性，雖然論述稍嫌薄弱，但其箇中真意不無道理。人類的身體和心智結合成完整的有機體，而錯綜複雜的生理系統與心理狀態在其中緊密交織。唯有修身養性，才能全方位地照顧自己。

古希臘哲學人大多認為，要透過具體的練習法才能照顧自己，哲學理論反而幫不上忙。身體力行才是王道。斯多葛學派主張，監督自己的生活、檢驗自己的言行，就是照顧自己最主要的功課。塞內卡說：「每一天都要全神貫注地活著。」舉例來說，哲人賽克提俄斯（Sextius）每天晚上都會留點時間來反省當天的一言一行，真誠地悔過以改進自己的行為。

這種練習非常有用。除此之外，閱讀深具啟發性的文章、寫日記或冥想，也都是照顧自己的方法。亞里斯多德也不諱言，人類不光是理性的動物，也需要滿足身體的需求。要為完整的人，就需要全方位的自我照顧，發展德性是首要任務，而健康飲食、適當休息與體能活動則同樣不可或缺。

英國哲學家彼得·戈迪認為：「想要深入了解某人的人格或性格，就把他看做是獨立的生態單位，就像一座花園那樣。」每個人都是一套生態系統，在其中，價值觀、情緒、感受、人格特質和習慣環環相扣，任何一處有變化，就會啟動連鎖反應，繼而影響整體的運作。照顧自己就是照料靈魂的花園，需要你我付出心力投入其中。

—延伸閱讀—

柏拉圖〈申辯篇〉

自信（Self-Confidence）

成功人士唯一的共同點是，相信自己所做的一切都是值得的，並且全力以赴朝理想邁進。

相信自己，就能達成目標，許多心靈導師都這麼說。在選秀節目的初賽過程中，一堆自我感覺良好的人被評審硬生打臉，淚如雨下地離開舞台。不過老話一句，連你都不相信自己了，還談得上有什麼收穫和進步。唯有自我感覺良好，才能激發信心，全力以赴。

當然還是有反例。從許多哲學家的生命歷程看來，想要有所成就，自信未必是必備條件。好比說，維根斯坦就飽受自我懷疑所苦。他在整理自己的筆記「棕皮書」時，不禁哀嘆道：「這些筆記沒有價值，不值得去修訂。」接著又說：「對面各種問題，有時很快想通、有時找不到頭緒，偶爾也會出現令人振奮的想法。不過在關鍵的時刻，腦袋卻常常使不上力，許多想法尚未成形，卻不得不端出來應付。這時總令我不知所措、倍感無用。」二十世紀最傑出的哲學家芙特（Philippa Foot）曾言：「我一點也不聰明，要理解複雜的論述總是很吃力。」

當然，自信滿滿的哲學家也所在多有。尼采的自傳前三章標題分別為：「我為什麼如此有智慧」、「我為什麼如此聰明」、「我為什麼能寫出如此優質的書」。蘇格拉底曾言自己一無所知，卻也吹噓說，正因如此，他才是全雅典最睿智的人，還得到「德爾菲神諭」的認證。

哲人的煩惱無異於藝術家、企業家甚或是一般人。這就說明了，人生要所有表現，其實跟自信無關。這些成功人士唯一的共同點是，相信自己所做的一切都是值得的，並且全力以赴朝理想邁進。至少他們相信有機會成功，雖然不敢保證機率有多高。

想要成功，確實得相信自己，但不是高估自己的能力，而是相信眼前的目標有價值，應該傾盡心力去追求。無論是自我懷疑或是旁人的質疑，都要試著反抗。你必須竭盡所能，培養這樣堅定的自信。

—延伸閱讀—

Julian Baggini and Jeremy Stangroom (eds), *What More Philosophers Think* (Continuum, 2007)

自制（Self-Control）

尤里西斯很想聽聽那魔幻的歌聲，他知道單靠自己的意志力無法抵擋誘惑，所以他決定訴諸外力。

不少人信誓旦旦地說，要少喝一點酒、過年後就不幹了、要早點起床做瑜伽……然後呢？還不是不假思索再乾一杯、遲遲沒寫辭職信、按下貪睡按鈕後繼續呼呼大睡。

意志不堅、欠缺自制是常態。每當這種時候，不管你腦袋做出多有益的判斷，就是一點執行的動機都沒有。誘惑太多、劣根性太強、心情太差，通通都是藉口。

這是人類的通病，哲學家卻百思不解，甚至覺得這是不可能的。在〈普羅塔哥拉篇〉中，柏拉圖筆下的蘇格拉底說：「既然你知道或相信另一種做法更好，那應該會中止當前的行動。」柏拉圖說，靈魂有一部分是欲望，它如同脫韁野馬，能逃過理智的約束。因此，我們的作為才會違背自己的最佳判斷。

亞里斯多德也同意，欲望太強的話，判斷力就會被蒙蔽。不過他認為，有些任性的動機帶有一點理性的成分，只要透過外力，自己就會聽從理智的判斷。

令人驚訝的是，哲學家不約而同都談到「部分的自我」：一部分的你想去抽菸，另一部分卻又在抵抗。這確實是個謎團。其實，你不是一個完整運作的行動者；你的內在分裂成許多小我，各自擁護不同利益。因此，每個人都會有自相矛盾的時刻。有些小我只想要即刻的滿足，有些則看重未來，它們時不時就會相互衝撞。

美國哲學家梅勒（Alfred Mele）也來幫我們解惑。「意志薄弱」有理性的一面，也有不理性的一面。我們忍不住要去做某事，背後總有理由，有時只突發奇想，有時只是受到感官的誘惑。無論如何，這種不經判斷而出現的理由，既沒有說服力、也不重要。所以我們才說，意志薄弱有不理性的一面。

梅勒發現，人類之所以會違背自己的最佳判斷，其背後有數不清的因素。關鍵在於，我們多快能取得回報。人類看重即時的回饋而非長遠的收穫。舉例來說，人生無常，與其吃得清淡無味，不如盡情享用垃圾食物，至少可以得到即時又可預見的快樂。即時的回饋總是比長遠的收穫更吸引人。即使我們心知肚明，唯有流淚灑種，才能歡喜收割。

為了合理化自己的行動，所以我們常常如此說服自己與別人：「我不是沒有自制力，只是改變心意罷了。」減肥失敗的人總說，今天心情不好，嗑個蛋糕才會平靜下來。不過話說回來，意志薄弱和改變心意是兩回事。辨別的方式很簡單，你只需要問自己，你決定吃蛋糕而不是水果，是不是因為前者可以馬上帶給你快樂。其實，改變的原因大多是因為想要立即的回報，這也就是意志薄弱的成因。

然而面對誘惑，總是缺乏自制力該怎麼辦？首先，千萬不可仰賴意志力。那又不是超能力，一召喚就會出現。英國哲學家萊爾（Gilbert Ryle）認為，意志和心靈都是不合邏輯的概念，會令人理不清頭緒，把能力和目標混為一談。他說：「意志不堅的人容易分心或灰心，老是在找藉口說服自己下次再做，也找不到有力的理由去督促自己行動。」反之，意志堅定的人著眼於目標，並試著遠離誘惑、排除阻礙。確立目標後就死抓著不放，這才是可靠的能力。

做出決定後，先判斷它是否合理又明智，並且盡可能納入所有因素。舉例來說，考量自己的經濟與健康狀況，再判斷辭職是否為最好的選擇。

接著思考一下，那些行為動機是否會造成負面的連鎖效應，並深入探究它們的各項細節。比方說，你辭職的原因是因為害怕被上司罵。那可以想想，對方是否無的放矢、會令你一整天都難過嗎？辭職就能解決工作上的問題嗎？

排除了任性的動機後，我們就能信任判斷後的最佳選項。接著要防患未然，避免自己故態復萌。給自己立下規範，以免再次違背理性的最佳判斷。對此，心理學家稱之為「預先承諾策略」（Precommitment Strategy），舉例來說，家裡不放零食就可以去除誘惑。為了實現承諾，可以提高失敗時要付出的代價。比方說，你不妨昭告天下要去挑戰全馬，而為了不丟臉，你只好硬著頭皮達成目標。

最有效的策略就是牢牢地守護自己的決心。《奧德賽》的主人公尤里西斯做了最好的示範。女巫瑟西警告過尤里西斯，靠近海妖之島就會有危險。海妖只要一唱歌，就能蠱惑靠近小島的凡人。無數人受害，其腐爛的屍體推疊在海妖身邊，令人觸目驚心。

尤里西斯很想聽聽那魔幻的歌聲，他知道單靠自己的意志力無法抵擋誘惑，所以他決定訴諸外力，讓自己和船員免於被蠱惑。於是，尤里西斯親手製作甜臘，以封住船員的雙耳。他自己則靠在桅杆上，請人綁住他的雙手雙腳，並將繩子末端繫在桅杆上。下一次當你覺得忍不住又要走回頭路時，請多想想尤里西斯。

—延伸閱讀—

Alfred Mele, *Backsliding: Understanding Weakness of Will* (Oxford University Press, 2012)

自欺（Self-Deception）

自欺是一種無意識的心智反應。每當我們意識到令人不安的事實時，它就會自動上工。

生命中總有不如意，而我們都希望那從未發生過，比如另一半偷吃、參加歌唱比賽被淘汰、投資失利等。遇到令人難堪的真相時，我們都會說服自己那不是真的，等到清醒一點後才願意面對。為了逃避事實，我們會做出許多荒謬可笑的行為。

自欺與意志薄弱如影隨形（見自制）。改變固有的習慣，勢必要付出努力，還會不斷遇到挫折。每當這種時候，我們就只好安慰自己。戒酒的人總說，今天只喝一小口紅酒就好；減肥的人也說，冰淇淋實在讓人招架不住。

自欺是種令人費解的心態。對此，沙特提出了簡單又明瞭的解釋。他表示，欺騙自己和對別人說謊是兩件事。在後者的情況下，欺騙的這一方了解全部事實，並對他人隱瞞部分真相。對自己隱瞞真相就沒那麼簡單了。我是欺騙者又是受害者；我知道實情，又被自己隱瞞某些事情。這怎麼可能？

精神分析學派創始人佛洛伊德主張，潛意識把某些事情藏起來了。不過沙特認為，佛洛伊德的術語太專業了，沒辦法派上用場，只不過把問題向後移了一個層次。沙特解釋，假若心靈可以決定要哪些事情要進入意識中，但它要先接觸到這些事物，接著才能決定是否讓意識「知悉」。

那到底如何騙過自己？梅勒的答案也很簡單，自欺就是加強版的一廂情願。其實，只要花時間去檢視自己的那些藉口，都會發現它們沒有根據，甚至一看就知道錯誤百出。舉例來說，我們暗戀某人時，總會毫無根據地猜想，對方對我們也有感覺；哪怕對方出現一絲的嫌惡態度，我們也會假裝沒看到。事實很明顯，但為什麼當事人看不出來？罪魁禍首是動機。我們太希望對方也喜歡自己，所以只看到有利的蛛絲馬跡，而忽略顯而易見的事實。我們不是故意的，而是欲望蒙蔽了意圖。

沙特還發現，我們總想逃避責任，所以產生另一種自欺欺人的思考模式。每當我們有「壞信念」時，就會否認自己有自由選擇的能力，而把自己當成被動而無力的生命體。我們有時會堅稱，自己生來就如此，改也改不了，這時壞信念特別明顯。

沙特認為，自欺的迷霧一散去，就會意識到要對自己的行為負責，即使一開始的處境也非出自於你的選擇。「雖然過去環境不得已，但你一定有辦法創造自己的未來。」沙特說。

究竟怎麼才能騙過自己？如果你還是很困惑，不妨發揮想像力，看看自己內心住著多少個「小我」，它們各自代表不同的欲望和動機。有些小我注重真相，不喜歡說善意的謊話，可是它們正在呼呼大睡，所以你必須叫醒它們。因此，最好養成習慣，多多質疑自己堅定不移的信念，想想看它們是否合理。多多觀察環境，找到有力的證據來挑戰自己。自欺是一種無意識的心智反應。每當我們意識到令人不安的事實時，它就會自動上工。唯有審慎且有意識地辨別事實，才能打敗自己這個騙子。

—延伸閱讀—

Alfred Mele, *Self-Deception Unmasked* (Princeton University Press, 2000)

自知（Self-Knowledge）

只要培養對當下體驗的專注力，就可以加強意識的敏銳度。

位在希臘德菲爾的阿波羅神殿刻著三句響叮噹的箴言，其中一句就是「認識自己」。長久以來，哲學家努力遵循神聖的教誨，對於認識自己，總抱持著樂觀的態度。每個人和自己的內在真我有著深刻的連結，所以只有當事人有特權去探視。我們都認為，個人的想法和感覺，只有自己最清楚，絕不會搞錯。旁人心情不好時，即使他不承認，但我一看就知道是因為沒睡好。而我自己心情不好時，也一定知道自己出了什麼問題。

許多哲學家都表達過類似的想法。笛卡兒認為：「我可以清楚察覺自己的感知、情緒和欲望。前提是，要謹慎判斷自己所知覺到的一切。」洛克則主張：「每個人都可以察覺到，自己正在接收當下的感官訊息。無論是眼見、耳聽、口嚐或其他感覺，還是正在思考或想去做某事，我們都明確知道自己在幹嘛。」這種自知之明，就是透過康德所說的「內感官」（inner sense）來了解自己，就如同我們覺察外在的事物一樣。

遺憾的是，現代哲學家已經不這麼樂觀了。數百年來，我們嘗試著要認識自己，但一直搞不清人性的本質。事實上，心智大部分的運作過程，都不是個人意識所能掌控的，就連個人也察覺不到（見潛意識）。人類永遠也都不知道自己的深層動機，康德也早就說過：「我們無法徹底了解自己那些突如其來的舉動包藏了什麼祕密，就算透過嚴謹的反思也沒用。」

話說回來，也有學者認為，我們跟自己的心理狀態其實沒那麼熟。當然，比起判斷他人的情況，我們更清楚知道自己當下是痛苦、生氣或難過，可是我們也常會錯判。有時以為自己很難過，可是深思之後才發現是在生氣。所幸，只要培養對當下體驗的專注力，就可以加強意識的敏銳度。

因此，不論是找心理諮商師或坐在瑜珈墊上冥想，都是值得投入心力與金錢的活動。嘗試著更了解自己，找出能感動或傷害你的事物。除了自省，我們還可拓展其他探索自我的方法。英國哲學家萊爾澄清道：「許多人都以為，認識自己就像窺視某個無窗的房間一樣。房裡有一道極其詭異的光線，而且只有你自己能往內觀察。」但事實並非如此。想要了解自己和他人的動機，就要從其行為、談話、舉止和音調來觀察。從客觀的角度觀察自己，比「由內窺探」更具有啟發性。誠如海德格所言：「有些人會不斷分析、檢視某個感官知覺，但那不是了解自己的好方法。」在日常生活中不時觀察自己，反而會更有收穫。

想要真正認識自己，就必須納入各方面的視角，不要只關心表象。一方面，我們要有追尋自我的雄心壯志，但也要保持謙虛，畢竟就連最睿智的聖賢也無法完全了解自己。多多嘗試，必能有所收穫。

—延伸閱讀—

Quassim Cassam, *Self-Knowledge for Humans* (Oxford University Press, 2015)

自愛（Self-Love）

愛自己就像與人結為好友。抱持善意、志趣相投並享受彼此的陪伴，就是一段美好的友誼。

太愛自己不好，不夠愛自己更糟，麻煩的是，通常只有前者才會發現自己不對勁。也許，自愛的尺度就是難拿捏，每個人都是一邊愛自己，一邊懷疑是否方法錯了。

在這個數位時代，社交媒體大行其道，現代人總無所不用其極地營造光鮮亮麗的一面，期望留給他人深刻印象，進而從一票凡夫俗子中脫穎而出。然而，一旦個人生活與公眾形象變得密不可分，就會只想關注自己耀眼的特質，而漸漸丟失真實完整的自我。再者，把自尊建立在他人的評價上，有朝一日若對方不再認同你，那麼你的挫敗感就會加倍。

盧梭細分兩種類型的自愛，有助於你我搞懂這個議題。首先是「自保之愛」（l'amour de soi），人總是發自天性，會去關心自己的生命狀態及福祉，並試著滿足各種生存需求。其次是「自重之愛」（l'amour-propre），人難免會先關心自己，而建構自我的價值感時，也總是會與他人做比較。在數位時代，我們很容易被自重之愛牽著鼻子走，陷入永無厭足、你死我活的競逐，絲毫看不見自保之愛的益處，而後者才是生存所需。

當然，人類是社交動物，我們多少需要他人的評價，而他人的觀點也值得借鑑。只不過盧梭認為：「自重之愛是個無底洞。我們不只把自己捧在手心，還要求他人犧牲自己來愛我們；這根本是天方夜譚。」

自重之愛在英文裡也被翻譯為「虛榮」（vanity）。若是自愛過了頭，變成自負、以自我為中心，那就必須受到約束。羅素的觀點相當務實，他再三勸靠，避免自我過度膨脹才是上上之策。有些人老是低估自己的能力，所以一旦成功，就會感到很驚喜；而高估自己的人一旦失敗，就會驚嚇不已。做人聰明一點的話，就不要太自負，也不要太謙卑，以免變得不求上進。

在數位時代，網友們最注重自我形象。自戀的風氣好像越來越盛，但事實上，自卑情結卻也跟著加深。看看你虛擬世界的好友，無不都在展現他們那無可挑剔的幸福生活，但看看你自己，卻是每天過得烏煙瘴氣。相比之下，你就是差人一等。這種想法會一點一滴侵蝕你對自己的「正向自我關懷」（positive self-regard），包括自我價值、自尊以及自我尊重。這些感受不可或缺，只要拿捏得宜，肯定對人生有所裨益。切記，英國哲學家戈迪說過：「想要建立自尊，你應該轉移焦點，不要把重心放在別人的成就上。」

盧梭提醒我們，除了在精神上多愛自己，也要學會照顧自己的方法。亞里斯多德說過，幸福就是發揮潛能、成為有德之人，了解這一點後，你才懂得如何愛自己。有些庸俗的人以為，發大財、當個大人物，才是愛自己的表現。但有德之人不會爭名逐利。亞里斯多德認為，缺乏德行和節操的人，才會以財富、名譽和享樂來愛自己。

有德行的人，才會無條件地愛自己。當然，他不會因此自我感覺良好，以為自己不會犯錯。重點在於，無論如何他都不會自暴自棄，也明白自己永遠有進步空間。

從亞里斯多德的角度來看，愛自己就像與人結為好友。抱持善意、志趣相投並享受彼此的陪伴，就是一段美好的友誼。自愛何嘗不是如此？秉持善意對待自己，內在關係達到和諧，並享受獨處的時間。亞里斯多德的建言頗有道理，甚至與佛家說的慈悲心不謀而合，因為每個人都希望自己能離苦得樂。

亞里斯多德的結論是：「每個人都應該愛自己，但是要用對方法。」找到自己真正的幸福所在，就不用依靠俗不可耐的名氣與權力。此外要小心，避免把虛榮及自我中心包裝成自愛。唯有抱持信心、竭盡所能，努力成為最好的自己，這才是名副其實的愛自己。

—延伸閱讀—

亞里斯多德，《尼各馬可倫理學》

自私（Selfishness）

你最清楚自己的最佳利益了，所以先滿足自己的需求，才是最理性的做法。

講到自私這個缺點，大家都是有嘴說別人、沒嘴說自己。說來也諷刺，「自私」的人應該只在乎自己，卻老是在「探聽」別人的私事。事實上，自私的人最會隱藏自己，免得讓大家看出自己的意圖。仔細反省後，搞不好每個人都會發現自己自私的一面。

在柏拉圖的《理想國》中，有一位辯士名為葛勞康，為人憤世嫉俗。他說過一個寓意深遠的神話故事。有名為蓋吉士的牧羊人意外獲得一枚魔戒，但他沒有用來幫助他人，而是引誘了皇后，接著和她密謀殺了國王，繼而取得王位。葛勞康認為，擁有魔戒的人都會做類似的事，好人終究會變成壞人。他解釋道：「有兩只魔戒，分別給了義人與惡人，誰也無法保證前者會守住節操。既然有隱形的能力，難免會想摸走在市場看中的東西、偷偷溜上淑女的床邊、從監獄放走囚犯、甚至去謀財害命。總而言之，有了這枚戒指，你就能超越一票俗人，成為萬能之神。」確實如此，有了無邊權力還不好好大展身手，肯定是頭殼壞去的傻子。

葛勞康所描述心理狀態，我們稱之為「心理利己主義」（Psychological Egoism）；也就是說，每個人的所做所為都是為了自身的利益。日常生活中有許多例證：有的人行善是為了受人愛戴，有的人殺身成仁是想在死後名留史冊。

許多人都贊同心理利己主義，正如休謨所述：「就算是發自良心和友善的言行，也都能給當事人帶來神祕的愉悅感。」做好事會讓人產生好心情，所以有人大膽推斷，當好人只是為了滿足自己的心理需求。不過，休謨認為這種結論混淆了前因後果：「我對朋友伸出援手，那種愉悅感來自於我對他的愛，而不是照顧他人所帶來的成就感。」我們關心自己，也真心關懷他人，所以行善助人才會感到快樂。

心理利己主義者想討論的是人性，而倫理利己主義（Ethical Egoism）的支持者則主張，根據自己的最佳利益去行動，才是正確的做法。這套理論多半用在社會科學的領域，只有少數人才會自詡為利己主義者，包括美國哲學家艾茵．蘭德（Ayn Rand）。蘭德認為：「每個人都必須為自己而活，不要犧牲自己去成就別人，也不要犧牲別人來成就自己。發揮理性，找出自己的最大利益。追尋此生的幸福，就是最有道德、最崇高的目標。」

表面上看來，利己主義者只顧自己安危、不管別人死活。不過，他們有一套嚴格的道德論述和依據，比如「氧氣面罩原則」：搭飛機遇到亂流時，先確定自己有戴好面罩，再去協助他人。每個人都先顧好自己，才是對全體最有利的。我們永遠無法確定，怎樣做才能滿足他人的利益，但是你最清楚自己的最佳利益了，所以先滿足自己的需求，才是最理性的做法。

心理利己主義和倫理利己主義都有幾分道理。至少我們不得不承認，自己才是人生最重要的幫手。當你處在最佳狀況，對他人才更有利。不過，把所有人類的動機和道德行為，都視為自私之舉，這未免過於簡化。魔戒神話的道德啟示在於，私欲的力量之大不容小覷。除此之外，其實擁有權力的人不一定會犯下惡行。

但不論是哪種利己主義，都不能拿來當作藉口，以合理化自私自利的行為。做什麼都只考慮到自己，你的世界就會縮水，最後只剩狹隘的心靈。自私的人無法與他人建立連結、互相關懷。有血、有肉、有感情的人都不會渴望這種人生。事實上，想要追求自己的最佳利益，首先就得學會不自私，凡事只想到自己，就無法找出最適合的處理方法。

—延伸閱讀—

柏拉圖《理想國》第二卷

Ayn Rand, 'Introducing Objectivism' from *The Voice of Reason: Essays in Objectivist Thought* (1962)

性（Sex）

「對文明人來說，性生活當中若沒有愛，就無法獲得充分的滿足。」——羅素

你的性生活是太頻繁還是太貧乏？你老想著做愛還是清心寡欲？你的性伴侶是你所愛的人嗎？你做愛的方式正常嗎？現在有許多專家在幫助別人釐清這些問題，但通常不包括哲學家。哲學家當然也會思索這些問題，只是很少寫成文章。綜觀數百年來的哲學著作，跟性愛有關的論述出奇地少。

唯有道家提出了不凡的見解。他們認為，自然界以動態的方式保持平衡，而萬事萬物變化無常且息息相關。道家提出了氣、陰陽等概念，來解釋大自然神祕的力量，但崇尚理性論證的西方思想家不大能接受。事實上，這些概念有助於人們理解世界的運作。用心觀察，就能體會到不斷流動、凝聚的能量。道家學者王蓉蓉（Robin Wang）認為：「陰陽是一種思考方式，也是一套生活技巧，在任何狀況下都能派上用場，讓人身心保持平衡。」

有意思的是，性正可以用來解釋陰陽的運作模式。在一般情況下，性愛是兩人的互動過程；他們不斷接收到感官的訊息，接著對彼此產生欲望。熟悉的性愛人就懂，要順其自然，讓彼此產生化學作用。從陰陽的角度來看，陰莖為陽具，陰道為陰戶。所謂完美的性愛，就是兩個人緊密結合，一邊吸收對方的能量，且以恰到好處的速度釋放自己的能量。這個過程道家稱之為採陰補陽（或採陽補陰）。

從自然的角度看，性就是調和陰陽的活動。在西元前七世紀的經典《管子》中，作者解釋道：「調和陰陽的時機非常重要。」這個道理也適用於性生活。

在道家思想中，性是相當嚴肅的主題，因為它是自然界運行的原理，也印證了身心、人性和大自然密不可分。有些傳統的西方哲學家認為，人類最高等的屬性是心智或精神。因此，在許多保守人士眼中，性是令人羞恥的行為，它是人類最低等的本性，應該要好好約束。

數百年來西方思想家不加思索地將性視為低等的獸性，所以不該在生活中明講，更不需要用任何哲學論述去分析。直到最近才有學者為之平反。澳洲哲學家辛格強調：「性行為牽涉到的面向很多，包括選擇、誠實、關懷、謹慎等等。性既不低下也不高尚，就跟駕駛汽車一樣，要考量的因素非常多。」這番話確實沒錯。他接著補充道：「從環境汙染和道路安全的角度來看，駕駛汽車是更嚴肅的道德議題。性還比較無害。」

哲學家對性避而不談，一點也不令人意外。他們凡事都要秉持邏輯去分析和論證，可是，要如何用理性看待如此不理性的行為？性和邏輯彷彿是水火不容的兩個領域；羅素的人生便是最佳寫照。他是個風流的男人，一生結過四次婚，過著浪漫的生活。不過他認為感情跟哲學工作是兩回事；他認為理性無法處理前者。羅素的傳記作家孟克（Ray Monk）寫道：「羅素認為，跟情感有關的心靈活動，本質上都是不理性的，難以用理智去解釋。因此，無法以明確的證據與論述來說明的事，都是憑感覺、一時興起的決定。所以如果某天他起床後發現自己不愛艾麗絲（第一任妻子）了，那他就會馬上離開，也不會提出任何理由。」

儘管如此，在《婚姻與倫理》（*Marriage and Morals*）中，羅素還是發表了他對性的觀點與論述。這本書廣受歡迎，但他沒有把它當成嚴肅的哲學著作，而是當成如「恐怖小說」一樣的通俗作品。在書中，他極反對建立帶有宗教觀念的性倫理。他強調，性既不噁心也不骯髒，而社會應該以開放的態度來宣導性教育。

自此以後，羅素參與的論戰都取得了勝利。他強調離婚的正當性，夫妻沒有小孩的話，不妨考慮分開。他也贊成婚前性行為，「這段關係可能會長達一輩子，彼此當然要先知道在性方面的契合度。不然就太荒謬了」。

羅素認為，性不光只是動物本能，所以不該隨心所欲、為所欲為。他寫道：「在新的婚姻制度中，我們還是要適當管控人類的原始衝動；這一點跟舊制度雷同。可是，我們不該限制某些行為，也不應該像過去一樣，用信仰來當作制度的基礎。」

羅素強調：「對文明人來說，性生活當中若沒有愛，就無法獲得充分的滿足。」他再三警告，絕不可以忽略這項事實。他接著說：「一旦道德規範崩解，對性交不再有任何束縛。那麼人們就會開始把性當成單純的欲望，不再加入認真的情感及愛意；甚至還會把性跟恨意連結在一起。不只如此，哪怕只有微弱的性衝動，也一定要付諸行動。」除此之外，羅素認為，人們會開始習慣花錢買性，這尤其會對男人會產生負面的心理作用，因為這樣就不用學著取悅伴侶。

羅素這一整套論述呼應了亞里斯多德及孔子的德行倫理學。從宗教倫理學的角度來看，性行為有對的、也有錯的，而且後者比較常見。但根據德行倫理學，人們應該多思考，哪些性活動與觀念對人生有益，甚至有助於自我成長；也應該提防有害的性活動。當然，這方面的結論因人而異。人們總說，食物沒有好壞之分，只是飲食習慣出了問題。性行為大多是健康的，差別在於你是抱持著什麼態度去投入。沒有愛的性也不錯，可是一旦成為習慣，就會失去性生活包含的感情意義。

羅素告訴我們，哪怕你反對傳統的性倫理，但還是要遵循現代的性倫理。性是人類重要的生活面向，伴侶應該培養健康的觀念，用正確的方式經營性生活，這樣才能實現幸福的人生。

延伸閱讀

Robin R. Wang, *Yinyang* (Cambridge University Press, 2012)
Bertrand Russell, *Marriage and Morals* (George Allen & Unwin, 1929)

沉默（Silence）

偶爾退出談話群組，降低內心獨白的音量，多多注意周遭的事物。

人們生活在一個七嘴八舌的嘈雜世界，網際網路到來後，一切更變本加厲。我們不斷被要求「加入對話」，若沒人找自己談天說地，又覺得被冷落了。如今，寂靜是罕見的狀態，還會令人懼怕，所以我們常開著電台作為背景音，以趕走默然的恐懼。

噪音令人煩躁、火氣大，這點大家深有同感，就不必多費口舌去談。至於哲學家感興趣的默然狀態，跟聲音無關，而是減少使用語言文字。西方思想家總是從理性出發，關注人們的日常語言和詞彙。都會生活是現代世界的核心，文字符號的思維模式變得更加重要。在日常生活中，手機螢幕、招牌、耳機、喇叭不斷傳來的對話和訊息。各地專家的統計數據有差異，但平均下來，我們每天會講出七千個、閱讀三萬個詞彙；這個數字應該可信。

在西方世界之外，東方哲學家認為，生命的奧義無可言喻。根據道家所言，「道」無法以語言文字來描述。《道德經》有云：「知者不言，言者不知。」印度正統派也認為，終極實相（也就是**大梵**）是莫可名狀的，也就是「非此非彼」。道家與正統派相信，道或**大梵**只能體會，而不能言傳。

在佛家以及受其影響的哲學派別中，也有類似的觀念。他們認為，透過語言所描述的狀態，離現實狀態還有一段距離，多少有點扭曲了世界的模樣。日本哲學家西田幾多郎指出：「意義與判斷是經驗的抽象部分，缺乏具體的感受與經歷。」換句話說，事物轉變為文字後，難免會出錯，這聽起來有點矛盾。但誠如印度哲學家龍樹所言：「若我宗有者，我則是有過；我宗無物故，如是不得過。」龍樹主張，語言本身沒有實性，用它來描述真理，一定會有所缺漏；不任意妄斷，就不會受到責難。

類似的觀點很多，也衍生出很多討論，包括這個大哉問：「透過非語言的方式，真的能體驗到終極實相嗎？」康德認為不可能，因為人類只能用知覺去接觸「現象」世界，在數以萬計的事件背後，世界的「本體」則是不可知的。

關於這個龐大的形上學問題，歷來有許多討論，至少我們可以確定的是，語言會妨礙我們體驗當下。偶爾退出談話群組，降低內心獨白的音量，多多注意周遭的事物，它們長期被語言忽略了。用心觀察樹葉的顏色以及心裡的各種感受。透過語言文字，人類能表達自己的想法。但也不妨放下鍵盤或筆，透過感官和意識來自由地體驗世界。

—延伸閱讀—

巴吉尼，《世界是這樣思考的：寫給所有人的全球哲學巡禮》（Granta, 2018）

簡約（Simplicity）

事實上，現代人得花更多的錢才能過古早的簡樸生活。

現代人生活紛雜又混亂。正因如此，近年來簡約美學盛行。除了收納整理術、慢生活提案、舊物改造再利用，北歐人還提倡的死前斷捨離。純淨的飲食和少量的物欲，就是最理想的簡約生活。當然，沒什麼人會拋棄所有東西去住在山洞，但許多人的確開始重新整理生活，認真看待自己所有的一切。

極簡主義一開始是從藝術領域萌芽的，如今搖身一變成為嶄新的生活型態。倡議者主張，生活的一切都應簡化，這樣我們才有餘裕經營人際關係、培養興趣、追求成長、甚至對社會有所貢獻。

極簡主義的先驅非美國作家梭羅莫屬。一八四五年，梭羅在麻薩諸塞州康科特的森林小屋隱居，過了兩年多的簡樸生活，期間他將自己的思想和體驗記錄在《湖濱散記》中。不過大部分的人認為，書中描述的經驗多有粉飾。比如說，梭羅的媽媽住在鎮上，其實常常去幫他洗衣服和煮飯。話雖如此，他的作品依舊啟發許多後世的人去追求簡約生活。

梭羅的建議確實打中了許多現代人的心：「簡單、簡單、簡單！依我說，讓你的事情減到剩兩、三件，而不是一百件或一千件；不要數到上百萬，數到六、七個就行了；讓你的事情少到可以放在大姆指的指甲上。」

梭羅很務實，也不認為這種模式適合所有人，「不鼓勵任何人採取我的生活方式」。他認為，每個人都應該找到自己的生活型態，簡單而睿智地生活。

那麼，具體上如何實踐呢？方法一點也不簡單，還涵蓋各式各樣的面向，比如少花錢、自給自足、放棄不必要的物品和活動、親近大自然以及享受日常的小確幸。還有一種實踐簡約的方法：不需要斷捨離，只要懂得欣賞事物的美好。舉例來說，使用品質佳的材料和器材，用心煮杯好咖啡，無須為了省錢而買便宜的咖啡豆；或乾脆讓熱情、專業咖啡師來服務就好。

科技發達、萬事都在網路雲端，現代人很難看透事物的本質。美國哲學家韋斯科特提醒我們：「衣服和床單用手洗真的比較簡單嗎？」生活中隨處可見這樣的矛盾。與其砍柴生火煮飯、使用飛鴿傳書，還不如轉開瓦斯爐、打電話來得簡易方便。韋斯科特解釋道：「為了實現簡樸的生活，有些人努力自給自足，不再依賴基礎設施和科技。可是，一些基本事務因此變得更加複雜、艱難，還很花時間；根本談不上是簡單生活。」

韋斯科特指出，哲學家提倡簡樸生活的那個年代，已經離現代人很遠了。想要回到最基本的生活，你得丟掉一大堆東西。在科技與物資貧乏的世界，想要過簡單的生活並不難，但想要逃離複雜的現代世界就沒那麼容易了。

若將經濟的因素納入考量，簡約生活會變得更複雜。說來很諷刺，簡約生活跟金錢脫離不了關係。市面上有許多設計精美的雜誌，內容都在描述簡單生活的美學，但是一本要價兩三百塊。想到遠離世俗的隱密小屋或露營區度假，更是一種所費不貲的享受。事實上，現代人得花更多的錢才能過古早的簡樸生活。

有些人下定決心，要捨棄現代化設備，回到最單純的生活；但他們總需要某塊地蓋小屋，也得有些存款。這種生活方式一點也不簡單，甚至會更加耗費你的精力。體驗過林中生活後，梭羅決定妥協，去做土地測量師好賺錢維生，這麼一來，他也才有足夠的時間培養興趣，包括寫作。

梭羅承認道：「想過簡單生活，其實並不容易。簡約分成兩種，一種近乎愚蠢，另一種充滿智慧。哲學家的生活風格是外在簡單、內在複雜。」生活可以簡化，但精神生活必須精彩而充實。

簡單生活一點也不簡單。首先，你必須找出生命中不可或缺的事物，並且時時記掛在心上，每次在做選擇時，才知道自己的價值順序。至於林中小屋，顯然不是簡約生活的標準配備。

—延伸閱讀—

梭羅，《湖濱散記》（1854）

睡眠（Sleep）

老想著要睡著，反而會在床上翻來覆去。

近來，專家們一而再、再而三警告大眾，睡眠不足會嚴重破壞健康。他們鼓勵民眾，一定要培養良好的「睡眠衛生」，至少每天應有適當的睡眠時數。但結果適得其反，大家在夜裡更加輾轉難眠。

別太擔心，睡眠的重要性也許被高估了。柏拉圖直言：「睡著的人跟死了沒兩樣。對於熱愛生命與智慧的人來說，睡覺只是為了維持身體健康。」生產力高的傑出人士都睡得很少，譬如科學之父牛頓、美國開國元勳富蘭克林、美國一代喜劇演員格魯喬・馬克思（Groucho Marx）與前總統柯林頓。

另外，斯多葛的建言也大有助益，有些事情操之在己，其他的就隨遇而安。健康的兩大基礎「均衡飲食」與「規律運動」，都是我們能掌握的，然而睡眠不能用意志力去控制。有許多方法可以幫助入睡，好比說營造舒適的環境、睡前不滑手機、避免暴飲暴食或飲酒過度、多做瑜伽或冥想等。儘管如此，再多的方法也無法保證周公前來赴會，老想著要睡著，反而會在床上翻來覆去。不如放鬆下來，既然睡眠品質不是自己能掌控的，就別給自己太大的壓力；這樣搞不好更能進入夢鄉。

—延伸閱讀—

Darian Leader, *Why Can't We Sleep?* (Penguin, 2019)

慢活（Slowing Down）

時間是寶貴的貨幣——有時候慢著花，收穫更可觀。

光速是物理常數，有固定不變的數值。但生命速度會受到文化因素所影響，一年似乎過得比一年還快。為了因應不斷加快的生活腳步，許多人開始提倡慢活，相關活動如雨後春筍般出現，包括慢食、慢新聞、慢廣播、慢遊……任何慢不得的事都減速了。

難得的是，老是趕不上時代的哲學家，總算在慢活這個領域成為先驅。哲學界是出了名的「慢吞吞」，十七世紀的哲人被放在「近現代」，而近五十年來的學者則屬於「當代」。

哲學研究的進展也相當緩慢，因為我們關切的都是長年累月的問題，而非今日頭條。記者會去追蹤社會不公不義的事件，哲學家則是探討正義這個概念。針對各種議題，哲學家都會先退一步，以綜觀全局的演變，而不會仔細地去探究某件事的各個細節。斯賓諾莎有個崇高的目標，就是在「永恆的形式下」（sub specie aeternitatis）理解萬事萬物。雖然我們做不到，但至少要棄絕狹隘的思維，培養超越特定時空的思考模式。

哲學是一種思辨練習，需要時間和耐心。有些哲學經典晦澀難懂，讀懂一頁就要花上不少時間，還要搭配縝密的專注力以及思考力。這是對哲學的讚美而非貶抑。「我的文章不是為了替人省去思考的麻煩。」維根斯坦寫道。

如今，哲學家越來越融入社會氛圍，努力吸引大眾短暫的專注力。在播客節目《哲學會咬人》（*Philosophy Bites*）中，主持人邀請傑出的思想家來對談，節目時間很短、但內容很優質。不過，這類速成的哲學節目比較像前菜，如同本書的各個條目，我們希望，在你花了幾分鐘閱聽之後，不會馬上拋諸腦後。我們也期待你能放慢腳步，去思考各種議題，一起展開漫長的思辨之旅。時間是寶貴的貨幣——有時候慢著花，收穫更可觀。

—延伸閱讀—

休謨、亞里斯多德、柏拉圖、笛卡兒等哲學巨人的完整著作。

獨處（Solitude）

許多新聞報導都指出，近日出現了一種慢性又會致死的流行病——孤獨。上百萬人深陷孤單的深淵，其連帶產生的負面情緒，對健康的殺傷力十足。有些人發現，原來寂寞的不只有自己，便感到寬慰許多。有些獨居的人活得開心又自在，但看到相關的新聞後，不由得煩惱起來。

事實上獨處和孤獨是不一樣的。獨處是個人所處的環境與狀態，孤獨是一種渴望連結的疏離感。獨處和孤獨未必會同時出現，而後者會造成心理問題。孤獨感不見得在獨處的時候出現，身處人群中，反而更容易感到孤單。正如許多人交友滿天下，卻找不到一個知己。

存在主義哲學家談到，人類天生有一種擺脫不掉的疏離感。田立克說：「活在世上，每個人都有一副軀體，這就是人與人最基本的隔閡，因此才產生孤獨感。」我們無法完全體會他人的思緒和感受，人與人之間有一道永遠無法完全跨越的鴻溝。所以，生而為人必須承受一點孤獨感，這是活著的必要條件。

面對孤獨的辦法之一，就是將它視為正面且值得追尋的生活狀態。歷史上不少傑出的哲學家都過著獨居生活：笛卡兒、牛頓、洛克、巴斯卡、斯賓諾莎、康德、萊布尼茲、叔本華、尼采、齊克果和維根斯坦，族繁不及備載。許多哲學家也都提到，練習獨居也是種不錯的挑戰。

蒙田認為：「幸福靠自己去實現。」所以他真心地享受自己的孤獨生活。他也建議大家，不妨做好獨自生活的準備，「學著管理自己的生活，畢竟你就是自己的管家，要好好訓練他」。

我們不一定要去當隱士，提倡獨居的哲人們也認為，這種生活方式不適合所有人；我們總是需要他人的陪伴。蒙田接著說：「時而獨處、時而找人作伴，這對生活才有益。獨處的時候，我們會想念親友；跟親友相處太久，就會想回到自己的空間。兩者相輔相成。討厭人群時，就用獨處來恢復對人的好感；獨處太苦悶時，一定要尋求朋友的陪伴。」

感到孤單的時候，不妨雙管齊下。大家都知道，生活太苦悶時，就該多與外界交流，參加社團或學習新知，試著走出自己的世界。不過，即使有人陪，有時也會覺得孤單。因此，我們也不妨反思一下，自己需要多少的情感交流。既然孤獨是自然狀態，除了尋求陪伴，培養獨處的能力之外，我們還需要一些實際可行的措施。說到底，孤獨是好是壞，取決於你怎麼看待它。挪威的哲學家史文德森因此才說，每個人都要對自己的孤獨負責。

最重要的是，好好經營和自己的關係，學會享受獨處以及它帶來的正面意義。蒙田說：「靈魂會陪伴自己。大家不妨在心裡留一點空間，供你進行真心的自我對話。這個空間極其隱密，外部世界的種種交換與交流，都會被隔絕在外。」換言之，每個人都需要一個零社群媒體的生活空間。

不斷進行自我對話，就能培養獨處的能力（見精神生活）。科技與網路如此便利，你我才會不斷分心、難以專注於內心世界。透過內省、冥想、閱讀和散步，就能學著陪伴自己。史文德森感嘆道：「現代社會最嚴重的問題，也許不是孤獨成疾，而是缺少獨處的機會。」強化和內在自我的關係，放下孤單、學會獨處，才能填滿內心的空虛感。

—延伸閱讀—

Lars Svendsen, *A Philosophy of Loneliness* (Reaktion Books,2017)

壓力（Stress）

不要把任何壓力都當成是合理的，或是欺騙自己，認為難度不高。不願承認自己的脆弱，就長遠來說不會有任何幫助。

談到壓力排行榜，喪慟、離婚、搬家、病重、失業等人生大事，都榜上有名，緊追在後的還有截稿日、鄰居間的口角以及超出負荷的工作量。

日常生活充滿壓力，可是壓力的概念卻相當模糊，反而讓人摸不著頭緒。停下腳步問自己，「受到很大壓力」究竟是什麼意思？再者，「無法解決的難題」以及「對生活有所不滿」，這兩者又有什麼區別？搞不清楚箇中差別也是正常的，畢竟壓力的意義改變了許多次。「壓力」起初是物理學上的概念，後來詞義轉變，被用來指涉動物或人類的行為。如今，「壓力」具備各式各樣的用途，可以描述外在的威脅、令人手足無措或招架不住的經驗、戰或逃的身心反應以及後續引發的健康問題。

不妨退一步思索壓力最原始的物理學意義。當物體產生阻力、以抵抗外部力量施加的作用力時，就會產生壓力。一旦壓力超過物體的耐受度，它就會受損。

人們談到壓力時，往往帶有物理學上的隱喻，「大到喘不過氣來」、「快爆表了」、「處在崩潰邊緣」。然而，這種說法不是很準確，彷彿在說，有些事情不可能有解決辦法，而你只能被動地面對，如承受外力或物體重壓一樣。

在《我們賴以生存的譬喻》（*Metaphors We Live By*）中，語言學家雷可夫（George Lakoff）和馬克・詹森（Mark Johnson）認為，我們的思考方式大多帶有譬喻的性質。他們解釋道：「透過譬喻，我們會聚焦在某個概念的單一面向。有些跟該譬喻不符合的面向，我們就會忽視。」舉例來說，在激烈爭辯中，我們會攻擊對手的論點並捍衛自己的觀點，而忽略雙方看法的交集處。同樣的道理，遭受壓力時，我們會覺得自己像物體一樣，受到外力施壓。這種想法只會加強我們的被動性，並間接地減弱應變能力。

就客觀上來看，沒有一件事物本質上帶有壓力，就連搬家也是。我們又不是報廢的汽車，只能單方面接收壓碎機的作用力。壓力都是來自於你的主觀想法以及對外力的詮釋。換句話說，某件事的壓力程度大多取決於你如何理解它。正因如此，物理學家在解釋壓力時，除了指出外部刺激以及物體反應的力道，也會探究兩者的力量差多少。由此可見，威脅與應對能力若極度不對稱，就會造成壓力。

既然我們有空間去改變自己的觀點和反應，那就可以試著把威脅看成挑戰，碰上壓力大的情況時，就當作有問題等著要去解決。你擁有的應變力比你想像的還要強大，只要妥善應用，就能改變當下的處境。

不過，我們還是有幾點要提醒。首先，不要把任何壓力都當成是合理的，或是欺騙自己，認為難度不高、一個人可以應付。不願承認自己的脆弱，就長遠來說不會有任何幫助。第二，人生的確有些問題極具挑戰性，只有非常聰明或冷靜的人才能克服難關。

務實一點吧，生命會不時發出挑戰，令人感到壓力重重。無論你想怎麼面對，可以肯定的是，換個角度看問題，絕對有益於改變現況。

—延伸閱讀—

雷可夫、詹森，《我們賴以生存的譬喻》（1980）

苦難（Suffering）

苦是生命的一部分，遇到困難時就當作磨練，以成就更好的自己。

叔本華說過：「年少時，面對各種生命課題，我們總是端正坐好，猶如戲台下凝視著布幕的孩童，既開心又緊張，對於即將登場的戲碼充滿期待。慶幸的是，我們對於步步進逼的現實問題一無所知。」在人生路上，勞碌、紛爭、病弱、年老與死亡，正等著你我去面對。

叔本華的人生哲學深受印度宗教所影響，尤其是以受苦為核心精神的佛教。佛陀說：「弟子且聽，人生真諦即為苦：生苦、老苦、病苦、死苦，怨憎會是苦、愛別離是苦、所求不得亦是苦。」

「苦」（dukkha）是巴利文，意思是「折磨」，翻譯成「不滿足」則更為貼切。佛陀一針見血地指出，人們總是處在某種痛苦中。萬事萬物恆常變化且終將消逝，因此，再有趣的事物也無法帶給眾生永久的滿足。

確實沒錯，受苦是生命無法逃避的事實，肉體會老去、生病然後消逝。在生活中，我們要不斷面對自己討厭的事物，還會因失去寶貴的事物而感到悔恨。毋庸置疑的是，人生大部分的時間都在失落、失望與疾病中度過，令人苦惱不已。

南非哲學家班奈特認為：「折磨和無趣不斷襲來，我們得一直抵抗。可惜的是，我們無法徹底打敗它們。缺憾無孔不入，生命充斥了各種令人不滿意的事物。就算等到心滿意足的時刻，內心的不滿還是在蠢蠢欲動。我們終究擺脫不掉痛苦與掙扎。」

那麼，領悟了苦的真諦之後，下一步該怎麼辦？佛陀與叔本華的建議是，放下欲望、不要試著滿足它們。不在乎世間的名利榮辱，就可以少受一點苦。

然而，世上還有許多事情，能為生命注入意義與樂趣，大刀斬斷一切，未免太強人所難。有個境界比較能達成：學習接受生命的不完美，並且懷抱熱情地投入你身處的環境。最終，你就能無怨無悔地領會苦的真諦。

叔本華樂觀地說，儘管生命充滿苦難，多多欣賞藝術、音樂，並走進大自然，就可以體會到生命的美好。意志在這些時刻會停止掙扎，全心全意享受眼前的美好，雖然這樣的快樂轉瞬即逝。

尼采以截然不同的角度看待苦難。他認為，既然逃不過，那就當成砥礪自己的機會。他強調：「審視他人的生命歷程，看看那些成果斐然的人物與卓越的民族，並且問自己：倘若沒有壞天氣與暴風雨的摧殘，大樹能否長成傲人的高度？仇恨、嫉妒、固執、懷疑、艱苦、貪婪與暴力，這些負面因素會使生命變得黑暗。但若沒有這些阻力，我們就難以成長，也培養不出美德。」

這番話確實有幾分道理。不幸的經歷能督促我們成長。當然，沒有人會刻意去受苦，或把苦難當成好事，但至少我們都能理解，苦是生命的一部分，遇到困難時就當作磨練，以成就更好的自己。

—延伸閱讀—

叔本華，《作為意志和表象的世界》(1859)

自殺（Suicide）

選擇自殺的人不是出於理性思考、判定生命沒有意義，而是苦於時不時的憂鬱或絕望感。

「真正嚴肅的哲學問題只有一個，」卡繆寫道：「那就是自殺。」世界上還有什麼問題比「判斷生命值不值得活」更重要？哲學界任何一道世紀難題都不如自殺來得肅穆嚴重。「我從沒看過有人死於辯論本體論」，卡繆認為，學界其實沒有必要為上帝的存在爭論不休。

然而，卡繆可不打算拍胸脯為人生大力背書，畢竟在他的眼中，生命是荒謬的。卡繆將人生百態比喻為希臘神話裡的薛西弗斯：「眾神懲罰薛西弗斯不斷推一塊巨石上山，等到好不容易上了山頂，巨石又會因為自身重量滾落下來。」儘管如此，薛西弗斯依舊能開懷擁抱命運，而不是怨恨生命的不公與徒勞。活著也許就該學習薛西弗斯的精神，「掙扎著負重上山就足以充實一個人的心靈」。在此理解下的世界觀，生命的無意義就是意義本身。誠如美國小說家雷・布萊德利（Ray Bradbury）在《火星紀事》（*The Martian Chronicles*）中，藉由高智慧的外星生物道出，生命的解答就是生命本身。

卡繆點頭接納生命，但這不是為了駁斥他人對生存的虛無看法。決定此生不值得活並非不理性，有時候就是太理性了才會走上自戕一途。一九三二年，德籍猶太思想家班雅明（Walter Benjamin）逃離納粹德國（Nazi Germany）；一九四〇年，時任法國總理貝當（Philippe Pétain）元帥向納粹投降，西班牙獨裁領袖佛朗哥將軍下令境內所有猶太難民必須返回法國，當時班雅明人就在西班牙邊境小鎮波爾特沃。眼看前路多殀，班雅明最終選擇服用過量嗎啡自殺身亡。

稍稍設想班雅明遭遇的駭人處境，就不難承認這是理性且勇敢的抉擇，尤其想到他弟弟格奧爾格兩年後慘死於毛特豪森—格森集中營，那就更令人不勝唏噓。後續友人漢娜・鄂蘭前往波爾特沃取回班雅明的遺稿並交給阿多諾。手稿上的一句話後來成為班雅明的墓誌銘：「每座文明的豐碑都是野蠻暴力的實錄。」說真的，誰忍心責怪那些不得不棄絕殘酷世界的人呢？

休謨感嘆道：「年老、疾患與不幸的經歷必將成為生命的重擔，與其苟活，不如化為輕煙。」此時，自殺就是理性的選擇。然而，基督教、伊斯蘭教、猶太教和印度教等傳統教派均認定，自殺是一種罪過，所以在這些信仰盛行的國家，政府都大力譴責並立法禁止相關行為。休謨駁斥說，這類禁令毫無道理可言。「自殺違逆上帝的旨意」，這種說法有其矛盾之處。我們所有的選擇都會改變現況，既然如此，自殺和吞止痛藥又有什麼區別，憑什麼前者就是違背上帝的旨意？再說，基督徒一向認為，萬事萬物都是上帝的安排，那麼拔劍自刎就等於拿走上帝的死亡令；比起死於獅爪、失足墜落懸崖或重病身亡還來的自由。休謨於一七五五年寫成〈論自殺〉，不過他自認文中觀點過於激烈，因此有生之年都未曾發表，直至一七七七年才公之於眾。

不過休謨忽略了極其重要的一點，他接著寫道：「我相信，倘若人生值得活，沒有人會放棄生命。人類對死亡有種與生俱來的恐懼，無法以日常中各種瑣碎的動機來化解。」遺憾的是，研究顯示，休謨此話大錯特錯。選擇自殺的人不是出於理性思考、判定生命沒有意義，而是苦於時不時的憂鬱或絕望感。約莫三分之一到五分之四的自殺事件是一時衝動所致。此外，百分之九十自殺未遂的人之後都沒有再透過自殺來結束生命，這說明假如有機會的話，自戕的念頭往往會消失。

關於自殺的道德論辯要看時機也要看場合，至少這絕對不是茶餘飯後的話題。假如你或你認識的人有自殺的念頭，那最重要的是嘗試延後這項不可逆的決定。如若某人堅信生命不值得活，他隨後就會把握機會採取行動；如若某人對此還有一絲絲質疑，那麼貿然行動就會帶來慘痛的代價。無論如何，懸崖勒馬要緊，哲學思辨容後再說。

—延伸閱讀—

卡繆，《薛西弗斯的神話：闡述荒謬哲學隨筆名作》(1942)

David Hume, 'Of Suicide' (1777)

迷信（Superstition）

平安符不會讓恐懼的事物消失，但能給我們安全感，讓自己專注在當下。

不管我們有多理性或聰明，還是會帶著平安符或幸運手環，看到「送肉粽」會迴避，或是害怕「四」這個不吉利的數字。無力擺脫迷信的我們是否該感到無地自容？其實，這沒什麼好丟臉的。

談到理性與迷信，休謨能幫助我們緩解兩者間的角力戰。迷信通常是指誤以為某些事有因果關係，比如踩到人行道裂縫會倒霉、向星星許願會有好事發生。這些迷信聽起來確實很瘋狂，不過休謨懷疑，就算是理性或經驗也無法真正證明我們對於因果關係的定見，即使是「陽光會曬傷皮膚」或「澆水植物會長大」等合理的看法也不例外。

我們從來沒有見證甲導致乙，而是觀察到甲接續乙，而理性論辯也無法證明「甲接續乙」到「甲導致乙」的關係。兒童並非靠邏輯演證得出「水能解渴」，而是如休謨所言，透過習慣和直覺去了解。每當我們在大自然觀察到甲接續乙的「恆常相連性」（constant conjunction），就會歸納出因果關係。我們相信兩者之間存在「必然關聯」（necessary connection），不過這只是推測而非觀察的結果，大腦則是根據推測產生甲造成乙的因果鏈。

人們對因果關係的信念，既不是基於觀察也不是來自理性論證。那麼我們應該捨棄如此毫無根據的信念嗎？問題在於我們做不到——推斷因果是人類理解世界不可或缺的方式。

如此便給了迷信見縫插針的機會，使得人們無可避免地落入陷阱，因為我們無法運用直接理性的原則辨別真確的因果關係。只要我們看到甲接續乙，就有可能誤以為自己見證到因果關聯。

舉例來說，你戴了幸運手環上場後隊伍贏得勝利，你不免好奇它是否是致勝的關鍵。人類的心智隨時隨地都在假設周遭事物的因果關係。你理所當然沒有見證到手環和獲勝的因果關係，不過你同樣沒有親眼目睹服用乙醯胺酚和緩解頭痛的因果關係。同樣的道理，我們也仰賴其他人的證詞。說到底，我們遵循各種醫療建議的唯一原因也是因為專家告訴我們這樣做會有效果。假如上百萬人相信走過梯子底下會招來厄運，我們就很容易相信此話必然摻雜某些真理。

這些捍衛迷信的主張理所當然都有答案。儘管理性驗證的方式容易出錯，還是能夠測試可能的因果關聯是否為真。實驗顯示乙醯氨酚能緩解頭痛，生物學則幫助我們理解當中的運作機制；可是同樣的驗證方法不適用於黑貓經過你面前會帶來好運或壞運。所以說理性的人類應該要有能力去分辨真正的因果關係和單純的迷信。

休謨指出，問題在於人們沒有時時刻刻運用理性去分析事物。我們傾向仰賴有瑕疵的習慣和直覺去理解自身的經驗，而且科學分析需要花上比日常生活更多的時間去思考。

正因如此，再怎麼理智的人都會有一、兩個小迷信，但他們能避免凡事依據迷信，至少在重要關頭時，一定要派理性上場。隨時念個「阿彌陀佛」是無傷大雅的習慣，但千萬不要因為忘了戴平安符就拒絕搭車出門。平安符不會讓恐懼的事物消失，但能給我們安全感，讓自己專注在當下。

恐懼症更難被推翻，即使它是源於和迷思相同的心理機制。恐懼症患者發自內心相信某件無害的事必然與某件恐怖的事有所關聯。這條聯結既非理性打造，也非理性可解。以休謨的話描述就是，一個想法與另一個想法相連，而我們將兩者的關聯投射到世界。

迷信也可以發揮社會功能，且無關乎因果力量的信念。儒家主張奉行禮儀的重要性，某些儀式甚至很像魔術伎倆。荀子認為，其實很多人都不是真的相信儀式帶有神奇的效果。有人問：「為何祭神就會下雨？」荀子回答：「這沒什麼了不起，不祭神也會下雨。」既然如此，那為何決定大事前要舉行儀式？荀子解釋道：「古人又不是傻瓜，祭神後不可能事事成真，那只是用來添加執政的宗教色彩罷了。」

由此可見，宗教儀式只是為了遵循傳統、凝聚人民的向心力。不管是先許願再吹熄蠟燭或是在家門口掛上艾草，你都不會蠢到相信，這些舉動真的會有效果。你只是在做大家在做的事，以此認定自己是社群與傳統的一份子。

迷信基本上是愚昧且不理性的，可是卻充滿人性。迷信不會因為你許個願要它消失就真的消失，可是我們可以確保不讓迷信破壞生活的理性。

—延伸閱讀—

《荀子》

David Hume, *An Enquiry concerning Human Understanding* (1748)

T字首

不成熟的人仰賴殘缺不全的見解，繼而衍生出極端的妄想，
他非但否認自己的偏頗立場，更企圖建立以偏概全的觀點。
——馬利希納——

包容（Tolerance）

包容必須建立在相互的基礎上。我們必須有意識地去察覺自己所扮演的社會角色，以維持人與人之間的和諧關係。

多數人都重視包容的價值，期許自己開放心胸去接納人與人之間的差異。於此同時，要是有人發表令人厭惡的觀點，或表現出讓人難以苟同的行事風格，我們的心中又會頓時燃起熊熊怒火。包容他人的意義為何？是否有其限度？

哲學家大多將包容放到政治問題。在自由與民主制度下，眾人面臨的挑戰是，我們應該容忍那些「不寬容」（intolerance）的思想嗎？有些人相信同性戀是罪惡；這些恐同者是否應該受到法律規範，禁止他們以性向為由歧視他人？

政治上的包容議題也會影響到日常的個人生活。假如你以自由及包容的價值為榮，那你有義務尊重那些偏執之人的想法嗎？另一方面，如果你抱持傳統且保守的觀念，那你該接納那些思想開放的人嗎？

西元前三世紀，印度次大陸北部的石刻文書《阿育王詔書》有幫於我們思考這議題。《阿育王詔書》旨在宣揚阿育王對佛家社交倫理的詮釋，其中一條著名的詔令是「宗教應該無所不在，因為其教條均追求自制及純潔心靈」。阿育王深知人民信奉的宗教各有不同，而唯有互相尊重才能和平共處、和諧共好。詔書中關於宗教的訓諭更適用於各式各樣的信仰或價值體系。

即使如此，包容不能無限上綱。首先，人民要享有社會的自由與開放，就都必須遵循某些核心原則。除了必須互相包容之外，還要遵守「在我的領土內，所有人都不得殺生或以動物獻祭」。阿育王的底線比較特殊，因為有其宗教背景。但這也映證了，社會要發揮包容的作用，人民要先認同並奉行某些共同的價值。有些人會忽視或拒絕承認共同價值，這是不允許的。畢竟，有些前提不能退讓，才能建立真正的包容社會。

這就呼應到阿育王精神的第二個特色：包容必須建立在相互的基礎上。我們必須有意識地去察覺自己所扮演的社會角色，以維持人與人之間的和諧關係。阿育王相信要做到這點，人民必須「克制自我的言論，不要讚美自身信仰，也不要無故譴責他人宗教。即使有正當的批判理由也該訴諸溫和的表達方式」。

人們往往認為，包容代表所有人都有權說自己想說的話而不需要自我審查；然而，我們應該多想想自己的話對別人造成的影響，最好養成自我的第二天性，如此才能實踐真正包容的社會、職場、俱樂部甚或是家庭環境。

關於阿育王式包容，第三條訓示是避免一味地包容。最好學著容忍任何令人抓狂的言論及觀點，不過阿育王相信除此之外，人們還能試著理解或是去愛那些跟我們不一樣的人——「應該傾聽並尊重他人的主張」。這不代表我們每一次都能同意他們，而且假如他們違反社會共同價值，就必須採取行動加以阻止。若是不同信仰的人嘗試看見彼此的優點而非缺點，就有機會發現自己不但有能力包容，還能欣賞對方的存在。

最重要的是，阿育王觀察到，唯有放開心胸迎接挑戰才能發揮長處。要是不假思索讚揚自身價值，難免流於教條主義而看不清自身弱點。正因如此，阿育王才會說：「出於過度忠誠而讚揚自身信念，一心想著『榮耀我的宗教』而去貶低他人信念，如此只會傷害自身宗教。」

距離阿育王兩百年後的彌爾也有類似看法。他主張唯有「開放心胸接受對於其他意見與行為的批評」，而且「身體力行傾聽所有不利自己的言論；盡可能將其視為公正言論而從中得益」，才能證明對自我信仰的信心。

整體而言，《阿育王詔書》提供我們三大實踐包容的策略：首先，試著抱持同理心看待差異，而不僅是一味容忍；第二，批評他人前先反思如果是自己會怎麼做；第三，不是所有主張都應該被包容。我們擁護核心價值是為了創造安和社會，而不是破壞他人的福祉。

—延伸閱讀—

《阿育王詔書》

彌爾，《論自由》（1859）

旅行（Travel）

一心只想著沒去過的地方，反而會讓你心煩意亂，因此錯過此刻此地的樂趣。

世界之大等待發掘，可惜人生有限，最重要的是對多數人而言——口袋的深淺也有限。這個世界就像自助餐，擺滿各式各樣的美味佳餚；加之現代交通便利，人們隨時都能來一場說走就走的旅行。可惜的是，我們想去的地方永遠比去過的地方多。然而，自從航空業成為氣候變遷的共犯，人們便開始停下腳步思索自己的旅遊渴望是否會破壞環境。

為什麼要旅行？我們總會說出大家都同意的答案：增廣見聞、開拓視野。對笛卡兒來說確實是如此：「我在旅行的過程中學到，跟自己觀點不同的人，並非沒教養或野蠻人。他們也有理性的一面，甚至比我們更理智地面對生活。」他意識到，要是某個法國人生長在中國或被食人族養大，就會變成截然不同的人。最後他在結論寫下：「相較於任何特定知識，人類顯然受到更多習俗與典範的薰陶。」

對現代的我們來說，最讓人驚訝的是，像笛卡兒這樣的知識分子居然還要靠旅行才能知道這些事。在我們這個超高速連結的世界，真的是秀才不出門，能知天下事。你不必大老遠跑到任何地方去知道地球其他地方也有住人，以及不同的文化會形塑出不同的人們。

再者，旅行一方面會確立一個人的刻板印象，另一方面也會顛覆一個人的既定思維。好比說休謨對巴黎的愛便在無形中加強他對倫敦人的負面看法。他在一封信寫道：「這裡的文學品味既不衰敗也不墮落，一點也不像泰晤士河旁的野蠻人。」

千萬別低估旅行的好處，既可以轉換視野，也能放鬆心情。觀賞世界各地的奇景，就是出門旅行的最佳理由。不過，仔細想想，很少有地方真的會讓人留下深刻而永久的印象。有餘裕的時候，當然應該多出門享受假期。但不該讓這個欲望不斷膨脹、永無厭足，就如同只為了劃掉心願清單上的目標。一心只想著沒去過的地方，反而會讓你心煩意亂，因此錯過此刻此地的樂趣。

不只有旅行會引發「錯失恐懼症」（Fear of Missing Out，簡稱FOMO）。這是一種無處安放的感覺，使得我們持續感到不滿足，眼睛只看到以後的事，絲毫沒有當下。另外，假如我們同意，慢慢完成每一件事比一下子做了很多事還要好的話，也許可以參考丹麥心理學家斯布林克曼（Svend Brinkmann）說的「錯過的快樂」（Joy of missing out，簡稱JOMO）。再者，接受錯過（Acceptance of missing out）其實也不錯，可惜沒人為它發明個順口的簡稱。

假如我們想法下對旅行數量的執著，專注旅行的品質，那麼十七世紀日本哲學詩人松尾芭蕉會是很好的典範，他的《奧細之道》記錄了旅途中有感而發的俳句。松尾芭蕉將自己的旅程稱為朝聖之旅，可是他並不是以任何宗教聖地為目的地。雖然他的確花了很多時間參拜神社，可是這趟旅程之所以是朝聖之旅，並非出於任何特定目標或表現，而是在於遊歷本身的精神，這是一個反思、冥想和驚嘆世界充滿奧妙的契機。

松尾的旅途展現出正常假期會有的不少特色。首先，他拜訪諸多著名景點：恰好碰上玉江畔旁的蘆葦正值抽穗，尋訪了汐越神社一帶美不勝收的松林，更乘著小船悠遊在象潟水上。然而，野遊也不淨是有趣好玩的體驗，某次「風雨交加，山中無聊，竟逗留三日」；又有一次結識異地人，對方「善解羈旅之情，挽留數日以慰長途跋涉之勞」。更多時候旅行的收穫十分豐厚。某次在市川村多賀城，松尾機緣遇見一塊歷時千年的壺碑，上頭盡是苔蘚。松尾由衷感受到內心與「那深藏雲霧之中」的過去緊密相連。此刻他欣喜道：「此為行腳之因由，渾然忘卻跋涉之勞，一覽古人之情，頓時喜極之淚潸然而下。」

仿效芭蕉的精神去旅行才能創造最有價值的體驗。我們可以趁機清空塵世俗務的煩惱，用心感受在截然不同的周遭環境，讓自己真正去連結大自然、文化、人類與歷史。敞開心胸、投身於大千世界當中，就能從無休止的欲望中解脫，並由衷感佩美好的時刻，接受伴隨遊歷而來的不適與不便。人類是世界的朝聖者，不僅受到世間祝福，更敬畏其神聖的奇蹟。

—延伸閱讀—

松尾芭蕉，《奧細之道》

信任（Trust）

可信是最受人敬崇的美德，也是社交互動的基礎。一旦失去信任，我們很快就會變成孤單老人

你相信誰？想必答案不會太長。輕信的人容易被反咬一口，儘管如此，多數人還是學不會教訓。有些人從不輕易相信他人，所以很難跟人建立親密關係，或給予任何涉及風險的承諾。為了保持信與不信的中道，我們往往只能對少數人掏心掏肺、全然信任。

為什麼我們很難做出正確判斷以取得恰到好處的信任？關於這點，英國哲學家歐尼爾（Onora O'Neill）有很多話要說。她指出，信任和保證絕對不相同。確實，在缺乏保證的情況下，我們才需要信任。朋友答應為你做某件事時，你不會要求他們簽訂具有法律約束力的合約。公司企業的擔保也是為了取信於你，因為你不信任他們會在沒有保證的情況下做正確的事。

事實上要求保證可能會損害信任。舉例來說，婚前協議的存在，是因為雙方不相信彼此會以體面的方式離婚，可是婚前協議書只會加強彼此的不信任。

此外，我們尋求信任時也要公開透明。假如所有事情都攤在陽光下，我們就會有自信自己不會被騙。不過這點也可能無益於信任：要求不能有所隱瞞顯示你很不相信對方。假如你相信你的生意夥伴或人生伴侶，你就不需要在他們的手機安裝追蹤應用程式，或是讀他們的信件。真正的信任需要我們不必對自己做的每一件事都給出完整的說明。

歐尼爾的核心論點是，信任有風險，也一定會被放錯地方。從來沒有被辜負過的人，要麼很幸運、很會看人或者從來不相信別人。假如你從不相信他人，你就沒有真正愛過，最起碼沒有完全卸下心防，創造正向而互惠的交流。

要求保證和公開透明就是放棄信任，改採用更像交易且正式的事情。可是沒有信任，人生就無可包容。信任是團結人類的因素之一，正因如此許多企業才會進行老調的信任練習，比如接住某個背對你即將倒下的同事來證明你可以被信任。

關於信任還有一個容易被忽略的層面。我們老是問自己應該相信誰，可是別人要相信你嗎？歐尼爾在《我們為什麼不再信任》開篇引用孔子的話。孔子曾經說過，除了武器和食物，君王還需要人民的信任；假如沒辦法擁有這三者，可以先放棄武器，然後是食物。可信是最受人敬崇的美德，也是社交互動的基礎。一旦失去信任，我們很快就會變成孤單老人；有了信任，就不缺朋友和同事了。

—延伸閱讀—

歐尼爾，《我們為什麼不再信任》（2002）

真相（Truth）

只知道部分事實，就如一無所知一樣，會誤導自己與他人的判斷。

你在乎真相嗎？在「後真相」當道的世界，多數人都會給出肯定答案。我們討厭被騙；政客、奸商甚或科學家的欺瞞更是令人惱怒。於此同時，有一種流行的觀念認為，沒有所謂的「真相」，只有「對你來說是真的」或「對我來說是真的」。而且，我們都有權利去了解自己的真相。所以關於真相的真相是什麼？

答案似乎藏在佛家古籍《自說經》的一則寓言。一群盲者被帶到國王面前，每個人都去摸大象不同的身體部位——頭、耳朵、長牙、軀幹、身體、腳、大腿、尾巴前半部、尾巴後半部，接著去描述大象長什麼模樣。每一位盲者都給出了不同的答案：像鍋子、揚穀風扇、犁頭、旗竿、貨倉、枕頭、砂漿、杵頭和掃把。他們各執一詞甚至痛打彼此，國王看了很高興，因為這說明一個道理：「他們跟只看到一半事實的人爭論不休」。

這則故事的道德啟示在於，光是知道某事為真並不夠——你還需要知道如何拼湊真相，還原整體的真實面貌。只知道部分事實，就一無所知一樣，會誤導自己與他人的判斷。正因如此，諺語才會說：「一知半解是危險的。」

這說明了為什麼人們往往會對自稱知道「真相」的人抱持懷疑態度。通常人們只知道部分真相就會錯判完整事實。就算我們只掌握部分事實，也很容易認為自己已經知道全部，誤以為不再需要追查下去。

話說回來，這則寓言故事的道理只有在真正事實存在的前提下才合理，如果只是意見則不一樣了。假如其中一位盲者摸到象牙說像是掃帚，那他既沒有說錯也不是在說謊。人們無權斷言任何古老「真理」是屬於自己的。真實的主張必須要符合現實，而不只是描述我們的意見。

耆那教吸取寓言的教誨並且用以說明「非絕對論」（anekantavada，又稱多元真理）的概念。非絕對論主張，真相和事實非常複雜，有著多樣的面貌，因此沒有一個觀點可以充分闡述完整真相。也就是說，任何論點都是局部且不完整的。正因如此，十三世紀的耆那教徒馬利希納（Mallisena）才說：「不成熟的人仰賴殘缺不全的見解，繼而衍生出極端的妄想，他非但否認自己的偏頗立場，更企圖建立以偏概全的觀點。」這就是盲人摸象的行為準則。

法國哲學家李歐塔（Jean-François Lyotard）是後現代主義者，他拒絕單一且包羅萬象的解釋說法，即「對元敘事的懷疑」（incredulity towards metanarratives）。乍看之下，沒有任何單一見解可以闡述完整事實的觀點和對元敘事的懷疑，兩者難以分辨。不過後現代主義主張接納與驗證部分觀點，而非試圖把部分觀點拼湊在一起。在該出現馬賽克的地方，人類只有數不盡的碎片。

我們不必完全相信非絕對論，不過至少在實踐方面，我們可以同意沒有人曾經了解完整的真相。這是一種預防獨斷論和未經驗證的確信的方式。儘管如此，我們也不應該對整體真相的可能性不置可否。不完全了解真相是一回事，一廂情願地誤解或者聲稱個人意見為真相則又是另外一回事。盲人摸象的故事應該加深我們對真相的尊重，這是人類需要努力卻難以完全實踐的目標。

以現實面來說，有時你不確定某人是否可以相信，問題未必是對方所說的不符合事實。最適切的問題是「這是完整的真相嗎？」或者「這個人沒說的是什麼？」真相就在觸手可及的地方，只不過是碎片，需要努力才能拼湊出全貌。

—延伸閱讀—

Udana translated by Anandajoti Bhikkhu, 6.4

Julian Baggini, A Short History of Truth (2017)

U 字首

人類的意識覺察不過是潛意識歷程的冰山一角。

——葛詹尼加——

不確定性（Uncertainty）

「保持謙遜的態度，對自己的觀察與判斷有所保留。不要一味地堅持己見，也不要偏頗地看待立場不同的人。」——休謨

商業新聞常常提到「市場痛恨不確定性」，若真是如此，那這大概是市場最具人性的地方。不確定性令人忐忑，確定令人心安，但前者是常態而非例外。人類對世界的認知是有限的，即使同個觀點也會有正方、反方相互論辯，而且人們也不會知道以後的事情會怎麼發展。我們能否學著擁抱不確定，而不再為此苦惱不已？

懷疑論者大力擁抱不確定性。懷疑主義學派始於西元前四世紀的希臘哲學家皮羅（Pyrrho of Elis）。儘管皮羅沒有留下任何著作，他的生活思想依舊經由各種管道流傳到了後世。傳說他曾經跟隨亞歷山大帝同遊印度，並拜訪許多大師。第歐根尼說，皮羅在這次遊歷後，「中止各種過度理性的判斷，從如影隨形的焦慮中解放」。從此以後，懷疑主義開始經歷各式各樣重塑過程，並未全然保留皮羅最初的提倡。

懷疑主義的基本觀念是人類無法確知感覺和意見是否真實，所以應該要避免依賴感官經驗，並且中止所有判斷。皮羅主張維持「不武斷」和「不表態」，如此便能帶來額外的平靜。這是因為如果我們停止判斷什麼是真正的好或壞，就會變得比較沒有壓力，不必非得去做好事、避免壞事。

休謨對於皮羅的立場深有同感，有時他的主張甚至十分帶有皮羅式懷疑主義的色彩。休謨曾寫到：「人

類理性中的各種矛盾和不完美已然在我身上產生諸多影響，使得我的大腦變得炙熱，準備好拒絕所有的信念和推理，並且無法比較不同觀點之間誰更具可能性。」

不過休謨意識到，人類無法真正實踐懷疑主義的原則，所以他提倡一種「溫和的懷疑主義」（Mitigated Scepticism），「僅摻雜一丁點皮羅式懷疑主義」。懷疑主義確實是有必要的，因為多數人都會堅持己見，變得獨斷又刻板。但仔細想想，感官能力是不完美的，不但接受的訊息有限，還很容易搞錯情況。因此休謨說：「保持謙遜的態度，對自己的觀察與判斷有所保留。不要一味地堅持己見，也不要偏頗地看待立場不同的人。」

我們確實應該謙虛看待自我理解與形成合理判斷的能力。人們時常一頭熱迴避不確定性，因而過分緊抓確知的主張。假如被問到對政治議題的看法，我們可能會因為自己沒有任何看法而感到無地自容。可是不確定性往往是我們對於世界最適切的答案，所以自我信仰也有因時制宜的時候。假如向前的道路不明朗，那是萬事萬物自然的法則。假如我們認為自己出錯了，或是發生某些好或壞的事，不妨試著中止判斷，畢竟沒有人真的知道。

休謨溫和的懷疑主義似乎和皮羅式懷疑主義截然不同。哲學界流傳不少皮羅奉行懷疑主義的故事：「對於任何事不閃避也不注意，任由一切隨順而來，無論是馬車、懸崖還是狗，諸如此類全然不依賴感官知覺。」不過這些有可能只是精彩的虛構情節。假如這真的是皮羅的生活方式，那他不大可能會像研究說的活到將近九十歲。

相對平淡的現實是，皮羅式懷疑主義（Pyrrhonian Sceptics）一點也不蠢笨。他們理所當然肯認「現在是白天、我們活著以及許多其他現象」。他們採取一般共識看待日常生活，根據事物顯現的基礎行事，同時避免將一切視為萬事萬物的實相。皮羅的門生提蒙說：「我不去斷定蜂蜜是甜美的，但我不得不承認它似乎是。」

倘若要為生活注入一點懷疑主義，那只需避免凡事深信不疑。一則道家故事完美詮釋了不武斷的精神：有一天，農夫負責運送作物和耕田的馬兒逃跑了，所有的鄰居都來跟他說：「真不走運！」農夫不以為意地說：「也許吧。」幾天後，逃跑的馬兒回來了，還多帶了兩隻野馬，所有的鄰居都來跟他說：「真幸運！」農夫說：「也許吧。」某天，農夫的兒子騎野馬時被拋下馬背，摔斷了腿，這時鄰居又來跟農夫說：「真不走運！」農夫說：「也許吧。」一週以後，軍隊到村莊裡徵召好手好腳的壯丁入伍，唯獨農夫的兒子因為摔斷腿而免於參軍，此時鄰居又跑來跟農夫說：「真是太好運了！」農夫則回道：「也許吧。」

《道德經》有云：「知不知，上；不知知，病。」有些人拒絕相信任何事，那叫做愚蠢，而非擁抱不確定。其實，你只需要對個人所知的範疇抱持謙虛就好。少點確定、多點質疑、偶爾中止判斷也不錯。懷疑主義是治癒教條主義的靈丹妙藥，而你只需要一丁點就好。

—延伸閱讀—

David Hume, *An Enquiry concerning Human Understanding* (1748)

潛意識（Unconscious）

「我們不真的了解自己」，這種懷疑精神很好，可是不要過度依賴潛意識理論，以當作自己行為的藉口。

「我為什麼這樣做？」這個問題你已經問過自己好幾次，也常常被人質問，而且對方的語氣往往不是好奇、憤怒就是懷疑。這個問題的答案大多能解釋我們做某件事的原因，比如天黑了，所以我把燈打開；天氣變冷了，所以我開始穿套頭毛衣。

可是人們越來越懷疑，自己真的有可能知道內心潛藏的真正理由嗎？各領域的專家不斷告訴我們，人類大部分的決定都是由潛意識的動機所驅使，精神分析、社會心理學和神經科學的學者通通跳出來發表論述。許多研究指出，人類缺乏對自己的洞見，不管是個人特質、動機、偏好的行為和希望他人如何看待自己等，我們通通一無所知。許多神經學家有志一同地認為，如認知神經科學之父葛詹尼加（Michael Gazzaniga）所描述，「人類的意識覺察不過是潛意識歷程的冰山一角」。

「我們不真的了解自己」，這種懷疑精神很好，可是不要過度依賴潛意識理論，以當作自己行為的藉口。維根斯坦認為佛洛伊德的錯誤在於，後者混淆理由（reason）與原因（cause）。「兩者是不同種類的順序，」於維根斯坦眼中，「經過實驗會發現原因，但是實驗無法製造理由。」

一般來說，在經過適當的觀察與研究後，我們會提出一些假設與可能的成因。舉例來說，某座大橋坍塌後，政府請結構工程師來勘驗，接著推斷出，某處橋樑斷裂是崩壞的成因；當然也許有其他的可能成因。不過，行動原因和心理狀態通常是隱藏起來的，大多經由推測去了解。某人厭惡、痛恨他的繼父，也許是因為戀母情結，也許是血糖太低，或者是大腦弓形蟲（Toxoplasma gondii）在作怪，或還有其他截然不同的原因。

即使行動原因和相關的心理狀態很難判定，但我們總得找出理由，來理解人的行為、感受、思緒或言談。理由通常是隱晦而非顯而易見的。舉例來說，經過芻思（reflection）後，你才能找出自己厭惡繼父的理由，也許是嫉妒，也許是繼父的脾氣很差。在芻思的過程中必須仔細且誠實，否則人們很容易合理化自己的行為，或是為了行動捏造虛構的理由。我們確實永遠無法確知，經過辨別認定後，是否已找到真正的理由，可是如果我們不相信它們存在，那無疑是將自我視為自動機，不具備任何信念與欲望。

關於行為的理由，美國哲學家丹尼特提出「意向立足點」（intentional stance）。簡言之這是一套管用的待人策略，將他人視為彷如具備理性的能動者，其行為受到信念與欲望的掌理。沒錯，我們大多不清楚自已和他人的腦袋在想什麼，而且完全不知道信念和欲望——如果真的有的話，在產出行動的過程中扮演什麼角色。但是意向立足點成為我們預測和理解他人行為的依據。要是不把人類視為能動者，實在很難想像人類還能如何運作。

維根斯坦發現，我們總是忍不住要用簡單的事物來解釋複雜的現象。我們很喜歡說明某事的來龍去脈，也渴望做出各種結論。舉例來說，佛洛伊德認為夢到「美麗的花朵」代表對性的渴望，這就是一種簡化的解釋。

無可否認地，在生活中，潛意識扮演龐大且關鍵的角色，可是拿它當作理由，來解釋人類所有的言行，也未免太狂妄自大了。話雖如此，潛意識依舊是解釋自己與他人的行動不可或缺的部分。一旦行動沒有理由，人類行為就毫無意義可言。

—延伸閱讀—

Daniel Dennett, *Intuition Pumps and Other Tools for Thinking* (W.W. Norton, 2013)

Ludwig Wittgenstein, *Wittgenstein's Lectures: Cambridge, 1932–35*, edited by Alice Ambrose (Blackwell, 1980)

失業（Unemployment）

除了工作與薪水外，還有其他事情能彰顯你的生產力。

基本上失業是一個很實際的問題，畢竟丟了飯碗就難以維持生計。不過對很多人來說，工作更是關乎人生意義與存在感，儘管物質需求大多獲得了滿足，少了工作還是會讓人感覺缺了什麼。

說來也怪，如此強烈的不滿足竟有兩個截然不同的成因。首先是馬克思所說的「疏離」（alienation）。回溯人類歷史可以發現，過去大多時候生產活動一直是人類意義的一部分，對「類存有」（species-being）更是至關重要。然而在資本主義經濟體中，「勞動成為工人的外物」且不屬於自己「而屬於他者」，也就是雇主。如此一來，勞動「不再是實現需求的滿足，而僅是滿足外在需求的手段」。勞動從原先人類固有的一部分成為了外在的工具，因此我們會感到「自我異化」（self-estrangement）或「疏離」，也就是失去自我。

反對馬克思理論的人則認為，許多人都在做著與自我疏離的工作，卻還是相當開心，因為他們能獲得足夠的報酬。只有在我們無法工作時，疏離才是個問題。如果連生產活動都無法參與，我們無法控制生產活動這件事反而變得更加明顯。

以馬克思主義的話來說，失業就是凸顯了自我生產和工作間的差距。不過沙特則認為，問題在於我們把工作看得太重了。沙特看到一名服務生「鞠躬哈腰，殷勤地想滿足客人的要求」。這名服務生就像在玩一種社會遊戲，把自己當作僕人，除此之外什麼都不是；不過這樣太卑微了。他之所以會這麼努力當個服務生，就是因為他的自我認同已經跟這份工作合而為一。他太在意別人對他的評價，只以外人的角度看待自己，當自己只是個服務生，其餘什麼也不是。

想當然爾，要是這名服務生沒了工作肯定是晴天霹靂，他一下子就不再是他所認為的自己。這就是許多失業人士的感受，他們的自我認同全都靠工作來包裝，而失去工作就跟失去了自我沒兩樣。

儘管馬克思和沙特對於人類與工作的關係有著南轅北轍的看法，不過兩人卻不約而同提到了喪失自我的概念。無論我們如何看待自己的工作，或者是否與工作疏離，我們都把自己的生產力和存在意識與工作相連在一起，如此一來人類的自我便不再完全屬於自己，而是工作說了算。

要接受失業，就要多提醒自己，除了工作與薪水外，還有其他事情能彰顯你的生產力。我們不需要用薪資單來證明、確保自己是個人。光是失業帶來的經濟問題就夠我們煩惱了，不需要再讓這件事傷害我們的自尊。此外，從事生產活動也不一定就是拿錢辦事，我們是靠工作生活沒錯，不過我們不需要仰賴工作建立自我。

—延伸閱讀—

沙特，《存在與虛無》(1943)

Karl Marx, *Economic & Philosophic Manuscripts of 1844*, marxists. org

V字首

身體在各種情境下默默地工作，
我們才能理解現實中的人事物，
並有效與其交流。
——德雷弗斯——

價值觀（Values）

「既然我們要活在人世間，也總得做些什麼事，所以不得不判斷情況和行為本身的好壞。」

——布雷克本

正在讀這本書的你，應該非常重視自己成長與發展。假如我猜得沒錯，那你也已經意識到自己的特質、長處、核心能力和長遠目標，也清楚自己在心理和情感上的弱點。然而，在形塑自我與個人發展的歷程中，我們往往會漏掉一個至關重要的環節：仔細檢驗自身的價值觀。

價值觀決定人類的所有作為。英國哲學家布雷克本（Simon Blackburn）曾言：「你很難想像人類生活不帶任何一絲隱晦的意識價值。」儘管如此，許多人這輩子從來沒有好好檢驗過自身奉行的價值。

什麼是價值觀？一個人賦予某事價值代表判斷某事為好或壞、重要或不重要，這個行為同時也是在判斷其他特定的事物為負面的。比如說你賦予自由重要的價值，那麼缺乏自由的事就是壞的。

某種程度來說，一個人一輩子所有重大的選擇絕大部分都取決於自身的價值觀。舉例來說，你在考慮換新工作的時候，不得不決定金錢與職涯發展及生活品質的價值。兩個同樣面臨婚姻觸礁的人，一個更重視家庭完整，另一個更在乎個人幸福，他們就有可能作出非常不同的決定。友誼也會測試忠心與誠實對一個人的重要性。

現代人傾向不去表達好或壞、對或錯的判斷，以免被當成是「愛批評的人」。然而，人生不可能永遠沒有是非判斷。布雷克本說：「既然我們要活在人世間，也總得做些什麼事，所以不得不判斷情況和行為本身的好壞。」

談到價值觀，一定要分清楚，它們和事實不一樣。以道德價值為例，休謨強調：「道德不包含任何事實，而是在理解事情的經過後，所做出的論斷。」「一加一等於二、氰化物有毒」，這種描述性的推論無法用來證明兇手有罪。我們都重視生命的至高價值，所以要做出判斷，而不只是陳述事實而已。布雷克本澄清道：「因此，『我重視某事物』並不是單純的描述句。」

這代表價值觀不過是意見且無法被質疑嗎？不太是。價值觀不應該脫離現實。人們的價值觀之所以被誤導往往是因為它們對於真實情況產生錯誤的預設。人類重視金錢是因為認為它會讓自己開心，職場女性不受重視是因為他們認為女人不如男人聰明。人類的價值觀是基於事實，一旦我們了解某些事更好，我們的價值觀就會改變。就以日常生活為例，你可能十分重視杏仁牛奶，因為你認為這對環境無害，可是如果你發現杏仁牛奶來自嚴重缺水且過度噴灑農藥的植物，你就不會再賦予杏仁牛奶重要的價值。

檢視自己的價值觀是嚴肅且耗時的工作。找出價值背後的理由，判斷它是好是壞，接著想想自己最重視的是什麼。這種「價值觀審查」的好處多多，有了清晰的價值觀就有清楚的目的，還有合理的基礎供我們去做生死交關的決定。世上還有比價值觀更有價值的事嗎？

—延伸閱讀—

Simon Blackburn, *Ruling Passions* (1998)

素食主義（Vegetarianism）

「被人道屠宰與飼養的動物過得比住在野生環境要好得多。」——畢德福森

綜觀世界各地的飲食史，素食主義者一直被視為空有理想的怪人，維根主義者（Vegan）更被當成道德魔人。然而近幾年來，以植物為主的飲食開始成為主流。有些人以健康為由改吃素，也有許多人出於倫理動機放棄吃肉。那些對牛排和炸雞情有獨鍾的人勢必要面對主流的挑戰。難不成吃肉就是殺生、喝牛奶就是殘害動物嗎？

現在人看以前的動物觀會很吃驚，過去多數人長久以來都不在乎動物的福利。笛卡兒相信動物只不過是「自動機」（automata），缺乏理性、語言以及賦予人類意識的靈魂。「我不是對動物殘忍，而是對人類遷就，因為這樣想就可以為人類吃肉或殺生的罪行開脫。」笛卡兒寫道。

話說回來，笛卡兒並沒有否認動物有生命或感官知覺。對邊沁來說，光是這點就足以要求人類去反思動物福祉。談到動物，邊沁表示：「問題不在於牠們能不能理性推理或說話，而是牠們活該受苦嗎？」這段話不僅直接反駁了笛卡兒，更說明邊沁的思想遠遠超越他的時代。「法國人已然明白，黑皮膚不構成一個人被否定的理由，而後者還無法向任性的施虐者討回公道。也許某一天我們會了解，腳的數量多少、毛髮顏色深淺或尾巴退化與否，都不足以構成一個生命體被遺棄的理由。」

邊沁藉由種族主義對照人類的動物觀來闡述自己的立場。英國心理學家理查・萊德（Richard D. Ryder）

則創造「物種歧視」（Speciesism）的概念凸顯箇中意涵。純粹以生物種類作為對待動物的判準就是「物種歧視者」。言下之意不是要對所有物種一視同仁，只是不同的對待方式必須是基於可證成的各種道德理由。舉例來說，假如豬和狗不存在倫理上的相關差異，因此無法證成兩者的殺生標準，那麼同意殺害豬作為食物卻不同意殺害狗作為狗肉就是物種歧視。

大致而言，邊沁一度被視為激進的想法，如今已然是主流共識。多數人相信動物有可能被折磨，而人類應該要考慮牠們的福利。人們之所以沒有通通戒葷的原因是，我們相信取得肉類和乳製品的方式可以不涉及虐待。

為了拿下素食之戰的道德勝利，你必須論證為什麼殺害動物本身在倫理上是錯誤的事情，可是這件事本身就是不可能的任務。你會堅稱，沒人有資格奪走其他生物的生命，可是這個論述使得所有自然界生物都違反了正義。這個世界上充斥雜食和肉食性動物，生命的循環就仰賴大自然的食物鏈。

假如我們能同意只要動物獲得良好的生活環境，而且屠宰過程人道，那麼為了食物殺生就不是道德錯誤且養殖動物是可允許的。有些效益主義者的論述更使得畜牧動物幾乎成為義務。大力主張動物解放的效益主義者辛格認為，世界上的生物越是滿足，對這個世界越好。舉例來說，與其種一大片不快樂的小麥，不如養一群快樂的羊，讓牠們在結束短暫的一生前能在草地上自由跳躍。只要動物活在當下，人們要做的就是儘可能創造這些時光，至於壽命的長短則相對無關。

不過假如生活條件的好壞是重點，那麼是時候提高標準了。道德上可接受的原則是，食用養殖環境好且經人道屠宰的肉品，可惜目前大多工業化養殖業的現況並非如此。很多動物都生活在慘不忍睹的環境中，其中又以下蛋的鳥類及生產乳汁的動物最可憐。如此說來，購買友善農場所生產的肉品還比較慈悲。就算你不吃肉，但只要使用生產流程有問題的動物製品，就會對牠們造成更大的傷害。

維根主義者也不要覺得這些討論燒不到自己身上，畢竟廢除農場不見得有益於動物福利。大自然是殘酷的，而且沒有獸醫。環境倫理學教授畢德福森（Mark Bryant Budolfson）強調：「被人道屠宰與飼養的動物過得比住在野生環境要好得多。」

再者，維根主義飲食未必沒有涉及殺生。根據一項統計顯示，使用機器與化學藥物的現代化耕地農作每年殺了足足七十三億動物。應用倫理學教授費雪（Bob Fischer）和賴米（Andy Lamey）認為任何類似統計都不大可靠，因為實在太難以估算，不過可以確定的是數量一定很龐大，所以說幾乎所有維根飲食也涉及殺生。

有些人奉行道德維根主義或素食主義是基於環境考量而非動物福利。現在國際社會也都認同，減少已開發國家的食肉量，對環境永續有所裨益。然而要有效利用土地，就要妥善改良畜牧業。雞豬可以自然獲得食物，不必吃不能食用的動物副產品，而不適合種植經濟作物的土地可以供反芻動物生活。耕作的方式也非常重要。牛隻會排放甲烷，養在自然碳匯的草原而非牧場，就可以交由自然環境去吸收和分解。反觀許多燕麥奶的原料植物都是用大量灌溉和農藥種出來的。有些以植物為主的食物反而比肉製品造成更多的碳足跡。

人類有義務考量動物和植物的福利，這是無可爭辯的，至於應該怎麼做，眾人還沒有明確的答案。維根或素食主義者未必穩穩地站在道德制高點，但最起碼他們努力去實現自己的環保理想，那你呢？

—延伸閱讀—

巴吉尼，《吃的美德：餐桌上的哲學思考》（2014）

Bentham, *An Introduction to the Principles of Morals and Legislation* (1789)

Ben Bramble and Bob Fischer (editors), *The Moral Complexities of Eating Meat* (2015)

虛擬網路（Virtual Life）

「只要人們記住身體的重要性，就不用擔心網路所帶來的負面效應。」——德雷弗斯

很少聽到有人會抱怨自己花太少時間上網或滑手機，多數人擔心的都是越來越離不開這個小小的螢幕。根據英國通訊管理局在二〇一八年的調查發現，英國人平均每週上網時間超過一天，你讀到這個數據的同時可能時間又更長了。我們應該擔心這件事嗎？還是說這只是社會風氣改變引發的道德恐慌罷了？

網路的虛擬人生究竟對人類福祉有何幫助，心理學家提出了自相矛盾的報告（暴雷警告：最重要的不是你花多少時間在你的裝置上，而是你怎麼使用）。不過從哲學觀點來說，最迫切的問題在於網路是否會導致人類與現實切斷連結。

千禧年之初，網際網路更加普遍與便利，但美國哲學家德雷弗斯（Hubert Dreyfus）警告世人，網路生活有其限制；其著作至今仍相當具有影響力。他的核心論述為，人類本質上是具身性（embodied）的生物。他解釋道：「身體在各種情境下默默地工作，我們才能理解現實中的人事物，並有效與其交流。」

一旦人與人的互動少了身體這個部分，彼此的交流就不完全。舉例來說，沒有了身體似乎沒有了弱點，聽起來好像不錯，可是唯有讓自己擁有脆弱的一面，我們才能真正放開心胸，建立深厚友誼。少了具身性的網路關係多了一層非人面向，最明顯的莫過於網路社群盛行的粗魯言語，一方面酸民仗著匿名性，另一方面被攻擊的對象缺乏具身性，如此便助長且煽動霸凌的歪風。

虛擬網路將身體拋諸腦後也有好處。許多人發現不用面對面交流比較能卸下心防、誠實以對，而且看不到互動對象的膚色、年齡、性別甚或體型也能免於歧視。況且在日常的社交互動中，我們也並非展現出全部的自我。許多人在職場和在家裡是完全不同的人設。

儘管德雷弗斯的前提沒什麼好論辯的，他當初沒有預期網路應用會變得如此典型，成為線下生活不可或缺的附屬品，而非替代品。驚人的是，逾三分之二的伴侶是在網路認識的。現代人在線上和線下的轉換天衣無縫，似乎比德雷弗斯預期得還好。網路空間最好的應用方式並非替代物理空間，而是作為現實世界的延伸。

值得讚許的是，德雷弗斯不是要散播恐慌言論。他只是想提醒大家，花太多時間在網路上，對身心有害，最好不要太過沉迷。德雷弗斯在二〇〇一年提出的看法放到現在依然鏗鏘有力：「只要人們記住身體的重要性，就不用擔心網路所帶來的負面效應。否則，網路世界只能提供不對等的交易和廉價的資源。它只關心教育所帶來的經濟收益，而不是成果。沉迷於虛擬的人際關係中，我們就會忘記與真實人事物的交流。甚至我們會拋下誠實的價值，只在鍵盤後面當個匿名的批評者。」虛擬網路充滿無限可能，只要我們記得回到自己的身體，保持一切真實。

—延伸閱讀—

Hubert L. Dreyfus, *On the Internet* (2nd edition, Routledge, 2008)

美德（Virtue）

無論在哪個社會，勇氣、誠實、友善與慷慨，都不會被當成是惡行。相反地，也沒有一個文明進步的國家會把貪婪、欺騙與殘酷當成美德。

有一段時間，「美德」是個落伍、八股的概念，只有那些衛道人士才會掛在嘴上。如今它改頭換面，變成正式的「德行倫理學」，並在哲學界重新引起討論。儘管如此，不管是在過去或現在，多數人都不會把「培養美德」當作新年的目標。事實上，若能了解美德的具體含意，那麼它應該會有機會擠進明年的目標清單。

從最基本的觀念來看，直接了當地說，有些性格和特質能促進美好人生。人類對美好人生本來就趨之若鶩，因此我們需要培養良好的德性。假如不具備這些美德，我們就無法成長茁壯。可是美德有哪些？歷來思想家給出了許多不同的清單。對柏拉圖而言，主要的美德是勇氣、節制、正義和謹慎。基督教承繼這些德性並稱之為「元德」（cardinal virtues），更結合信仰、希望與慈善，形成七大主要的美德。

亞里斯多德將美德區分為性格上的美德（virtues of character）與智力上的美德（virtues of thought）。智力上的美德主要是實踐智慧以及在具體情況下做出理智判斷的能力（見猶豫不決與智慧）。人格上的美德則是勇氣、節制、慷慨、高尚、偉大靈魂，甚至脾性、友善、真誠、機智、正義與友誼。這些美德和現代生活息息相關，除了比較詭異的「偉大靈魂」聽起來十分陌生。培養這些美德包括訓練自己發展相關的習慣和志趣（見平衡、習慣）。

因此成為具備美德的人，我們需要培養品格來幫助自己表現良好，還有判斷力來協助自己根據任何情況調整反應。此外，我們必須懂得駕馭習慣反應和意識思考。為了做到這點，我們必須去追求美德，一旦意識到美好人生就靠它了，我們自然會有動力去行動。

基本美德的終極清單還沒被創造出來，就算真的有，發揮美德的作用也會因應情境有所差異。休謨給了一個例子：「在戰爭和疾病關頭，好戰的美德比起和平更勝一籌，格外吸引人類的欽佩與注意，這點絲毫不令人意外。」

美德也會根據文化脈絡有所不同，因為不同社會存在的時間、地點與情況各有差異。美國哲學家徹蘭（Patricia Churchland）觀察到，因紐特人（Inuit）比玻里尼西亞人（Polynesian）更重視誠實，因為在北極冰天雪地的嚴苛環境中，信任和合作對生存來說是至關重要：「若某人謊報外面有海豹，導致全員出動去打獵，就會浪費大家寶貴的精力和資源。這是非常嚴重的過失。」

這個世界還是存在一些基本的美德，並受到絕大多數的人所接受。這些德性在不同時空背景下，會具有不同的重要性或內涵。無論在哪個社會，勇氣、誠實、友善與慷慨，都不會被當成是惡行。相反地，也沒有一個文明進步的國家會把貪婪、欺騙與殘酷當成美德。正因如此，休謨才會強調道德情感的自然性。他說：「有史以來，世界上所有的民族都有道德情感；再殘酷的人也有一絲道德感。」

美國哲學家納斯邦解釋道，每個人都應該思考美德，因為它關係到人生必須面對的問題，「我們別無選擇又不得不做決定」。死亡、健康、享樂、痛苦、分配資源、面對危險以及和社會互動等，都需要美德才能妥善面對。

美德理所當然有程度之分，有些人十分缺德，但沒有人是完人；這意味著我們永遠有進步空間。我們不是為了提高身價，自認為高尚，而是想要充分發揮生命的意義。美德應該是你我時刻努力的目標，而不是當成新年新希望。

——延伸閱讀——

亞里斯多德，《尼各馬可倫理學》

脆弱（Vulnerability）

「無堅不摧只是一種理想。那樣的人在情感上與外界脫節，而且表達情緒與回應的能力會減低。」——梅伊

書寫這本書的同時，知名學者布芮尼．布朗（Brené Brown）的TED演講影片〈脆弱的力量〉已經達到四千五百萬觀看人次。由此可見，這個主題直擊你我的心臟，才能引起如此廣大的共鳴。一般來說，沒人喜歡自己是脆弱的。然而，對布朗而言，脆弱代表展現自我的弱點和不完美，並且開放心胸接納他人的批判和拒絕；她認為唯有準備好展現自我脆弱的本質才能建立真摯的人際連結。

歷史上許多思想家都比較熱衷於減少個人的弱點。斯多葛與佛家主張，放下欲望和執著，就可以壯大自己的心靈。奧理略告訴自己：「超脫情感的心靈彷彿一座堡壘，再沒有比這更安全的地方，一旦獲得了庇護就會永遠安全無虞。」

然而誠如伊比鳩魯說的，自我保護有其極限，「一個人可以藉由獲得安全來抵禦其他事物；然而一旦死亡來臨，所有人都如一座無牆之城的居民，無處可躲。」即使刀槍不入般的強大是可能的，那也絕對不是白給的——必須犧牲獨特的人性與豐富的人類經驗。美國政治哲學家托德．梅伊（Todd May）大力提倡「脆弱主義」（Vulnerabilism）。他強調：「無堅不摧只是一種理想。那樣的人在情感上與外界脫節，而且表達情緒與回應的能力會減低。」我們總有關心的人事物，勢必會對其產生感情，也難免會受傷難過，變得脆弱

無助。因此，我們必須坦然接受，身心的根本基礎是可能瓦解的。

有些人認為，不妨保持距離，秉持惻隱之心去憐憫他人就好，如同佛家的教誨。可是這就不是全心關懷了，照顧人是要投入情感的。梅伊說：「要關懷他人，就要卸下心防，全方位投入感情，用心照料對方，雖然過程會很痛苦。你也可以單純地展現同理心，不必跟對方有感情上的羈絆。」

梅伊承認，某些人的確能練成金剛不壞之身，而一般人也能培養堅強的內在自我，只要多多認清事實、避免煩惱遙遠的將來。另外，我們也可以仿效法國哲學家哈鐸（Pierre Hadot）的做法：「專注在當下這個微小而短暫的時刻，慢慢學著承受壓力、適應環境。」對大多數人而言，這些練習方法適用於面對艱困的環境、與外界找到平衡點，也就是比較廣泛的生活目標；它們很容易實現，也令人心嚮往之。

要活得堅韌又願意承認脆弱，關鍵在於，承認自己的掌控力有限。人生必然會受到壞事拖累，而且你會感到難過沮喪。接受現實、面對痛苦，就可以降低問題的難度；跟現實硬碰硬，只會徒增苦難。

脆弱是人自然的狀態，而刀槍不入的心靈只是一種理想。梅伊說道：「內心稍稍被撕裂，感受一下自己的脆弱也不錯。」

—延伸閱讀—

Todd May, *A Fragile Life: Accepting Our Vulnerability* (2017)

W字首

金錢不會讓人發大財，
它的拿手絕活是傳染病毒，
凡摸過它的都會心生貪念。
——塞內卡——

戰爭（War）

「人類無時無刻都有暴力言行，無論是出於有意識或無意識的。」——甘地

回顧幾個世代以前，許多已開發國家的人不是自己參與過戰爭，就是認識有人曾經從軍打仗。如今，戰爭對多數人來說都是陌生的經驗。話雖如此，這也不妨礙自家政府挑釁引戰。從二戰結束至今，美國約莫涉入了十四到三十八場武裝衝突，英國則是三十起左右；計算結果會根據定義有所不同。談到軍事行動，身為國家公民的你必須問自己：什麼時候該全力相挺，什麼時候又該一力阻止？

儘管絕對的非戰主義者給的答案簡單明瞭，他們卻很少願意說出沒有殺戮的世界是可能的。甘地大力主張非暴力原則，也不得不承認，非戰主義是一種待努力的理想，但無法完全實現。他說：「人類無時無刻都有暴力言行，無論是出於有意識或無意識的。」

絕大多數的人都將戰爭視為不幸的必然。目前戰爭倫理的守則仍有爭議，可是人們大致同意幾世紀來逐漸成形的正義戰爭理論（Just War Theory）。理論的框架最早可追溯到西元四世紀聖奧古斯丁闡揚的基督教倫理；然而這套論述即使放到世俗化的現代社會依舊合用。

正義戰爭理論分為兩大原則：「進入戰爭的權利」（jus ad bellum）與「戰爭中的正義」（jus in bello）。後者主張，戰爭行為必須符合幾個條件：交戰各方的武力必須符合比例原則；交戰時必須將平民與戰鬥人員區分開來。這些條件人人都贊同，卻不會真的落實。

進入戰爭的權利是這套理論的核心。同樣地，它所主張的條件與原則，也獲得廣大的認同：開戰必須是為了實現正義、戰爭是最後的手段、為了維護主權得以宣戰、戰爭意圖必須正當、合理地評估戰勝的機率以及戰爭手段必須符合比例原則。

我們不難發現，這兩個大原則都有人明目張膽地違反。一九九〇年，伊拉克獨裁者海珊入侵科威特，純粹是為了搶奪土地和資源，根本不是基於正義開戰。投入越戰時，美軍使用的橙劑和凝固汽油彈傷殺力過大，導致許多無辜平民慘死；手段上顯然不符合比例原則。

紙上談兵黑白分明，可是一到了戰場，理論原則就變得十分籠統。「最後手段」說得輕鬆，一旦目睹人民慘遭暴政荼毒，你能按兵不動多久？避免平民傷亡肯定沒錯，可是敵方還在住宅區行動，你又要怎麼做？

正義戰爭理論無法提供簡單的演算法，教你如何決定什麼衝突是可證成的，不過這套原則是有用的問題測試，可以在人們抉擇戰爭與和平的艱難時刻幫上一點忙。下一次你考慮參加反戰遊行或是號召軍事行動的活動之前，不妨參考正義戰爭理論來檢驗自己的訴求是否合理。

—延伸閱讀—

Richard Norman, *Ethics, Killing and War* (Cambridge University Press, 2011)

Michael Walzer, *Arguing About War* (Yale University Press, 2004)

財富（Wealth）

維根斯坦並沒有放棄財產，而是把錢留給其他手足，就像那些「裝窮」的有錢人，知道給自己留個退路，以備不時之需。

談到錢，聖賢哲人的回答總是無聊得很，說來說去都那些。塞內卡曾言：「金錢不會讓人發大財，它的絕活是傳染病毒，凡摸過它的都會心生貪念。」羅馬哲學家穆索尼烏斯則主張：「在任何處境下都無欲無求，這才是真正富有的人。」說點新鮮的吧！就連英國搖滾天團披頭四都懂，高唱《錢買不到愛》（*Can't Buy Me Love*）；即使如此，披頭四成名致富以後還是寫了《收稅人》（*Taxman*），大肆抱怨國家的稅收政策。難道錢的誘惑力真的那麼大，我們就是學不會教訓？還是說「錢乃身外之物」果然太輕描淡寫了？

你去看哲學家怎麼說，再去看哲學家怎麼做，你會發現很少有人真的表現出錢不重要的樣子。就拿幾個放棄財富的思想家作為例子好了。含著金湯匙出生的維根斯坦放棄繼承一切財產，獲得眾人敬佩。蘇格拉底時常到市場和所有人聊天，而且從來不收一分錢，不像他挖苦的那些靠教授辯論術維生的「智者」（sophist）。當初盧梭為了追求純粹簡樸的鄉村生活而遠走墮落敗壞的城市，甚至不惜拒絕可以帶給他經濟保障的養老金，只因為他不想欠任何人。

再深入了解，你會發現不是所有故事都像看到的那樣。首先，維根斯坦並沒有放棄財產，而是把錢留給其他手足，就像那些「裝窮」的有錢人，知道給自己留個退路，以備不時之需。

再來，蘇格拉底是這些人裡面最不愁吃穿的。身為雅典的自由人，他有一些可供差遣的奴隸，而且也不必工作，還有一堆好野人朋友隨時等著給他錢花。蘇格拉底看輕財富的方式，就跟不花錢買菸、卻老是抽伸手牌香菸的人一樣。

最後，盧梭大概是裡面最虛偽的一個。盧梭的朋友擔心他的福祉，特別幫他安排了養老金。他知道後大發雷霆，好像人格被汙辱了一樣。但是之後的十幾年，盧梭都是仰賴朋友的救濟過活，但對方千萬不可庸俗地到把現金塞到他手裡。所以，盧梭看輕財富的作法是，指望朋友跟自己分享財富。

休謨也對盧梭伸出過援手，他對財富的觀點就誠實多了。休謨沒有窮過，可是就他的社會階級來說，也不算特別富有。他沒有汲汲營營追求錢財，甚至放棄可以賺大錢的法務和貿易工作。不過休謨很清楚，經濟上有保障，生活才可以輕鬆一點。休謨最後實現財富自由，也十分享受生活。

關於財富，最有意思的論述來自效益主義者所發起的有效利他主義運動，旨在呼籲所有人盡可能去創造最多數人的福祉。這不一定代表要當醫生、老師或是社工。蘇格蘭哲學家麥克斯基（William MacAskill）強調，很多人都有能力且有意願服務社會，可是不是每個口袋深的銀行家都很慈悲。所以如果你想幫助他人，首先要讓自己變有錢，再把錢捐出去，而不是花錢買名牌手提包、大啖白鯨魚子醬。澳洲哲學家辛格指出：「有些人只能賺到國民平均收入，但他在能力範圍內捐了足夠的錢，也做了很多好事。當然，賺得越多，你就越有資源去幫助別人。」

休謨曾在一篇散文中讚許聖經人物「亞古珥」的禱告詞：「請賜予我不貧窮也不富有的人生。」一個人不必非得發大財，而且一旦擁有太多錢，價值觀也可能會走鐘。另一方面，只有一點錢也能過上美好人生是事實，可是不必假裝貧窮就比較好。聖賢哲人說得沒錯，財富不該是人生的主要目標，可是有錢就能實現目標。

—延伸閱讀—

Peter Singer, *The Most Good You Can Do* (Yale University Press, 2015)

David Hume, 'Of the Middle Station of Life', davidhume.org

如果（What If……）

要想從後悔的執念中解脫，最好的辦法就是提醒自己，當初做了不同選擇會有什麼結果，其實你永遠也不知道。

如果當初選了另一份工作、嫁給另一個人或者去世界闖蕩，那麼現在的生活會是怎樣呢？和眼前實際的生活相比又是如何？這些疑問通常都離不開後悔二字。因為不滿意現在的處境，所以就想知道要是做了不同選擇會有什麼樣的結果。

截然不同的生活是可能的嗎？面對這個令人心癢難耐的謎題又該如何自處？其中一種哲學視角是萊伯尼茲所提出的可能世界（possible worlds）。他相信，上帝從無限個可能世界中挑出最好的一個，那就是你現在身處的世界。美國哲學家克里普基（Saul Kripke）是當代相關論述的先驅，並提出了繁瑣的形上學概念。另一名美國哲學家大衛・路易士（David Lewis）甚至主張，每一個可能世界都確實存在。

如果我們借用可能世界來設想可能的情境便能發揮這個概念的實際作用。在不計其數的可能世界中，對現世的我們最有用處的就是一差之隔的可能世界，那個世界與現實幾乎一模一樣，直到某件事發生導致兩個世界變得截然不同，好比我們能夠藉由可能世界來想像當初如果拋下工作出門遊歷的情境，在那個可能世界中，我們的確做出了不一樣的選擇。

設想可能世界與現實的差距相當發人深省。一旦了解內心執著的另一種情境只有在可能世界才會發生，與現實情況天差地遠，我們多少會感到安心。可能世界要行得通，可能要有個性格迥然不同的自己以及截然不同的生長環境。照這個邏輯來看，老是想著天高皇帝遠的可能世界，一點意義也沒有。

不過要是可能世界與現實情況只有一線之隔，那就棘手多了。可能世界可能不只差一個不同的選擇就與我們擦身而過。搞不好我們曾經打算那樣做，或者差點就那麼做了。光是想到一念之差造成天差地別的局面就讓人煩不勝煩。

不過你要記住，我們對可能世界的了解或許還是很粗淺。我們總是想像，要是過去做了不同的選擇，那麼現在的世界會變得好一點，因為有一項關鍵因素改變了。不過很少有什麼改變能掀起天翻地覆的變化，你也不確定自己是不是會比較喜歡那個可能世界的整體樣貌。還有你想想布萊德利（Ray Bradbury）的科幻小說《雷霆萬鈞》（*A Sound of Thunder*），故事講述主角展開時光探險之旅回到了恐龍時代，但是因為他無意間踩死一隻蝴蝶，導致未來的一切人事全非。

沒事想像可能世界的情景或許很有趣，不過要是活在諸多可能的陰影下那就不好玩了。你永遠也不知道，要是過去發生某個小小的變化，現在會過得如何，更別說某個至關重要的抉擇了。要想從後悔的執念中解脫，最好的辦法就是提醒自己，當初做了不同選擇會有什麼結果，其實你永遠也不知道。

—延伸閱讀—

Ray Bradbury, 'A Sound of Thunder' in *The Golden Apples of the Sun* (1953)

智慧（Wisdom）

智慧無法用一句簡單俐落、通體適用的格言來概括，必須身體力行，才能了解體貼、勇氣與接納在各種情況中所代表的意義。

西方哲學一開始在古希臘萌芽時，哲學家就對許多事十分感興趣，包括邏輯推理和物理世界。不過最重要的探索目標依舊是如何有智慧地生活。

往後數世紀哲學界就不再重視這個問題，在二十世紀的英語哲學圈（Anglophone philosophy）中，「智慧」甚至變得與髒話沒什麼兩樣。不過智慧亦非等閒之輩，早已奮力回擊。有關如何生活的疑問已經重返哲學探討的視野，也出現許多古哲學家的相關書籍，像是斯多葛學派就非常熱門。

亞里斯多德將智慧分為：智慧（sophia）與實踐智慧（phronesis）。前者是基本的知識原理，能用來理解大自然的運作；而後者能指引我們的言行舉止，與日前理解的人生智慧最為接近。

實踐智慧包括從一而終聽取理性的勸告，採取適當的作為達到充實的生活。縱使實踐智慧無法保證我們一定能心想事成，不過大多時候它都能賦予我們更多機會。因此，實踐人生智慧，我們就能完成最重要的目標，也就是依照身為人的本質行事，因此實踐智慧本身非常寶貴。

實踐智慧需要各式各樣的技巧，其一是了解真正重要的事物；其二是能夠將一般原則應用在各自不同情況，如亞里斯多德所說。智慧無法用一句簡單俐落、通體適用的格言來概括，必須身體力行，才能了解體貼、勇氣與接納在各種情況中所代表的意義。在日常生活中實踐智慧並非易事，就像我們時常被有限的知識和衝突的價值所誤導。不過要是智慧生活這回事真有那麼簡單，發條推特讓大家看看不就行了嗎？

—延伸閱讀—

Barry Schwartz and Kenneth Sharpe, *Practical Wisdom: The Right Way to Do the Right Thing* (Riverhead Books, 2010)

工作（Work）

「世界上有太多工作要做了。『勤奮工作是美德』，這種教條的傷害力非常大。」——羅素

很多國家的人初次見面時，問的第一個問題就是「你在做什麼？」，但應該大概不會有人回答「我週末都去爬山」、「我喜歡試做新菜」或者「我比較常看書」。通常大家都會回答自己的工作，賦閒在家的往往會有點不好意思，並低調地解釋現在的狀況。工作是定義人類重要一環。有些人老是覺得自己工作不夠努力，彷彿只有賣力工作才能證成自己的存在。許多人以自身的「職業道德」為榮，無論職業道德是否真的有為工作加分；另外有些人則是意識到自己太專注在工作上，甚至成了「工作狂」。

可想而知，工作籠罩了人類的大半生活；對一般人來說，工作佔據了起床之後大部分清醒的時間。世衛組織發現，成年以後，世人的生活有逾三分之一的時間在工作，比花在睡覺的時間還多一點。

這些統計數字還不包括不支薪的工作，比如全職爸媽，也許薪水就是一切走鐘的開始。「工作」，不管是給人家請還是自己當老闆，儼然變成「有償勞動」的意思；假如勞動本身沒有酬勞就必須註明「自願」性質，因為「工作」本身就代表收入。

多數人都必須賺錢維生，因此工作是實現夢想的寶貴手段。羅素觀察到，這就是多數人看待工作的態度。他說：「工作時，就應該表現認真的樣子，因為它是維持生計的手段。到了閒暇時間，我們才能放鬆享受幸福的時刻。」如此看來，勞工都是亞里斯多德派的，後者說過：「工作是為了有時間放假，幸福人生都

靠工作才能實現。」

儘管如此，在你我身處的文化中，大家都把勤奮工作視為美德。人類是如何走到這步的？德國社會學家馬克斯・韋伯（Max Weber）認為，現代工作的意義根植於「新教工作倫理」，而這與「資本主義精神」息息相關。資本主義的興盛與宗教的關聯仍有爭議，不過韋伯確實沒有說錯：「在現代的資本經濟體系中，人們都把勞動視為生活目的，不再把它當成手段，只是用來賺取生活的實質需求。」

為了滿足消費的欲望，我們必須不斷賺錢，即使工作繁重、報酬不成比例。「資本主義並不包含生活品質，」美國哲學教授蓋瑞・葛汀（Gary Gutting）說：「它本質上就是個營利的系統，只負責生產東西、越多越好。」

「撒旦會對無所事事的人惡作劇」，羅素從小就被警告，不工作人生就沒有意義，而這種話跟宗教信條沒兩樣。他長大以後慢慢改變了想法，「世界上有太多工作要做了。『勤奮工作是美德』，這種教條的傷害力非常大。」因此羅素提倡，我們應減少工作時數，以增加休閒時間。

話說回來，我們也要小心別妖魔化工作。現代人都知道，太賣力工作會傷身體，應該多花一點時間去休息，找到工作與生活的平衡。但我們還是很難將兩者區分開來。對某些人來說，工作只是苦力活。不過許多調查顯示，大部分的人都能從工作中獲得滿足，也有少數人運氣不錯，找到自己熱愛的工作。因此最好換個角度來思考，休謨提倡「混合生活」的概念：日常活動有兩種，一種對生活有益、另一種令人樂在其中；最好能取得平衡，前者如工作維生，後者如學習新知或培養興趣。

美國前總統老羅斯福曾說：「這世上值得擁有或投入的事物都有代價，沒有經歷努力、痛苦與艱難，就不需要追求。」他的說法比較誇張，但能夠不勞而獲或輕鬆到手的事物的確不多。現代資本社會最大的錯誤在於，把勤奮的價值和有償工作混為一談。既然人生要瀟灑走一回，就付出你的全部心力，但別錯付給你的老闆。

—延伸閱讀—

Max Weber, *The Protestant Ethic and the Spirit of Capitalism* (1905)

煩惱（Worrying）

「我們之所以腦袋停不下來、一直在煩惱，是因為找不到相應的處理辦法。」——羅素

在英國作家哈格里夫茲（Roger Hargreaves）的童書《煩惱先生》（*Mr. Worry*）裡，煩惱先生漸漸懂得，原來他是杞人憂天了，他擔心的事情都沒什麼根據。那麼煩惱先生因此過上幸福快樂的日子了嗎？並沒有，因為他擔心自己再也沒有可以擔心的事了。

《煩惱先生》以心理學至理為題材啟發兒童真是出奇機敏。人類就是有本事擔心所有事，其中還是有些領域比較搶戲——財務、職涯、感情、外表和別人對自己的看法。我們能表現得比煩惱先生還好嗎？

煩惱是一種恐懼，甚至會把人生帶往悲慘的境地。焦慮的人無法克制自己，滿腦子想著即將發生的事態，還有最糟的情況。羅素認為：「在許多情況下，我們之所以腦袋停不下來、一直在煩惱，是因為找不到相應的處理辦法。」

面對煩惱，哲學是否有任何解方？羅素從斯多葛學派那邊找到答案。他寫到，若預見壞事可能悄悄逼近，「不妨認真、仔細地想想，最糟的情況會是如何。想好這些可怕的場景後，再想出幾個實際的理由，告訴自己如此駭人的災難不大可能發生」。羅素建議，為了得到最好的效果，一定要多做練習、反覆預想。

羅素認為，我們一定找得到理由去相信，某件事一點也不可怕，哪怕是在非常惡劣的情境下。他說：「從宇宙的角度來看，再糟糕的事都如微塵一般。」但不是所有人都能從這個想法得到慰藉。

羅素的想法很可能適得其反，可是也很有挑戰性，這不單是想像世界末日或「往壞處想」。這套思維意味著，接受最糟的事會發生，而且自己有能力去處理。只要做到這點，我們就會意識到，最糟的情況也不一定會發生。

雖然羅素深信這是有效的做法，我們還是要說這不一定次次管用。有時候人們被煩心事抓住太多把柄，那就可以參考羅素說過很多次的另一個建議：要是事情已經沒救了，試著轉移注意力吧。他提到，西洋棋、推理小說或者對天文學或考古學產生興趣都行，只要把心思放在上面，就不會再去想令人著急的事。

休謨也用類似的策略減輕哲學上的煩惱。「享用美食、玩雙陸棋、找朋友開心聊天。經過三到四個小時的消遣之後，我就回到哲學思辨中。做學問就是個冷冰冰又荒謬的活動，多少得勉強自己去做。而且我能投入的心力也很有限。」思辨有助於我們理解人生，但即使是哲學家也時不時得停止思考。你沒有辦法拿著本書一步步來想怎麼活。想要體驗人生的滋味，就得放下書本，好好品嘗一番。

—延伸閱讀—

哈格里夫茲，《煩惱先生》(1978)

附錄　哲學入門參考書

本書每則條目末尾都有附上延伸閱讀，以供讀者參閱。若是你想更廣泛地閱讀相關著作，進行深度的哲學探索，下列著作將會是展開哲思之旅的絕佳起點。

書名：《中國經典哲學選讀》（*Readings in Classical Chinese Philosophy Second edition*）
編者：艾文賀（Philip J. Ivanhoe）、萬百安（Bryan W. Van Norden）
出版：Hackett Publishing Company
年份：二〇〇五年

近年來，西方讀者對中國哲學經典趨之若鶩，包括奧妙的占卜之書《易經》與商戰守則《孫子兵法》。至於儒家、道家與法家思想對現代人的啟蒙更是歷久彌新。儒、道、法三家各自主張不同思想：儒家提倡社稷與內在和諧來自個人德性；道家重視順應自然法則與天地共榮的生活；法家力主人性本惡並疾呼嚴刑峻法方能維持社稷安穩。這本精彩選集收錄三家代表人物的經典著作，包括《論語》及《道德經》。

書名：《閱讀印度經典哲學》（*Classical Indian Philosophy: A Reader*）
編者：帝巴・沙瑪（Deepak Sarma）

出版：Columbia University Press

年份：二〇一一年

印度經典哲學乍讀之下更像神學而非哲學，事實上印度哲學與神學在次大陸的發展關係密切，難以區分兩者差異。不過除卻宗教的討論，印度哲學中也有許多耐人尋味的思想，譬如無神論教派、分析論述的正理派（Nyaya）與淵遠流長的佛家哲學。該書的介紹與註釋不僅有助於讀者認識印度哲學，還提供許多經典選文讓我們一探箇中奧妙。

書名：《佛陀箴言：巴利經典選集》（*In the Buddha's Words: An Anthology of Discourses from the Pali Canon*）

編譯：菩提比丘

出版：Wisdom Publications

年份：二〇〇五年

人們對於佛學究竟隸屬於哲學抑或是宗教範疇爭論不休，不過這題出得不對，答案顯然是兩者皆是。佛家最重要的主張是萬事萬物的本質都是無常變動的，包括自我在內都是由許多短暫的部分所組成。本選集取自巴利聖典（*Pali Canon*）的四部尼柯耶（Nikaya），涵蓋部分歷時久遠的文獻。

書名：《尼各馬科倫理學》

作者：亞里斯多德

亞里斯多德是你我的哲學英雄。比起我們身處的這個世界，柏拉圖有時似乎對完美世界的終極實相更有興趣；相形之下，亞里斯多德就比他的老師還來得理智務實。亞里斯多德的著作無一倖存，現今看到的《倫理學》與其他經典都是由其講課筆記彙整而得。亞里斯多德對於哲學能走多遠抱持適當謙和的立場。他的格言對我們來說更是歷久彌新：「受過教育的人能夠接受主體本質精準的程度，而不尋求可能極限的絕對。」

書名：《沉思錄》

作者：馬可．奧理略

斯多葛與伊比鳩魯學派留下許多名言佳句，今時今日更成為網路梗圖的熱門主題。現代讀者通常會忽略兩派思想較為嚴苛或違反常理的教誨，不過我們可以試著把《沉思錄》當作是啟發靈感的來源，而不必非得要整套思想照單全收。你不必成為斯多葛也能了解「你的想法決定你的心智，你的靈魂便是你思想的顏色」。

書名：《道德原理研究》（*An Enquiry Concerning the Principles of Morals*）

作者：休謨

過去一項研究調查學界最景仰的已逝思想家，休謨在眾多佼佼者中脫穎而出，堪稱是哲學家的哲學家。

休謨可說是亞里斯多德的接班人，甚至鮮少花時間在抽象的推理或晦澀的形上學思辨。休謨在學術圈外的名氣並不大，一方面或許是因為他的思想實踐起來並不明顯；另一方面也許是他落落長的十八世紀句構稍嫌難以消化。即便如此還是花些時間試看看吧，讀過之後你會發現休謨之所以是哲學天才兼優質散文家的原因。

書名：《散文與格言》（*Essays and Aphorisms*）
作者：叔本華
出版：Penguin
年份：一九七六年

叔本華呈現的現代德國哲思體系相當宏偉，不過我們建議不要將叔本華的作品視為一套龐大的形上學系統，要把他當作一名詩人而非系統設計者。叔本華一個個洞見都比各個部分的總和來得深入。用這個方法讀《散文與格言》比較簡單，可以從單一的格言汲取其中的精華。準備好攪亂自己的精神吧！叔本華直視生命的掙扎可是不屈不撓。

書名：《齊克果的生平和思想》（*The Living Thoughts of Kierkegaard*）
作者：齊克果
編者：奧登（W.H. Auden）
出版：New York Review Books
年份：二〇〇九年

齊克果洞察力十足又擅長分析，是一位詩人哲學家。儘管齊克果四十二歲便英年早逝，卻留下大量的著作實在令人敬佩不已。除此之外，齊克果更使用了各式各樣的筆名創作，每一個筆名都從不同觀點切入，由內而外分析哲學思想。他的中心思想是人生有著許多無法以理性調解的矛盾，我們需要靠「信心的跳躍」擁抱存在人生百態的矛盾。這本選集由英國詩人奧登所編纂，會是新手一個很好的入門書。

書名：《活出意義來》
作者：弗蘭克
年份：一九四六年

存在主義主張人類在宇宙中無需目的也能創造出屬於自己的意義。奧地利精神科醫師弗蘭克是奧斯威辛集中營的倖存者，其著作告訴我們存在主義的觀點是有可能的。弗蘭克是意義治療法的創始人，意義治療法為一種精神治療的形式，主要思想是人類的主要動機是尋找生命的意義。

書名：《歧義的存在主義》（*The Ethics of Ambiguity*）
作者：西蒙．波娃

數十年來，波娃一直被當作沙特的學生和愛人。可惜直到多年以後，許多學者才發現她不僅與沙特旗鼓相當，從很多方面來看更是略勝一籌。沙特從未以其存在主義哲學談論倫理學。在《歧義的存在主義》中，波娃表現得相當出色，從倫理學的角度闡述存在主義哲學中對自由的看法。如果這本書的對你來說太艱澀，可以看看基特帕克里特（Kate Kirkpatrick）撰寫的《成為波娃》（*Becoming Beauvoir, 2019*），相對來說比較好讀。

書名：《道德運氣》
作者：伯納德．威廉斯
出版：Cambridge University Press
年份：一九八一年

哲學家向來以其主張立場所聞名，不過威廉斯有別於他人，身為出色的「難題分析師」，面對人生的疑難雜症他可從來不提供簡單明瞭的答案，讀懂他的著作就等同是在其思想中與非凡的智慧結伴同行。單看《道德運氣》系列選文平易近人又高雅，你永遠都不會發現它是發表在學術期刊中的論說文。

書名：《人的問題》（*Mortal Questions*）
作者：湯瑪斯．內格爾
出版：Cambridge University Press
年份：一九一一年

內格爾在書中以細膩又饒富智慧的手法處理許多人生與價值的大哉問，好比死亡、戰爭、平等、性愛、身分同一（personal identity）……其中選錄的文章包括經典的問題：「當蝙蝠的感覺如何？」，直搗問題核心，探問意識為何如此晦澀難解。不過內格爾可不急著給出解決辦法，因為他知道我們的首要任務是釐清問題的面貌。

書名：《治療欲望》（*The Therapy of Desire*）
作者：瑪莎．納斯邦
出版：Princeton University Press
年份：一九九四年

目前以斯多葛、伊比鳩魯和懷疑論學派等希臘化時期哲學（Hellenistic philosophies）作為治療的現象越來越普遍，不過納斯邦老早就開始推崇這個作法，甚至比大多當代倡議者的見解還精妙且具洞察力，其中也包含亞里斯多德的思想；要是沒有亞里斯多德，後期就不會出現上述不同的學派。本書以虛構的寫法描述一位年輕的女人如何深入不同的思想來療癒自己的靈魂，不但清楚易懂、充滿智慧又能引起共鳴。

書名：《哲學的生活實踐》（*Philosophy as a Way of Life*）
作者：皮爾．哈鐸
出版：Blackwell
年份：一九九五年

哈鐸主張古典哲學不僅能用於描繪現實世界，更是一套能讓我們成長茁壯並實踐於生活中的系統。《生活的哲學實踐》旨在說明「心靈實踐」（spiritual practices）與其根基的哲學理論同樣不可或缺，而哈鐸的思想便是受到斯多葛到傅柯等哲學家的啟發。

書名：《直覺幫浦與其他思想工具》（*Intuition Pumps and Other Tools for Thinking*）
作者：丹尼爾・丹尼特
出版：W.W. Norton
年份：二〇一三年

哲學時常被視為是學習批判思考的方式，而《直覺幫浦》便是其中的上上之作。書中涵蓋許多經典的推論原則與方法，像是奧卡姆剃刀（Occam's razor）主張「如無必要，勿增實體」，歸謬法（reductio ad absurdum）則是以邏輯推論某一立場會導致的荒謬結果來指出該立場的問題。此外，丹尼特也提出其他錯誤思考方式，譬如「天鉤」（skyhooks）意指人們深信毫無理據的信念，好比把珍視的信念吊掛在懸空的鉤子上；或者「不明覺厲」（deepities）表示看似高深但內容空洞的言論。總而言之，這本書可說是讓推論功力更上一層樓的大師級課程。

人生顧問CF00443

這一次，我們不再逃避煩惱：哲學家與心理師帶你開箱163道人生難題

Life: A User's Manual: Philosophy For Every and Any Eventuality

作　者——朱立安・巴吉尼（Julian Baggini）、安東尼雅・麥卡洛（Antonia Macaro）
譯　者——盧思綸
主　編——郭香君
責任編輯——許越智
責任企畫——張瑋之
美術設計——木木 Lin
內文排版——張瑜卿

編輯總監——蘇清霖
董事長——趙政岷
出版者——時報文化出版企業股份有限公司
一〇八〇一九臺北市和平西路三段二四〇號一至七樓
發行專線／（〇二）二三〇六—六八四二
讀者服務專線／〇八〇〇—二三一—七〇五
（〇二）二三〇四—七一〇三
讀者服務傳真／（〇二）二三〇四—六八五八
郵撥／一九三四四七二四時報文化出版公司
信箱／一〇八九九臺北華江橋郵局第九九信箱

時報悅讀網——www.readingtimes.com.tw
綠活線臉書——https://www.facebook.com/readingtimesgreenlife/
法律顧問——理律法律事務所　陳長文律師、李念祖律師
印　刷——勁達印刷有限公司
初版一刷——二〇二二年二月十八日
初版二刷——二〇二二年六月十六日
定　價——新台幣五五〇元

這一次，我們不再逃避煩惱：哲學家與心理師帶你開箱163道人生難題
朱立安・巴吉尼（Julian Baggini）、安東尼雅・麥卡洛（Antonia Macaro）著；
盧思綸譯. --- 初版 --- 臺北市：時報文化出版企業股份有限公司，2022.02
面；17×23公分. ---（人生顧問）
譯自：Life: A User's Manual: Philosophy For Every and Any Eventuality
ISBN 978-957-13-9339-1（平裝）　1.人生哲學　2.生活指導

191.9　　110013279

LIFE: A USER'S MANUAL: PHILOSOPHY FOR EVERY AND ANY EVENTUALITY
by JULIAN BAGGINI AND ANTONIA MACARO

ISBN 978-957-13-9339-1　Printed in Taiwan